子どもの学ぶ権利と多様な学び

誰もが安心して学べる社会へ

喜多明人 **編著**

この本を読まれる方々へ

子どもの学ぶ権利の現実

「子どもの生活のもつ重みをそこなうまい、子どもを空虚な観念に還元してしまうまい」

いち早く『子どもの権利』(清水・霧生共訳・白水社、1960年、原訳「子供」)を著したジャン・シャザルの名言である。

とかく「子どもの権利」を語る人たちは、持論あるいは欧米の高邁な理論をふりかざして、身近に生活している子どもの現実とはかけ離れた議論をしがちである。そこからは何も生まれまい。

私たちが子どもの権利を語るときには、つねに「子どもの生活のもつ重み」をふまえて、子どもの現実から出発しなければならない。

いま、義務教育段階で、学校を離れて生活している子どもは16万人を超えた(2018年度、2019年10月文科省発表)。27人に1人、1クラス1名以上不登校の子どもがいる計算である。学校がすべての子どもを包摂的に受けいれていける時代は終わったといえる。その現実に目を向けないで包摂的な学校改革を唱えることは、まさに「空虚な観念に還元」しているといえないか。

この問題を深く、より広く理解していく上では、日本の子ども・若者の現実についてさらに深めておく必要がある。

その場合には、最低限、二つの側面をカバーすることが大切だと思う。

一つは、子ども自身の人間としての成長、内面にかかわる問題。

二つは、子どもを取り巻く環境、とくに人間関係にかかわった問題。

前者で「子どもの現実」として問われているのが、自己肯定感の低下の問題である。

後者で問われているのは、子どもに向けられた暴力、いじめや体罰・虐待、暴言・無視、「不審者」暴力、セクハラ等の問題である。

　この本は、この二つの問題について私たちが取り組んだ研究成果をまとめたものである。

子ども・若者の自己肯定感低下の問題

　日本の子ども、若者の自己肯定感の低下の問題が言われて久しい。内閣府は2019年6月18日、令和元年（2019年）版の「子供・若者白書」を公表した。白書では、2018年11〜12月に満13〜29歳までの男女を対象に実施した「我が国と諸外国の若者の意識に関する調査」の結果を特集している。インターネット版には、日本の「若者の自己肯定感、国際比較で最低水準」とされ、「日本の若者の『自己肯定感』は諸外国の若者に比べて低く、欧米など6か国との比較でもっとも低かった」、という。具体的には、日本の子ども、若者が、「諸外国と比べて、自分自身に満足している者の割合が低い」と指摘されている。「自分自身に満足している」割合は、「そう思う」「どちらかといえばそう思う」の合計で、韓国は73.5％、アメリカは87.0％、イギリス80.1％、ドイツ81.8％、フランス85.8％、スウェーデン74.1％に対して、日本は、45.1％と極端に低い。日本の子ども、若者の自己肯定感の極端な低下の問題はたいへん深刻である。事実、このような統計に裏づけられるように、子ども、若者を支える現場では、日本の子ども、若者の自信のなさについて危機感を訴え、懸念する声が上がっている。

生きてるのがめんどう、いつ死んでもいい

「生きてるのがめんどう、いつ死んでもいい」

子ども、若者の現場で、子ども、若者がよく発する言葉である。

子ども、若者の自己肯定感の低下に歯止めがかからない。その極端な低下が生み出しているのは、子ども、若者の能動性の欠如である（その相関性について詳しくは、喜多ほか編『子ども支援の相談・救済』日本評論社、2008年、参照）。日本の子ども、若者から能動的な活動意欲が失われ始めている。

生きる意欲、学ぶ意欲、意見表明・参加する意欲、人とかかわろうとする意欲、立ち直ろうとする意欲などなど、子どもたちから能動的な活動意欲が喪失してきている。青少年自殺は、2018年度で年間341人（小中高校生、文科省統計）、戦後最悪を更新し続けている。今年も8月中旬から下旬にかけて、子ども・若者の「自殺予防」キャンペーンが展開されてきた。厚労省としては、自殺予防政策一般（成人）については、減少期に入り、対策を終了したいところだが、例外的に「青少年自殺」の増加があるため終了できない現実がある。

やりたいことがない

「やってみたいこと、やりがいのあることはないの？」

生きているのがめんどうとつぶやく若者にこう問いかけても、やってみたいことが見つからない。特にやりたいことが見つからない、そんな悩みを抱える子ども、若者たち。

内閣府の平成30年（2018年）版の『子供・若者白書』では、「就労等

に関する若者の意識」が特集されているが、「働いていない（求職中や家事手伝いの者を含む）」者が働いていない理由（複数回答）について問うと、「とくにやりたいことがないから」を挙げている若者が18.5％に及ぶ。「働くのが嫌だから」も16.1％おり、就労意欲を持てない、持たない若者が34.6％に上る現実を直視したい。

　しかし、そう言っている若者は、生まれてから、最初からそういう意識にあったわけではなかろう。もともと子どもは、好奇心、冒険心にあふれ、「遊びたい」という本能的な欲求を基軸として、「なにかやってみたい」という能動的な活動意欲を生まれながらに持っている存在である。子ども期、とくに小学生期においては、そのような能動的な活動意欲をもって、「自由に遊びたい」というニーズはことのほか高まっているはずである。自己肯定感が高まるのも、この小学生の高学年の時期である。

　ところが、このような能動的な活動意欲は、現実には、小学生期から奪われる傾向が強くなってきた。親、教師、まわりのおとなの期待・意向に合わせて生きる子どもたち、いいかえれば自分を生きることができない子どもたちが増えている。「早期教育は、親の義務」（学生の発言）というほどに、小学生の放課後は、早期教育に奪われている。とくに中高一貫校が私立だけでなく公立にまで広がることで、小学生から受験準備が強制されるようになり、小学生には、「やらされ感」ストレスが充満し始めた。

「やってみたい」から始まる学校づくり、
そして多様な学びづくり

　子ども期に「やってみたい」ことを、夢中になって精一杯やった、そういう「達成感」こそが自己肯定感の獲得に欠かせなかったはずである。しかし実際は、達成感ではなくまわりに合わせることばかりに気を遣う「やらされ」感が支配し、自分の自信にはつながらない。今日の子ども・若者の自己肯定感の低下と能動性の喪失現象は、こうした子ども期の「やりたいことの先送り」世代、「やらされ感」ストレスを抱えた世代が作り出してきたといえないか。今日、いじめ、学校内暴力の主役は、中学生から小学生に移り始めている。小学生の不登校も急増している（江戸川区では、2020年4月全国初の小学生用の私立（特例校）「東京シューレ江戸川小学校」が開校する）。

　こうしたストレスを多く抱え込んでいる子ども、若者たちにとっての救いは、子どもの「やってみたい」を最大限引き出す子ども参加型の学校や、多様な学びの場づくりが開始されたことである。

　私たちは、かつて、「学校の最高意思決定機関は、児童総会」という方針の、子ども参加型による学校をめざした北海道・十勝、幕別町立札内北小学校に注目した（詳しくは、喜多ほか編『子どもとともに創る学校』日本評論社、2016年）。この学校は、自己肯定感の獲得を最大の目標としており、「学校を子どもに返そう」が教職員の合言葉であった。しかし、その後、このような子ども参加中心の学校は、学力重視の学習指導要領改訂によって影をひそめるようになる。

　わたしたちは、その後、子ども参加を軸とした学校づくりを近隣諸国、

韓国、台湾に求めるようになった。韓国では、公選の進歩教育監（日本の教育長に当たる）のもとで、革新学校政策が実施されて、オルタナティブスクールの経験を生かした多くの子ども参加中心の学校が生まれた。とくに京畿道の革新学校、南漢山初等学校の子ども参加活動に魅力を感じて、5、6年は視察調査を行ってきた。近年では、デンマークのエフタスコーレに学んだ「オデッセイスクール」がソウル市内に4校開校し、高校生の新しい学び場として注目されている。

　台湾では、2014年の実験教育三法により、多くのオルタナティブスクールが登場した。ホームスクールや非学校形態の学び場のほか、学校形態の公立実験学校（オルタナティブ学校）が70校あまり、私立も10校ほど開講している。とくに、台湾におけるオルタナティブスクールの草分け的存在である「森林小学校」―「叱らない、叩かない」をモットーにしている学校）や、公設民営実験学校の種籽（親子）小学校（トラブル処理は、子どもと教師から出す裁判官のもとで「子ども法廷」で対応）は圧巻であった。

多様な学びの場と子どもの学ぶ権利の行使

　このように、近隣国では、すでにオルタナティブ教育は公教育の一部を担っており、学校改革に一躍買っている。ところが、日本の公教育は、理念法として「普通教育機会確保法」ができたものの、依然として、「学校中心主義」と1条校のもとで、学校外の多様な学びに目を向ける人は少ない。オルタナティブスクールは、本来は日本の公教育を活性化していく貴重な存在であったにも関わらず、従来から抱いていた「学校解体」

意識もあって、これを排除する傾向（たとえばオルタナティブ学校に通う子どもを「不就学扱い」にする地区がある）が止まっていない。

　そこでは、法制度改革の取り組みだけでなく、それを支える人々の意識改革が図られなければなるまい。その理念面で軸となるのは、「子どもの学ぶ権利」であり、その行使を支える実践、子どもの現場の掘り起こしにあるといえる。

子どもへの体罰・暴力の防止と安心して学ぶ権利

　子どもに向けられた暴力の問題も深刻である。

　いじめ54万4000件（2018年度文科省発表）、虐待15万9000件（2018年度厚労省発表）、言葉の暴力、特定の子どもの「無視」行為やわいせつ行為、「不審者」暴力などなど、子どもに向けられた暴力は、「緊急事態」といえるほどに深刻な状況下にある。

　1989年11月20日に国連子どもの権利条約が全会一致で採択され、日本も5年後の1994年4月22日に批准してきたが、子どもの権利条約が本当に日本社会に生かされてきたか、と問えば、子どもの現実がそうでないことを歴然と物語っていた。

　ただし、子どもの権利条約の存在が日本社会に伝わり、日本政府が批准してきた効果が全くなかったのか、と問えば、多くの人びとの努力によりそれなりの成果を上げてきたことも事実である。したがって、わたしたちは、ただ単に子どもの「権利侵害の現実」を嘆くだけだはなく、子どもの権利の実現のために努力してきたこれまでの成果、「前進」面をしっかりと受けとめて、これを発展させる形で、子どもの「緊急事態」

の本質的な解決に乗り出していく必要がある。

　そこでは、子どもの安心して学ぶ権利を実現していくために、以前から求められてきた子どもの安心して相談する権利の保障、努力の営みに光を当て、さらに発展させていく必要がある。子どもに寄り添い、安心して相談できる仕組みの整備、スクールソーシャルワーカー、公的な第三者相談救済機関、オンブズパーソンなどの役割に言及したい。

疲弊する学校を再建する

　さいごに、日本の学校の行く末について、将来展望を考えてみたい。

　日本の学校は、戦後教育改革以来、すべての人びと、市民、子どもの信頼とニーズをうけて、包摂的な学校を目指してきたが、現代の多様性（ダイバーシティ）が求められる時代にあって、その役割の限界が見えてきたということができる。子どもの変化、家庭の複雑化、SNSなど社会の変容、さらには学校の管理強化のなかで、学校も教師の仕事も明らかに「限界」を超えてきており、その「疲弊」する姿が顕著にみられるようになった。

　本書では、一方では、学校の限界の中で求められてきた「学校外の多様な学び」に注目しつつ、学校内部の「子どもの人権」問題にもメスを入れて、今後の学校の行く末を論じつつ、その方向性を明らかにするように努めた。読者の皆さんのご批評をお願いできれば幸いである。

2020年1月 編者を代表して
喜多明人

もくじ

資料編

第1部
子どもの学ぶ
権利の行使と
多様な学びの
これから

第1章
子どもの学ぶ権利と学校外の多様な学びの展望
普通教育機会確保法制定の意義をふまえて

1 問題の所在

❶ 不登校問題との出会い

　私はもともと学校教育学の研究者であり、学校外の多様な学びの現場であるフリースクールなど不登校問題に直接研究的にたずさわってきたわけではない。学校教育学といってもハード面が専門で、地味な学校経営学をベースとして、戦前日本の学校建築史の研究で学位（早稲田大学）をいただいた。

　そういう私が、なぜ学校外の多様な学びなのか。

　私は、これまで子どもの権利条約に依拠して子ども参加による学校づくりを追究してきた。喜多ほか編の『子どもとともに創る学校』（日本評論社、2006年）はその典型的な研究成果である。そしてその子ども参加による学校づくり論の行き着いた先がフリースクールを含むオルタナティブスクールであった。学校外の学びの場とはいえ、私としては、ごく自然な形でそこに落ち着いたという感じである。

　なぜ、自然な形で、学校参加研究から学校以外の多様な学び研究になってしまったのか、そのこと自体が、本論を貫く研究テーマの一つである。

私は、以前から不登校の問題イコール子どもの意見表明権（子どもの権利条約12条）の問題だという認識であった（詳しくは、拙著『子どもの権利―次世代につなぐ』エイデル研究所、2015年、参照）。子どもたちの意思、思いがきちっと受け止められていない教育界の姿勢が不登校問題の根っこにあると感じていた。それはネガティブな側面でも、ポジティブな側面でもいえる。

　前者で言えば、いじめや体罰、暴言、セクハラなどが原因して不登校になっていった子どもたちが該当する。

　後者で言えば、本来求めてきた学びへのニーズを学校で満たされなかった子どもたちであり、学校外の多様な学びの場が、彼らの学びへのニーズ、彼らの意思や参加を積極的に受け止めてきた。

❷「オルタナティブ教育法を実現する会」の共同代表を引き受けて

　上記のような認識のうえに立って、わたしは、1990年代以降、フリースクール、とくに東京シューレとの連携を進めることが多くなった。

　2012年7月には、フリースクールを含めてオルタナティブスクール、外国人学校、インターナショナルスクールなど、学校教育法1条にもとづく学校、いわゆる1条校から適用除外され、公的支援が受けられなかった学校外の「多様な学び」の場に対して、公教育への参入を前提として、公的支援が受けられるようにする法律作りを目指す「オルタナティブ教育法を実現する会（のちに「多様な学び保障法を実現する会」に改称）」が設立された。その際に、私は奥地圭子、汐見稔幸とともに共同代表となった。

　この思わぬ展開になって、はじめて気づいたことがある。不登校問題に対する教育学一般の研究者の無関心さである。もともとフリースクールやオルタナティブ教育を専門とした超少数の教育研究

者は別であるが、一般的には、教育界、教育学界は不登校問題に冷ややかであった。

　ただ、その中で救いであったのは、2012年7月8日の設立総会の冒頭で、私が尊敬する教育学者、大田堯先生（以下、敬称略）のビデオレターが流されたことである。教育学界の中でやや孤立感を感じていた私にとっては、大田堯のメッセージは大変な"救い"となった。

　彼のビデオレターは、設立総会後は再現されることもなく長く埋もれていたが、2019年2月に資料化され、公表された（資料1参照）。

❸ 学校改革、公教育改革の一翼をになう　オルタナティブ教育

　注目したいのは、大田堯の冒頭の言葉である。
　　「きょうはオルタナティブ教育法を実現する会の設立総会ということですが、わが国の教育はフォーマルな教育というか、学校教育というものが、そしてその制度が圧倒的な支配として教育をあたかも独占してるかのごとき状態にあるという現実があります。そのなかでオルタナティブな教育のあり方を探求するということの意味は、このフォーマルな教育のもっているいろいろな問題点を突破するカギになるものとして、非常に大きな問題提起があるものだと私は考えています」

　かつて、私はオルタナティブ教育に対してやや「偏見」をもっていた。これは日本の教育学界全体が抱いてきた「偏見」でもあったように思う。
　1980年代に顕在化した体罰や校則など「子どもの人権」問題（日弁連・人権擁護大会等）など、日本の学校の管理教育台頭の時代の中で、学校は、子どもの権利を保障する絶対的な存在ではなくなり、

国民的な信頼感も揺らぎ始めていた。その当時は、イリイチ、パウロ・フレイレなどの学校への本質的批判の論調等の影響もあり、「子どもの人権」からの学校批判の世論と合わさってオルタナティブ教育が登場する。ただし、日本のオルタナティブ教育は、当時の学校管理教育に対して正面から対峙してきた結果、学校に対して"悪しき公権力の象徴"とみる傾向が強く、学校自体を否定的にとらえる教育論とみられがちであった。結果的には、日本の教育界、教育学界では、オルタナティブ教育イコール学校解体論とみる受け止め方が支配してしまったといえる。

　しかし、本来は、大田も述べていたように、オルタナティブ教育は、日本の学校教育、フォーマルな教育の「問題点を突破するカギ」になるべき存在であった。事実、欧米の受け止め方がそうであったように、オルタナティブイコール学校とは別の選択肢、「もう一つの学びの場」として、欧米では親の教育の自由、学校選択の自由を担保する教育実践として公教育改革、学校改革の一翼を担う存在として注目されてきたのである。日本においても、1980年代に入って、「不登校対策」ではない学校外の学びの選択肢として、東京シューレ（1985年）などのフリースクールが登場してきた。

2　子どもの学ぶ権利を考える
大田堯先生から受け継ぐべきもの

❶ オルタナティブ教育の必要性

　では、学校外の学びとは何か。そもそも子どもにとっての学びとは何か。この問題は、根源的には子どもの学ぶ権利の本質と関わった問題である。先述した大田のメッセージ（資料1参照）の二段落目を見ておこう。

「教育というものは、そもそもひとり一人の子どもなり、おとな
なりが自分の内面にもっているDNAというか、一種のダイナミッ
クな設計図、しかも、その人にユニークな設計図というものを、
私たちの内面が天から与えられて、その設計図をユニークに拓
いていく、そして、自分らしい自分を創り上げて社会貢献をす
る、そういう筋道でそれぞれが成長していくわけです」

　大田は、まず、教育は、「その人にユニークな設計図を拓いてい
く行為」であり、人間は、「その行為の中で、自分らしい自分を作
り上げ、社会貢献し、成長していく」存在であると力説し、次のよ
うに述べている。

「それぞれ、人が持っているユニークな設計図に対応するには、
フォーマルな形だけでできるわけではなく、かえってフォーマ
ルなためにいろいろな犠牲を子どもたちが求められるようなこ
とが起き、現に起きていることから、わが国の学校教育制度の
ほかに、オルタナティブな教育、多様な選択肢を持った教育の
場が用意されなければならない」

　こう述べて、学校外の多様な選択肢を持った学び、オルタナティブ
な教育を必要不可欠とする。そのことを、大田は、「いわば人間とし
ての生存権の一部として保障されなければならない」と述べてきた。

❷ 生存権の一部としての学び
「教えられて学ぶ」観からの脱却

　この「生存権の一部としての学び」とは何か。
　大田はこう表現する。
「学習というものによって、あらゆる動物は、外界から何かを
取り入れて、そしてそれを自分のものとすると同時に、必要な

ものをエネルギーに変えながら、いらないものを排除していく、そのような循環のシステムのなかに学習があると思います。それは丁度食事をしてエネルギーを得て成長するのと同じように、情報を獲得して、これを知的エネルギーに変えて、いらないものは忘れ去り、成長していくのですから、生まれたときから学習活動は始まる性質を持つものです」

　この中で大事なのは、「生まれたときから学習活動は始まる性質を持つ」という言葉である。つまり、一般のあらゆる動物がそうであるように、人間も環境に働きかけながら自分に必要なものをエネルギーに変え、不必要なものを捨て去って、そういう循環的な学びというものを通して自己成長をとげていく。

　このような学びに対する本質的な理解にもとづく「生存権の一部としての学び」と、私たちが日常的に理解している「学習」という受け止め方とは根本的な差異がある。私たちが日常理解している「学習」とは、「教えられて学ぶ」という学び方である。その象徴が学校での「学習」であり、「生存権の一部としての学び」のごとく独立しているのではなくて、常に教わらなければ学べないという感覚である。そういう「学習」観が染みついてしまった。しかし、それは学びの本質ではないということに大田は生涯をかけて取り組んだし、私もそこに共感してきた。

　本論では、さらに大田の「遺作」というべき文章を資料編2として収録した。2018年11月に開催した「子ども権利条約フォーラムin栃木」に向けて寄せていただいたメッセージ文である。これは、さきに紹介した資料1と重なりつつ、つながっていく。資料1が前編であれば、資料2が後編みたいなそういうつながりがある。

　タイトルは「生きものの生存は学びと共にある」。

❸ 多様性を土台とした学び

　2018年10月8日の署名であり、大田は2018年12月23日に死去されたが、その直前にこういう文章を私たちに寄せていただいた（当時つきそっていた方が筆談で原稿化したという）。前半は、「生存権の一部としての学び」という趣旨で重なった記述になっているが、後半は、現代社会が抱えている優先的な課題の中にあるダイバーシティ（多様性）に触れている。現代社会の多様性の時代に触れて、大田はそういう多様性に関して、「ちがうこと」、「かかわり合うこと」、そこから新しい生き方が生まれていくことを特に強調し、次のように述べる。

> 「そういうちがった一人ひとりが互いにかかわりあって暮らしているのが、人のつくっている社会なのです。その中では、みな『ちがった』生き様をしていますので、議論をして意見のぶつかりあいで互いに対立することもありますが、そのかかわりの中にこそ、予想もしなかった新しい考え方が生まれるということも大いにあり、そこから新しい社会・文化が生まれるということが今日まで繰り返しあったのです。『ちがうこと』『かかわりあうこと』は、互いに『新しい生き方を生み出すこと』」

　このように一人一人がみんな違って生まれてくる、という、その多様性を土台とした学びのあり方が問われているといえる。

❹ 日本の教育学のゆくえ
「教え方の学問」でいいのか

　残念ながら大田が100歳になるまで築き上げてきた教育哲学に関しては、日本の教育学界は正面から受けとめ、受け継いでいるとは思えない。いいかえれば、日本の教育学は、大田が示した方向とは

違う道を歩み始めたといえるのではないか。

　彼には、子どもNPOの一つである「子ども権利条約ネットワーク」（代表：喜多）のインタビューにも応じてもらった。もともと大田は『子ども権利条約を読み解く』（岩波書店、1997年）という本を出しており、当時から子どもの権利条約について造詣深い。

　同書（第1章）では、日本のアカデミズムは庶民の生活からかけ離れたところにあって、また漢字文化なので権威主義的に漢字で難しく翻訳する傾向があったと述べたうえで、最悪なのが「rights」という言葉の訳であったという。「rights」という言葉を「権利」と訳したことがそもそも問題だったと大田は力説した。要するに権勢を誇るとか権力の「権」と利益の「利」をくっつけて「権利」という言葉をつくった。日本では漢字を二つ合わせることで別な言葉をつくるわけであるが、「権利」という造語による訳によって、権力欲が強くて利益ばっかり追求するようなわがままな人というイメージがついてしまった。「権利」という言葉そのものが翻訳語であるから、翻訳家の福沢諭吉や西周の訳がいかに問題だったかということをとくとくと書いている。

　さらに言えば、「education」を「教育」と訳したことも大問題だったと大田は指摘している。「education」は本来、その人間の生来的に備わっている潜在的な能力を引き出すという意味であったのに、「教育」という言葉で、教え育てるという字を当てて、本来ない「教える」という意味を含めてしまった。そのことによって教育が引き出すことよりも「教える」こと、そしてそのまま「教わる」ことに力点が置かれるようになってしまったという。

　「education」という言葉は本来、動物にせよ植物にせよ、その生物が生まれながらに持っている力を最大限引き出すという意味合いがある。よく植物の栽培が例えられるように、植物を育てるとき、みんな同じように水をやったり、肥料をやったりして、光を当てたら植物は育たない。その植物の特性があって、あるときは水を与えないほうが良い時もあれば、ある程度日光を当ててとか、肥料はこ

れを与えるというのは植物によってそれぞれ特性があって育て方が違う。その植物の特性、力を最大限引き出すための育て方、これが「education」の本来の意味だと。台湾には「種籽（親子）小学校」という「実験学校」（オルタナティブスクール）があるが、まさに子どもを種になぞらえて「植物の栽培」のごとく、その子どもの力を最大限引き出す学校を創っていきたいという設立趣旨が反映されていたという（当該小学校校長の話—本書127頁以下参照）。

❺ ＜まず教育ありき＞からの脱却

　大田のメッセージのように、人間は一人一人違う。その多様性が土台になる。子どもの持っているDNA、設計図は違うわけで、その子の持っている特性や力に合わせて、その力を発揮できるように下から支え、育てていくという営みこそ「education」でなければならない。ところが、現代日本の教育界では、「教える」とか「育てる」とか、あたかもおとなが求めている理想的な人間像に子どもを仕立て上げるという意味に理解され、それが教育だというふうに思わせてしまった。

　このような「教育」観の行きつく先として、最悪の状態になったのは今の政界の動きではないか。政治家は自分を自発的に支持してくれる国民を育てようとする、だから教育に介入したがる。教育する側が理想とする人間像に仕立てあげる「教育」を政策的に実現しようとして、政治が教育に無制限に介入し始めている。しかし、そういう政治家が飛びつく「教育」にしてしまったことについては、日本の教育学側にも責任がある。子どもたちが持っている多様な力を最大限引き出していく本来の「education」から離れて、日本の教育学が「教える」学問、教育方法学や教授学を主流とする教育学に変質し始めてきたことが問われなければならないように思われる。

3 憲法26条から出発する 普通教育機会確保法

❶ 教育法学的な確信

　以上述べてきたように、フリースクールの子ども、若者に寄り添い、「学校外の学び」に注目し、彼らを支援してきた私は、普通教育機会確保法（正式名称「義務教育の段階における普通教育の相当する教育の機会の確保等に関する法律」2016年12月制定、2017年2月施行）の制定前後には、学校外の学びへの公的支援を求める法律の意義を説いてきたが[*1]、そのため日本の教育学界の中では孤立の道を歩むことになった[*2]。ただし、そのような孤立感を抱きつつも、私が専門としてきた教育法学の分野では"王道を行く研究"であるという確信があり、教育法学的な確信が支えとなっていた。すなわち、学校外の

---

*1　近年の私の「学校外の多様な学び」研究に関しては、以下の著作がある。参照されたい。
　　①「子どもの学ぶ権利と日本の公教育のこれから―新しい普通教育の創造を目指して」市民セクター政策機構『社会運動』409号、2014年4月15日。
　　②「子どもの学ぶ権利と多様な学びの場の保障」拙著『子どもの権利―次世代につなぐ』エイデル研究所、2015年7月。
　　③「学校外の多様な学びの支援と日本の教育―子どもの学ぶ権利行使と新たな普通教育の創造」子どもの権利条約総合研究所編『子どもの権利研究』27号、2016年2月。
　　④「子どもの学ぶ権利の行使と多様な学びの保障」教育科学研究会編『教育』かもがわ出版、2016年4月号。
　　⑤「不登校の子どもの支援と法案への合意形成の展望―教育機会確保法案の国会『継続審議』をうけて」『教育と医学』慶應義塾大学出版会、2016年7月。
　　⑥「普通教育機会確保法の成立と多様な学びのこれから」子どもの権利条約総合研究所編『子どもの権利研究』28号、2017年2月。
　　⑦「不登校の子どものための教育機会確保法―その読み方」『教育機会確保法の誕生―子どもが安心して学び育つ』東京シューレ出版、2017年8月。
　　⑧「普通教育機会確保法の成立基盤と存在理由―前川喜平文部科学省事務次官の『学校外普通教育』法制復活論をふまえて」早稲田大学文学学術院教育学会編集『早稲田教育学研究』第9号、2018年3月15日。

多様な学び、オルタナティブ教育法については、憲法26条解釈として正当性を持っているという教育法学的確信であった。

　端的にいえば、今の日本の公教育法制は欠陥法制であるといえる。日本の教育法制上の不備といってもよい。何が不備かといえば、憲法26条で子どもの教育を受けさせる権利を保障していくために、保護者の普通教育を受けさせる義務を明記（同条2項）した。ところが普通教育を保障すると憲法で宣言しておきながら、実際にそれを担保しているのは学校教育だけであった。学校教育法にもとづく普通教育のみが法制度上正当化され、学校外は認めないという法制が70年以上続くことになった。

　果たして普通教育イコール学校教育なのか。そうであれば、憲法26条の2項に学校教育を受けさせる義務と書けばよかった。そうではなくて普通教育を受けさせる義務を負うと書かれている以上、当然普通教育の中には、学校以外も含まれるというのが正当な解釈であろう。

　このことについては、いまだ反論を聞いたことがない。

　したがって、戦後70年、学校教育法制一本で来たのは日本の公教育法制上は不備があったといわざるを得ない。今回の普通教育機会確保法の成立は、その不備を埋める第一段といえる。こういう理解が教育法的な解釈としては当たり前に言えることであったので、確信を持って学校外の普通教育、学校以外の多様な学びというものが法制化されていくことは当然ではないかと述べてきた[*3]。

　そのような教育法学的な確信をゆるぎないものにしてくれたの

＊2　山本宏樹「教育機会確保法案の政治社会学―情勢分析と権利保障実質化のための詩論」（一橋大学＜教育と社会＞研究会編『＜教育と社会＞研究』26号、2016年9月16日発行、所収）では、「学校外の選択肢を増やすのではなく学校の環境改善を行うべきとの主張」をする論者の著作を5名掲げている（嶺井正也、山下耕平、前島康男、鳥羽忠、桜井智恵子）。マスコミが作った「賛否両論」的な手法は二次的な方法論であり、本質論にはなじまないが、それにしてもこの対抗軸にある教育学プロパーが、光栄ではあるが、実質的に筆者ひとりというのは寂しい。しかも＊1で掲げた論文がほとんど読まれていない。

が、同法成立直後の2016年12月24日に、早稲田大学戸山キャンパスで開催された「教育機会確保法成立　これからのことを話そう─教育機会確保法成立を受け、法律の活用を考える集会」(NPO法人フリースクール全国ネットワーク主催)における前川喜平文部科学省事務次官(当時)の講演である*4。日本における文科省事務次官の地位は、日本の教育行政事務方トップの位置にあり、法律制定に伴って出される「文科省事務次官通知」という名の通達は、法令等に関しては文科省の公式解釈イコール行政解釈とされてきた。それだけの重さを持つ講演であったといえる。

❷ 人権としての教育
普通教育機会確保法の成立基盤

　前川喜平文科事務次官は、そのときの講演で、普通教育機会確保法制の成立基盤は、「人権としての教育」の理念であり、憲法26条の教育を受ける権利の保障の法論理であると主張した。彼は次のように述べる*5。

　「『ひとしく』教育を受ける権利を『有する』ことで、教育の機会が同じように保障されなければならない、という意味だと思っております。一人ひとりに応じた最も適切な教育の機会を、同

---

*3　私は、2013年7月、「オルタナティブ教育法を実現する会」(のちに「多様な学び保障法を実現する会」に改称)の設立総会での講演を皮切りとして、その後の論稿で強調してきた(たとえば、拙稿「子どもの学ぶ権利と日本の公教育のこれから─新しい普通教育の創造をめざして」市民セクター政策機構『社会運動』409号、2014年4月15日、など)。

*4　前川喜平講演は、その後、前川喜平「教育は人権保障の中核」と題する講演録として、フリースクール全国ネットワーク・多様な学び保障法を実現する会編『教育機会確保法の誕生』東京シューレ出版、2017年、第3章に収録された。

*5　前川・前掲書、137〜138ページ。

じように保障することが大事だと思います。第2項が義務教育について決めています。・・・・ここで示されている保護者の義務というのは、普通教育を受けさせる義務です。子どもたちに普通教育を受けさせる義務。学校外の普通教育というのはあり得るという前提に立っているわけです。」

ところが、前述した通り、この憲法26条の理念を具体化すべき法律は、学校教育法しかない。彼は、この憲法と法律との関係について、以下のように述べている*6。

「学校教育法は、普通教育はすべて学校が独占するという前提になっていまして、学校以外のところに普通教育がないかのように書かれているわけです。したがって、6歳から15歳までの子どもの義務教育については、親は就学させる義務、小学校、中学校、特別支援学校に就学させる義務となっています。それ以外のところに普通教育はないと言わんばかりになっているわけですね。ここに問題点があると、私はずっと思っていました。」

この普通教育を受ける義務が、学校に通わせる「就学義務」のみで対応させるという法制に限定されてしまったことに関しては、私も戦後日本の公教育法制上の不備であると指摘してきたが、これを現職の事務次官が指摘している意味は大きいといえる。
　普通教育機会確保法は、そのような日本の公教育法制上の不備、欠陥を埋めていく法律であるといえるが、その埋め方は、補充というよりも新規の「学校外普通教育」法整備というべきものであり、普通教育機会確保法は、日本の公教育法制の整備、すなわち、憲法・教育基本法の下での子どもの学ぶ権利保障における「二本立ての公教育法制」（①学校教育法に依拠した学校普通教育法制と、②

....

*6　前川・前掲書、131ページ。

普通教育機会確保法に依拠した学校外普通教育法制）への整備[7]への「第一歩」となると考えられる。

❸ 二本立て公教育法制の一つ ＝学校外の普通教育法制

　以上のように、この「公教育法制の不備」論を展開してきた私の言説は、前川喜平講演では予測をこえて「補強」されることになったといえる。

　彼は、以下のように述べる[8]。

　「・・・・明治時代に小学校令がありまして、それでは学校外での義務教育は認められていました。学校外での義務教育を一切認めないというのは、国民学校令からですね。国民学校令は昭

---

[7]　吉田敦彦「子どもと学び―多様な学び保障による『学習権2本立て制度』へ―」『子どもの権利研究』25号、日本評論社、2014年。
　　　私は法律の略称においても、「学校外の普通教育法制」を立論するには、「普通」という言葉を付けるべきであると提案してきた。メディアは「教育機会確保法」という略称を流布したためやむを得ない面もあるが、それでは本来の法律の趣旨が伝わらない。この法律は、年齢や国籍等にかかわらず、本人の意思が尊重され、「普通教育に相当する教育」を十分に受けられていなかった人、言い換えれば、学校教育法一条から除外されている人たちに普通教育を学校外で保障しよう、確保しようとする目的をもった法律である。したがって「普通教育機会確保」という略称を用いることが肝要であると考えられた。普通教育が保障されていない人々のなかには夜間中学もあれば、外国人学校、フリースクールを含むオルタナティブスクールもある。とくにシュタイナースクールやサドベリー、フレネ、サマーヒルなど、これまでオルタナティブスクールと称されてきた学びの場は、同法の適用から除外しようとする空気があった。しかし、それは、上記のような同法の趣旨からすれば、法の意思に反しているといわざるを得ない。
　　　また、本来、普通教育の機会は、「義務教育の段階」に限らず、高校、大学まで延ばすことがふさわしいともいえるから、将来は高校や大学も含めて普通教育の機会を拡大していくという趣旨を含めれば「普通教育機会確保」という看板を外すべきではない。一部には「義務教育機会確保法」という略称も使われているが、これも同法の本来の趣旨からすればズレているといえる。
[8]　前川・前掲書、138～139ページ。

和16年（1941年）。この国民学校令は、私立学校も原則として認めていなかったのです。・・・・・いずれは私立学校も全部なくして、すべて国民学校に一本化するんだと。これは国家総動員体制のもとでできた勅令による制度です。

その国民学校令でシャットアウトした学校外での教育、その考え方を1947年の学校教育法も引きずってしまった。つまり、1941年より前に認めていたものが、その後、現在に至るまで認められていない。いまだに国家総動員体制のままの考え方で、学校教育による普通教育が行われているというのが現状である・・・・・学校教育法の、学校による普通教育の独占体制は、1940年体制だと私は思います。

・・・・・・そういう意味で、今回の法律は画期的なものだと思っています。」

　普通教育機会確保法は、日本の公教育法制の不備、欠陥を埋めていくという役割を果たすという意味において、今日的な存在理由を有する法律であるが、その存在理由は、学校外の多様な学びを普通教育法制に参入させる「入口」的な存在に留まらず、学校中心主義的な学校教育法制の厚い壁に対して、土台から「風穴をあける」存在であったといえる。

　現職の文科省事務次官が、普通教育機会確保法の成立をもって、国民学校令（1941年）制定によって欠落した学校外普通教育法制を、今回の法律でようやく埋める手がかりが出来た（当日の表現でいえば「もとにもどった」）と指摘していることは画期的でさえある。この前川講演には、その裏づけとなる文科省関係者の研究成果*9が反映されているが、教育法学的な視点に立ってみた場合は、以下のような論点をさらに深めておく必要がある。

　第一に、戦前日本の「学校外普通教育」の就学見做し規定など「義務教育特例」法制をどう見るのか。単純に、学校外の普通教育法制の歴史的な形成過程とのみ見るわけにはいくまい。

次節（本論の4）で、最低限の歴史的な検証を行っておきたい。

第二には、その後の戦時下の国民学校令から戦後の学校教育法制まで、同様に学校中心主義に立っていたとしても、戦時下のそれと戦後の日本国憲法法制下の「学校中心主義」とは、質的な違いがあったはずである。

前川講演で述べられたように、国民学校令以前の「学校外普通教育」の就学見做し規定という就学義務特例法制と、今回の普通教育機会確保法の制定についても、「もとにもどった」（前川）とは単純には言えまい。天皇制教育体制下のそれと戦後の憲法・教育基本法制のそれとは根本的に質的な相違があるのではないか。本論の4で詳述するが、私の仮説的な立論であり、その評価は後世に委ねたい。

第三には、戦後日本の教育改革の中で学校中心主義の形成が是とされてきた中で、なぜ、現代において、学校外の学びと普通教育が注目されてきたのか。

少なくとも、以上の3つの論点を解き明かしていくことが今後、普通教育機会確保法の基本的な理解にとっても必要になると思われる。

＊9　小桐間徳「戦前・戦中及び戦後における就学義務関連規定の変遷と学校外教育の位置づけに関する考察」、亀田徹論文「多様な選択肢を認める『義務教育制度』への転換―就学義務の見直しに関する具体的提案―」『PHP Policy Review vol.2 no.8』PHP総合研究所、2008年、など。

4 日本における
「学校外の普通教育」法制の形成

❶ 戦前日本における「学校外の普通教育修学」の就学見做し規定の法制化

　1872 (明治5) 年の学制発布以降の学校法制に関しては、元老院での協議を軸として太政官布告で定められた。戦前・戦中の教育は、国家主義的、画一的教育と評されることが多いが、1879年 (明治12年) の教育令 (同年9月29日太政官布告第40号) では、その第17条において、「学校ニ入ラスト雖モ別ニ普通教育ヲ受クルノ途アルモノハ就学ト做スヘシ」と定められており、学校外で「別二普通教育ヲを受クルノ途」があれば、就学と見做すなど柔軟な法制度を用意してきた[*10]。

　こうした「学校外の普通教育修学」への就学見做し規定の考え方は、当時の田中不二麿文部大輔が、「米国百年期博覧会」から帰国後、持ち帰った「米国学校法」を参考にして作成した「日本教育令」(第32章「学校ニ入学セスト雖モ別ニ普通教育ヲ受クルノ途アル者ハ就学トナスヘシ」) に由来する。田中はアメリカの自由主義的な教育制度の影響を受けて、この規定を日本教育令に盛り込み、1878 (明治11) 年5月14日に太政官に上奏し、1879 (明治12) 年9月29日の教育令として公布した。

　田中がこのような柔軟な就学制度を提案してきた背景には、当時の貧困等による不就学など、学校教育の普及の立ち遅れの代替策として、あるいは「財政難や地理的要因により学校設置が困難な自治

---

*10　本山敬祐「戦前日本の『家庭又は其の他』における教育—論点の整理に向けた成立過程の再分析と運用実態の検討」『東北大学大学院教育学研究科研究年報』第62集、第1号、2013年、46ページ。

体」への代替策としてだけでなく、当時の富裕層などのニーズをふまえて「保護者等による教育選択の自由を許容する側面」もあったとされる*11。

　この「自由教育令」といわれた明治12年教育令は、翌年1880 (明治13) 年に政府の干渉を求めた教育令として改正 (同年12月28日太政官布告第59号) されたが、この改正教育令においても、第17条には、「学齢児童ヲ学校ニ入レス又巡回授業ニ依ラスシテ別ニ普通教育ヲ授ケントスルモノハ郡区長ノ認可ヲ経ヘシ但都区長ハ児童ノ学業ヲ其町村ノ小学校ニ於テ試験セシムヘシ」とあり、郡区長の認可制および「学業」試験制を条件として、学校外の普通教育修学制度を温存した。同様の規定は、1885 (明治18) 年の教育令改正 (明治十八年八月十二日太政官布告第二十三号) においても受け継がれ、第14条には「学齢児童小学校若クハ小学教場ニ入レス又巡回授業ニ依ラスシテ別ニ普通教育ヲ施サントスルモノハ戸長ノ認可ヲ経ヘシ但戸長ハ児童ノ学業ヲ其町村ノ小学校若クハ小学教場ニ於テ試験セシムヘシ」と定められていた。

　このように、まだ義務教育制度の発足以前ではあるが、小学校の就学制度として、郡区長の認可と「学業試験」を条件としつつ、「学校外の普通教育」修学を就学と見做し、法認してきたことは特筆に値する。

　学校外の普通教育修学を就学と見做すためには、最低限の公教育水準を満たしている、という確証が必要になる。郡区長の認可と「学業試験」制度は、その就学と見做す仕組みの原型を提示したといってよい。今後の学校外の多様な学びの教育内容の問題、とくに公教育としての水準をいかに確保していくか、という議論に対して歴史的な素材を提供しているといってよい。

---

*11　小桐間徳・前掲論文、『PHP Policy Review vol.2 no.8』2008年、75〜76ページ。

❷ 義務教育法制の整備と学校外の 普通教育修学規定

　1886 (明治19) 年に入り、小学校令 (明治19年4月10日勅令第14号) のもとで、小学校4年間の就学義務制が発足した。その後の学校関係法令は、原則的には天皇の大権事項として勅令で定められるようになった。そして1890 (明治23) 年には、「教育に関する勅語」が渙発されて、天皇制教育体制が固められていくことになる。当初の小学校令では、かつて教育令の規定にあった「学校外の普通教育修学」規定はなく、「小学校と均しき普通教育」を施す「私立学校」、「小学簡易科」の三種が就学の対象とされていた。当時、授業料の負担が小学校就学を妨げる要因となっていたことから、市町村負担で授業料を徴収しない「小学簡易科」が求められていたのである。1890 (明治23) 年小学校令 (同年10月7日勅令第215号) では、この小学簡易科が廃止されて、「代用スル私立小学校」のほか、以下のように「家庭またはその他」における教科修学が就学形態として追加されたのである*12。さらに、この小学校令では、第40条で「…其他小学校ニ類スル各種学校等ヲ設置スルコトヲ得」とされた。

　　第22条　学齢児童ヲ保護スヘキ者ハ其学齢児童ヲ市町村立小学
　　　　　　校又ハ之ニ代用スル私立小学校ニ出席セシムヘシ若シ
　　　　　　家庭又ハ其他ニ於テ尋常小学校ノ教科ヲ修メシメント
　　　　　　スルトキハ其市町村長ノ許可ヲ受クヘシ

　この「若シ家庭又ハ其他ニ於テ尋常小学校ノ教科ヲ修メシメントスルトキハ其市町村長ノ許可ヲ受クヘシ」の規定は、市町村長の許可制ではあるが、教育令期に「起源」*12を有する学校外の普通教育修学の就学見做し規定を踏襲したものであり、家庭その他の場にお

---

*12　本山敬祐・前掲論文、45ページ。

ける普通教育教科の修学を就学と見做し、法認した。この規定は、その後1990（明治33）年の小学校令（同年8月18日勅令第344号）に引き継がれて、「但シ市町村長ノ認可ヲ受ケ家庭又ハ其ノ他ニ於テ尋常小学校ノ教科ヲ修メシムルコトヲ得」（36条）となった。

　学制発布から教育令期における「学校外の普通教育修学」の就学見做し規定の法制化、そして小学校令期の義務教育段階における小学校に類する各種学校への入学や家庭における修学などを就学義務の履行として扱う特例があった。「家庭又はその他」における尋常小学校教科の修学の認可制度は、特例的ではあっても、少なくとも、「学校外の普通教育修学」制度であって、学校以外には普通教育を受ける義務を認めない学校中心主義とは一線を画するものであったことは疑いえない。

　もちろんこの就学特例制度は、教育勅語が渙発された1890（明治23）年段階で、義務教育の達成が、就学率48.9％と5割に満たなかったことと関係が深い。当時の明治政府の教育政策の中で、就学率を上げることは教育勅語の奉読を含む天皇制教育体制を浸透させ実効あるものにしていくうえで不可欠であり、就学政策は当時、最優先の教育政策であった。学制期の象徴であった擬洋風校舎（例えば、長野県開智学校など）を華美であると否定しつつ、質朴堅牢観のもとで1坪4人原則に依拠した20坪教室＝80人学級という詰め込み校舎を定型化（小学校設備準則1886年）し、子どもたちを詰め込んだ*13。地方では、農村社会において子どもは貴重な労働力であったことから、野良作業などに駆り出されて「出席札」をつけていない子どもたちを警察官等が捕獲し、強制的に学校収容するという「子ども狩り」も行われたといわれる。住民には、就学に伴う授業料も負担であったことから、1890年には、市町村立小学校費国庫補助法の制定により義務教育（授業料）無償制を発足させた。

---

*13　拙著『学校施設の歴史と法制』エイデル研究所、1986年、参照。

学校外の普通教育の修学を認可制とはいえ就学と見做し、法認してきた背景には、こうした当時の明治政府が進めてきた一連の就学促進政策の影響があったといえる。そのような就学促進政策、とりわけ授業料無償制が実施されたことにともない、1907（明治40）年には、就学率は97.4％に達し、わずか20年間で就学率を倍増させ、ほぼ100％の完全就学の域に持ち込むことに成功した。

　この就学義務特例法制は、田中が志向したように保護者の教育選択の自由への配慮がなされた結果でもある。ただし、大方は、小学校令に依拠した就学義務制は、「プロイセン・ドイツの影響を受けて、国家権力による学校教育の独占（学校教育権力の国家独占）の観念」を前提にしており、「教育の自由や子どもの権利主体性を否認された明治憲法下では、国家に対する親義務としての就学義務が、義務教育における義務の実体であった」とし、「義務教育の制度化は、それが親への就学義務づけをともなう限りにおいては、親が子を学校以外の場で教育する自由を原則として失うことを意味する」[14]とする見方が大半であったといえる。

　しかし、明治12年以来の学校外普通教育の就学見做し規定に受け継がれてきた制度理念は、大正自由教育期には、新教育運動に基づく私立学校や、「児童の特殊性」に応じた各種学校の設置運営がなされ、この就学特例により、児童中心主義・進歩主義の新教育運動が花咲き、トモエ学園につながる教育の「多様性の萌芽」がみられたということもできる[15]。

---

*14　安達和志「義務教育制度の教育法原理的検討─就学義務の法的性質論を中心に」　日本教育法学会年報『立憲主義の危機と教育法』有斐閣、2017年、41～42ページ。
*15　小桐間徳・前掲論文、74ページ、78ページ。

5 戦後日本の教育改革と学校の役割

❶ 軍国主義・国家主義教育から転換と学校の役割

　その後の日本は第二次世界大戦へ突入し、戦時下の国家総動員体制の中で、国民学校令の制定をみる。1941 (昭和16) 年に戦時立法として制定された国民学校令では、学校外の普通教育修学の就学見做し規定は廃止され、原則的には私立学校も廃止を前提として、子どもたちは一律の国民学校に収容されることになった。

　戦後になって、憲法・教育基本法が成立し、基本的人権としての「教育を受ける権利」(26条) の保障のために、日本の学校は、自由な雰囲気の下で、教育の自由と学校の自主性 (教育基本法10条)、教育の専門性の尊重のもとで、教育改革の一翼を担い、六・三・三制や社会科の新設などの新教育への歩みを開始した。とりわけ、戦前日本の軍国主義、国家主義教育に対する厳しい反省のもとで、「教え子を再び戦場に送るまじ」の固い決意の下で、学校は、平和主義、民主主義の教育改革を進めていった。

　ところがその中で、学校教育法の就学関係の規定に限ってみれば、戦時立法である国民学校令の就学規定をほぼ同文のまま踏襲してしまい、国民学校令で確立させた学校中心主義を戦後においても定着させてしまったのである*16。この戦後日本の学校教育法制をどう見るべきか。

　日本の学校は、新教育への歩みが開始する中で、法制度面でも改革が求められていたはずである。しかし、憲法・教育基本法とともに、戦後の新教育を支えるべく制定された学校教育法 (1947年) は、学校改革という方向性においては積極面と消極面とを併せ持つ存在

---

*16　平原春好『学校教育法』エイデル研究所、1978年。

であった。

　確かに、学校教育法は、戦後の憲法・教育基本法制の下で学校改革を推進していく積極的な役割を有していたことは事実である。「ひとしく教育を受ける権利」保障としての六・三・三制の実施、単線系学校体系による「教育の機会均等」の確保など、戦後の教育改革の法制的な基盤となっていた積極面は否定できない。

　しかしながら、学校教育法には、戦前日本の教育法制の「残滓」的な内容が散見されるなど消極面も併せ持っていた。その代表例が、「就学義務の猶予、免除」規定であり、保護者が経済的理由などから就学義務の履行の猶予、免除を「願い出て」、教育委員会が「猶予、免除」する（してやる）という規定の問題である。子どもの教育を受ける権利保障の筋からいえば、古いお上意識の体質がそこに表現されており、たとえ保護者が就学義務を果たせない様々な事情があったにせよ、教育委員会は保護者に代わって就学保障義務の履行が要請されていたのである。また、学校教育法11条の校長、教師の懲戒権規定についても、「懲らしめる」「戒める」という古い体質をもった懲戒という発想と言葉の改善が求められてきた。

　そのような中で、憲法が要請してきた保護者の「普通教育を受けさせる義務」について、国民学校令以来の学校中心主義の見地から、すべての子どもの普通教育を1条で定めた「学校」で保障するという学校教育法の「一条校」規定に関しては戦前法制の残滓と見ることもできる。

❷ 民主主義的な改革の下での学校中心主義の形成

　しかし、戦後日本における学校中心主義の形成については、たとえ制度上の限界（とくに障害児学校制度の立ち遅れなど）があったしても、新憲法下の学校制度として、戦前の国民学校令のそれと全く同一視することはできないようにも思われる。少なくとも民主主義的

な改革の下での学校中心主義には、戦前の国家主義的な学校中心主義とは次元を異にした要素が多く含まれていたと考えるべきである。

　第一には、戦後日本の憲法・教育基本法制の下で、新制の小中学校、高校の置かれていた法制度的な位置である。少なくとも私立学校までも排除しようとしていた国民学校令との違いは明白であり、私立学校設立の自由および学校法人の自律的な運営を基本に置いた私立学校法（1949年）の下で、子どもや保護者、あるいは地域、市民の多様な要求、ニーズを受け止めた私立学校の自由な教育活動（＝私学の自由）が制度的にも担保されていたことが大きい。既存の学校に対するオルタナティブ性*¹⁷をもった「多様な学びの場」を提供してきた自由の森学園やきのくに子どもの村学園など、あるいは教育特区として「フリースクールの公教育参入という歴史的実験」に成果をあげた東京シューレ葛飾中学校など、私学の自由が学校中心主義形成にとって大きな支えとなっていたことは間違いない。

　さらに言えば、憲法26条を受けて、教育を受ける権利保障の場として、学校外の人びとの自己教育・相互教育活動を国・自治体が援助していく責任を明記した社会教育法（1949年）の成立も無視できない。本来は、子どもの権利保障の法制度の一角を担い、「子どもの社会教育」、「子どもの学校外教育」の発展が期待されていた。その期待が現実化していたならば、社会教育法制が学校教育法制と並んで、子どもの学ぶ権利の行使と学校外の多様な学びの場の形成の受け皿となる可能性もあったといえる*¹⁷。しかし社会教育法はその後、「生涯学習」体系（臨教審）の中に組み込まれ、変質していくことになり、一部地域は別として、不登校の子どもたちの学ぶ権利の保障の場としては実質的には学校外の多様な学び実践とは結びつかなかったといえる。

＊17　嶺井正也「これはインクルージョンとはいえない」『季刊福祉労働』現代書館、2015年秋号、2015年9月25日、120〜122ページ。合わせて、増山均著・早稲田大学増山均研究室編『アニマシオンの日本の子育て・教育・文化』本の泉社、2018年1月なども参照。

第二には、戦後日本の学校は、憲法・教育基本法制および公選制の教育委員会制度（旧教育委員会法）の下で、民主的で自由な教育が目指されてきた。人びと（国民）の権利、人権としての教育法制（憲法26条）、学校における教育の自主性と専門性が支援される教育法制（旧教育基本法10条）下で、学校の自治、教師の教育の自由が花開く中で、戦後の学校では、子どもや保護者、地域の多様な要求、ニーズを正面から受け止めるべくインクルーシブ（包摂）性を内在させた様々な教育実践が展開されていたと考えられる。今回法制化の対象となった夜間中学校も、戦後日本において、戦争の影響や経済的に恵まれず、昼間の学校に通えない子どもたち（成人を含め）のために教師たちが主体的に夜間に授業を開設したものであった。

　日本における学校中心主義は、上記のような戦後日本の民主主義的な教育改革と学校教育への「国民的な信頼」の下で形成されていったということができる。

　その後の日本の学校は、「国民的な信頼」のもとで、その機能を広げていくことになる。「地域に根ざした学校づくり」、「地域の文化センターとしての学校づくり」、「国民の教育要求に応える学校づくり」、「子どもの権利、全面発達の権利を保障する学校づくり」、といった教育運動的な視野から、また、生活教育、生活指導実践をベースとして、家庭や地域、学校生活をサポートしていく学校の「福祉的機能」も語られるようになる。当時の学校のあり方と関わり、「学校は子どもたちの生活の場所であるという意味で、学校には福祉という機能が本来的にふくまれなければならない。「学校の福祉的機能というものは、・・・・子どもの要求を尊重しながら、子どもの自立を準備するという学校の保護機能のひとつの現れである」[18]と語られてきたのである。

　まさに戦後日本の学校改革と教育実践の進展により、これを支えてきた学校教育法とこれの基づく義務教育制度は、「子どもの学習権を国家的に保障する条件整備的な制度」[19]といわしめることになる。その中で、学校中心主義の積極的論拠として補強されてきたの

は、教育の内的事項を軸とした教育自治権の存在であった。すなわち、すべての子どもの発達保障のための教育科学研究に依拠して、教育専門職自治イコール教育自治の主体としての学校教師の教育権論であった。教育の専門性に依拠した教師の職務権限の独立や学問の自由を基盤とする「教育の自由」[20]がうたわれ、学校教職員の自治と主体的な取り組みが、子どもや保護者、地域住民の要求を包摂、包括し、学校における「教育の多様性」とインクルーシブ（包摂）性を担保してきたという考え方である。

　しかしそのような日本の学校におけるインクルーシブ（包摂）性を支えてきた学校自治と教育権の規範意識は、後述するとおり、実践規範や裁判規範としては顕在化していたもの、実定法的な法規範まで高めることができなかった。これに対して、例えば、いち早く「代案（オルタナティブ）教育法」を制定（2005年）してきた韓国では、憲法で「教育の自主性、専門性・・・・は、法律が定めるところにより、これを保障する。」（31条4項）とされ、ソウルや光州などの自治体では、教師の教育権保護や学校自治を条例で定めてきた[21]。

　この点において、制度的な担保をもたない日本の教育法とは歴然とした違いがあったといわざるをえない。日本でも、子どもの権利条例が「子どもにやさしいまち」（ユニセフ提唱）づくりの中で制定されてきたが、学校、教師支援の視点は十分とはいえなかった。地方においては「子どもの学ぶ権利に関する条例」（資料5参照）を制定する動きもあったが、実を結んではいない。その中で特に2006年教育基本

＊18　城丸章夫「現代の学校の役割と民主主義」国民教育研究所編『季刊国民教育』25号、労働旬報社、1975年、29～31ページ。なお、当時の教育学界の議論としては、日本教育学会第32回大会（1973年度）におけるシンポジウム＜学校とは何か＞そのⅡ「学校の福祉的機能」が参考となろう。
＊19　安達和志・前掲論文、43ページ。
＊20　兼子仁『新版教育法』有斐閣、1976年、など参照。宗像誠也「教育権論の発生と発展」国民教育研究所編『全書・国民教育　1巻（国民と教師の教育権）』明治図書、1967年、など参照。

法の改正以降ライン系を強化する学校管理、教員管理政策の進行の
もとで、学校自治、教育権規範の停滞・低下状況をまねき、学校に
おけるインクルーシブ（包摂）性を後退させていくことになった。

　ところで、戦後日本における学校のインクルーシブ（包摂）性の
拡大[*22]は、学校現場にとってその専門職性の自覚とともに、子ど
も、保護者のニーズを受けた「学校、教師による抱え込み体質」を
も肥大化させてきたことに留意すべきであろう。日本における学
校、教師の「抱え込み体質」は、その後の「学校の限界」を超える問
題状況―子どもの貧困、家庭内虐待、いじめ、暴力問題など―の中
で「破たん」していき、その「国民的な信頼」を失い、むしろ"学校・
教師バッシングの火種"になっていくのである。

＊21　韓国では、憲法第31条において、「均等に教育を受ける権利を有する」(1項)
　　　とし、無償義務教育等(2, 3項)を規定した後、その4項で、「教育の自主性、
　　　専門性、政治的中立性及び大学の自律性は、法律が定めるところにより、
　　　これを保障する。」と定められている。日本では、教育の自主性を原則化し
　　　た教育基本法10条が改正されたのに対して、韓国では憲法上、「教育の自
　　　主性」「教育の専門性」の保障がうたわれている。
　　　　さらに地方自治立法レベルでも、教師の教育権や学校自治に関して、以下
　　　のように憲章や条例で法制化されてきたことに注目したい。詳しくは、安
　　　ウンギョン「韓国における児童生徒の人権保障と教師の教権保護条例・憲
　　　章」『子どもの権利研究』21号、日本評論社、2012年、などを参照されたい。
　　　○ 京畿道「教育権保護憲章」　2010年4月制定・公布
　　　○ 光州広域市「教育権と教育活動保護等に関する条例」　2012年公布
　　　○ 光州広域市「学校自治に関する条例」　2019年3月1日施行
　　　○ ソウル特別市「教育権保護及び教育活動支援に関する条例」　2012年5
　　　　月制定
　　　○ 全羅北道「教育権利と権限に関する条例」推進中　2012年4月
　　　○ 全羅北道「学校自治に関する条例」　2016年1月4日制定・施行
＊22　日本では、障害児学校制度の立ち遅れから、その制度（統合的制度）の発展
　　　的な理念として紹介されることが多く、国際的な障害者の権利運動を軸と
　　　して理論形成されてきた「インクルーシブ・スクール」を想定しがちである。
　　　しかしながら教育理念としての「インクルーシブ（包摂）」性は、それにとど
　　　まらず、本質的なアプローチからすれば、子どもの権利の総合的保障の見
　　　地から、学校が有する多機能性（教育機能、生活・福祉的機能、文化的機能、
　　　地域的機能など）を顕す用語であると理解することができる。本稿で展開
　　　してきた学校のインクルーシブ（包摂）性に関する仮説は、時代とともに変
　　　容してきた日本の学校の現実から出発している。

6 現代学校の限界と
　学校外の多様な学びの形成

❶ 学校のインクルーシブ（包摂）性の後退

　日本の学校のインクルーシブ（包摂）性は、時代の変化とともに後退し始める。

　1950年代には、朝鮮戦争を契機としたアメリカ占領政策の転換、「教育の逆コース」の中で、教育の政治的中立性の問題や教師の「勤務評定」問題などが生起し、教師の教育の自由、学校自治を脅かし始める。これに対して教職員組合主導の「勤務評定闘争」、1960年代には「学力テスト反対闘争」などが展開された。これらの闘争に参加した組合員の救済のために「教育裁判闘争」も始まり、これらの裁判を通して国民と教師の教育権規範が形成され、教師の実践規範としても顕在化していく。1970年代には日本教育法学会が設立されて、理論的には、学校の自治や教師の教育の自由が子どもの全面発達の権利、学習権を保障してきたという教育法関係が、予定調和的な側面をともなって形成されていったと考えられる。

　しかし、この予定調和的な教育法関係は、高校、大学紛争が終息していく1980年代に転機をむかえた。

　とりわけ日本の学校は、1970年代に「生徒による学校闘争」を権力的に押さえ込んできた反動もあり、中学校、高校を中心として、校内暴力、非行で荒れた。1980年代の学校は、生徒暴力を力で抑え込もうとする管理教育が台頭する。校則による校内生活規制、体罰、原級留め置き、「自主退学」等、子どもの権利、人権規制が常態化し、水戸五中「体罰死」事件、岐陽高校「体罰死」事件など重大死亡事件も相次いだ。また1986年には東京中野区富士見中学校で「いじめ自死」事件が起きる。

　1985年には、日弁連が第28回人権擁護大会シンポジウムにおいて、

これらの問題を「学校生活における子どもの人権」問題*23であると問題提起し、社会問題化していくことになった。この1980年代において、日本の学校自治、教師の教育権と子どもの権利との予定調和的な関係（子どもの学習権を保障する学校像、教師像）が徐々に崩れ始めていったといえる。そして、このような学校の変容の中で、学校外の学びの居場所としてフリースクールが登場していくことになる。

　1990年代から2000年代にかけては、「不登校」問題が本格化するなど、学校のインクルーシブ（包摂）性の後退が顕著となる。典型は、非行系の不登校の子どもの問題である。近年では、川崎市の事件をはじめ非行系の不登校生徒の集団暴力事件が相次ぐようになる。栃木県足利市では、非行系の不登校中学生の就労死亡事件（2013年8月6日）が発覚し、校則違反の生徒が中学校から締め出され、結果的には複数の事業主のところに4つの中学校、20人近くの中学生が就労している現実が浮き彫りにされた*24。

　2000年代にはゼロ・トレランス政策の影響下で、いじめや暴力行為によって、出席停止、停学などの処置も取られるようになった。最近では、地毛が黒でないことを証明する「地毛証明書」の提出を求める学校の増加が社会問題化してきた（東京・大阪・神奈川のほか、沖縄県では県立高校の87％に上る＝琉球新報2018年1月4日付）。地毛を証明できない生徒は、黒染めして登校するよう要求するいわゆる「再登校指導」という名の「不登校助長」にまで至ってしまった。髪が黒くない子どもは学校から締め出す・・・学校のインクルーシブ（包摂）性の「崩壊」はここまで来たことを実感できる。

　発達障がいの子どもに対しても、理解不足の教員による「的外れ」

----

*23　日本弁護士連合会第28回人権擁護大会シンポジウム第一分科会実行委員会編『第28回人権擁護大会シンポジウム第一分科会基調報告書　学校生活と子どもの人権―校則、体罰、警察への依存をめぐって』(1985年度) より。
*24　足利市第三者調査委員会報告書を読む会編・発行『検証：足利・中学生の就労死亡事件―第三者調査委員会がめざしたもの』エイデル研究所刊行協力、2015年、参照。

な「毅然たる指導」により、不登校を助長してきた。

　このような学校の限界とインクルーシブ（包摂）性の後退の中で、不登校の子どもたちの受け皿になってきたのが、フリースクール・フリースペース、ホームエデュケーション、オルタナティブスクールなどの学校外の多様な学びの場であった。

　むしろ、学校がかくもインクルーシブ（包摂）性を失ってきたなかで、「不登校」問題が深刻化し、その中で、学校のオルタナティブ性（もう一つの学校＝とくに代案性および多様性）が社会的に要請され、学校外の多様な学びの場が広がってきたことを冷静に見極めていく努力が必要である。

❷ 学校の限界と歯止め的な学校内外の改革

　「子どもが学校に不適応なのではなく、学校が子どもに不適応」（前川喜平）

　前川喜平・前文科事務次官は、退任後の講演会（2017年12月3日、茅野市市民館）で、軍隊の影響を受けてきた日本の学校の集団主義、画一主義的体質に触れて、以下のように述べて、学校という仕組み自体が子どもたちに合わなくなることは当然想定できたという[25]。

　　「日本の学校は、軍隊の影響が強く集団主義的・画一的にできていて、もとをただせば制服も号令もみな軍隊式にできているのだから、もともと一人ひとりの子どもには不向きです。子どもが学校に適応しないのではなく、学校が子どもに適応しないのです。」

　すでに別稿で、インクルーシブ・スクールを理由として学校改革

＊25　前川喜平「子どもが学校不適応ではなく、学校が子どもに不適応」子どもの権利条約ネットワーク編『ニュースレター』130号、2017年、2〜3ページ。

優先をうたうことは、結果的に不登校を助長し、現在の不登校対策＝学校復帰目的の適応教室政策を「後押し」することにならないか、という問題を指摘してきた*26。この懸念は当たりつつあり、学校復帰政策はむしろ逆行状況を示しており、この少子化の中で不登校は12万人高止まり傾向からさらに16万人（義務教育段階=2018年度）まで拡大してきている。そして、ついに、文科省は2019年10月25日の通知「不登校児童生徒への支援の在り方について」をもって、「学校復帰を前提とする」不登校対策を全面的に転換し、「学校復帰を前提としない」不登校支援対策に切り換えた。

　このように考えてくると、歴史的にみれば、戦後の学校のインクルーシブ（包摂）性の中で学校改革が模索されてきた時代から、現代のインクルーシブ（包摂）性の後退してきた時代に至り、その限界と歯止め的な学校改革、学校外教育改革を模索していく時期に来ていると言える。

　長年日本の学校改革に身を寄せてきた者として感じることは、かつて、地域に根ざし、子どもや保護者の参加と要求を受けて創造的な学校づくりを進めてきた息吹きを、いま「学校外の多様な学び」実践の中に見出せることである。現代という時代的背景の中で、学校の「限界」をふまえた学校再建と、学校が失ってきたものの学校外での継承とを同時並行的に進めていく時代といえまいか。

＊26　拙稿「学校外の多様な学びの支援と日本の教育―子どもの学ぶ権利行使と新たな普通教育の創造」子どもの権利条約総合研究所編『子どもの権利研究』27号、2016年2月、101ページ。

7 子どもの学ぶ権利の行使と 「学校外の多様な学び」

❶ オルタナティブ（alternative）の意味

　今後、「学校外の多様な学び」のあり方を追求していく際には、まずは、そのオルタナティブ性の中身について深めておくことが重要である。オルタナティブ（alternative）という形容詞には、以下の通り、3つの意味合いが含まれていると指摘されてきた[27]。

　　1)「複数から選択できる」—多様性（選べる学び、教育）
　　2)「代わりとなる、代案となる」—代案性（もうひとつの教育）
　　3)「既存のものとは別の何か」—別様性（マイノリティ性—「主流のもの」に対し新しいもの）

1) 多様性

　日本では、オルタナティブ教育についてまずもって実現すべきは、複数から選択できる「多様性」であろう。いうまでもなく「親は、『子に与える教育の種類を選択する優先的権利』（世界人権宣言26条3項）を有しており、現在の日本の学校法制において不当に無視された親の権利を実質化することは焦眉の急である」[28]といえる。普

---

[27] 吉田敦彦・第5回多様な学び実践研究フォーラム「多様な学びのオルターナティブ性」分科会「基調報告」より、*1を合わせて参照。

[28] 西原博史「就学義務から『多様な学び保障』へ—義務教育段階における国家の役割と子どもの学ぶ権利」日本教育法学会年報『戦後70年と教育法』有斐閣、2016年、83ページ。親の教育選択の自由は、学校外の多様な学びの場形成においても重要な理念であるが、別稿で述べたように、日本の場合は、安倍政権下の競争原理、新自由主義的な教育政策に飲み込まれてしまう危険性もあり、むしろ子どもの学ぶ権利の行使と権利保障の筋から論理構成すべきであることを述べてきた。西原論文も同旨（83ページ）と思われる。なお、多様性を教育の複線化路線として批判する傾向もあるが、学校制度内の複線化とは異なり、同レベルでは議論できないように思われる。

通教育機会確保法が成立した今日においては、少なくとも、明治の
教育令期に法制化され、今回の法制化で見送られた「学校外の普通
教育修学の就学見做し」制度までは復活させるべきであろう。

2) 代案性

　そして、その次の段階として、学校で学ぶ就学義務と同格的な扱
いとして、オルタナティブ教育の代案性に注目すべきである。子ど
もの学ぶ権利保障のための「もう一つの学校」である学校外の多様
な学びの選択のために、保護者の「教育義務」制の法制化へと進む
ことが求められよう。

　そこでは、「現行の就学義務制度を改正し、保護者の申請に応じ、
市町村教育委員会の判断により学校以外の場で子どもに教育を受け
させることを例外的に認めるべきである。」「場所は家庭またはフリー
スクール、インターナショナルスクールなどどこであってもよいが、
子どもに教育を受けさせる義務を課す。就学義務ではなく、いわば
教育義務を保護者に課すのである。」「さらに、一定の教育水準を確保
するため次の条件を付す。」として、①保護者に課す教育義務の履行
チェック、定期的面接等、②既存の「中学校卒業程度認定試験」と同
様の試験、合格により高校入学資格を得るという「提案」[29]である。

3) 別様性（マイノリティ性）

　ただし、こうした法制化へ移行していくためには、どうしても一度
はくぐらなければならない日本の教育（学）界の認識の壁がある。オ
ルタナティブ教育における別様・マイノリティ性、すなわち「既存の
ものに対する新しいもの（多数派に対する少数派）」すでに本論の1で

----

[29]　亀田徹「多様な選択肢を認める『義務教育制度』への転換—就学義務の見直
　　　しに関する具体的提案—」『PHP Policy Review vol.2 no.8』PHP総合研究
　　　所、2008年、5〜6ページ。

述べたように、「アンチ学校」として「学校解体」的な受け止め方がされてきており、そのような発想が今日においても相変わらず根強く、オルタナティブ教育を近寄りがたいものにしてきたといえる*30。

　しかし、欧米のオルタナティブ教育や、これに学んだ韓国、台湾の教育動向を見ても、オルタナティブスクールが、現代社会の教育改革、学校改革の主役として登場しつつある。筆者が韓国の学校改革の現場（公選により選出された進歩教育監が進めてきた「革新学校政策」の現場など）で垣間見てきたのは、学校改革におけるオルタナティブ教育実践の積極的な貢献の姿であった*31。

❷ 民主主義社会を支える公教育原理

　このオルタナティブ教育における多様性、代案性、別様性（マイノリティ性）の原理は、いずれも民主主義社会を支える公教育原理であると考えられる。人間、子どもの本質としての「多様性」を認識していくこと、それに由来して公教育、普通教育としての「学びの多様性」を求めていくことが重要である。それは、子どもの学ぶ権利の保障、憲法26条の視点から言えば人権としての公教育、普通教育を捉えな

---

*30　安達和志・前掲論文、48ページ。

*31　京畿道の南漢山（ナムハンサン）初等学校（金栄柱「学びと分かち合いが生きている南漢山（ナムハンサン）初等学校」『子どもの権利研究』21号、日本評論社、2012年。）などの現場訪問で大いに刺激を受けた。なお詳しくは、安ウンギョン「現代学校改革と教育政策に関する研究―韓国・京畿道の『革新学校』政策の分析を中心に」早稲田大学文学学術院教育学会編集『早稲田教育学研究』5号、2014年、および安ウンギョン「韓国におけるオルターナティブ教育の取り組みと制度化」子どもの権利条約総合研究所編『子どもの権利研究』27号、日本評論社、2016年、などを参照されたい。また、最新の動向としては、金敬玉（キム・キョンオク。元代案教育連帯代表）「オルターナティブスクールが韓国の教育を変える―民間発の公民連携事例をふまえて」の講演があった。冒頭の「第5回多様な学び実践研究フォーラムIN Tokyo」（2018年2月25日全体会講演、記録集参照）。

おそうとする営みである。

　したがって、普通教育機会確保法の立ち位置は、本法における適用対象として、シュタイナーやサドベリー、フレネ、サマーヒルなどいわゆるオルタナティブスクールが含まれるかどうか、という点で一つの分岐となる。人間、子どもの本質としての多様性を受け入れるかどうか、それはとりもなおさず、日本の民主主義の根幹に位置する教育価値の受容という問題として認識すべきである[32]。

　憲法26条2項が掲げてきた人権としての普通教育は、すべての人びと（「国民」を読み替えて表現した）が人間として生きていくために欠かせない共通の教育を指してきたが、その「共通」の教育とは、現代社会において人間の持つ多様性（ダイバーシティ）が重視される時代にあっては、子どもの多様な人間形成、そのための学ぶ権利の行使を担保する「多様な学び」の確保という趣旨における「共通」の教育であらねばならない。そのような本質的な意味合いをもって、「普通教育」の機会の確保を目的とした法律が誕生したことを理解しておきたい。

　普通教育機会確保法は、そのような「多様な学び」の仕組み（制度設計）を創っていくうえでの第一段階であり、「模索期」にあたるといえる。

　川崎市の子ども夢パーク内の「フリースペースえん」や射水市の子

---

[32]　2019年3月16・17日に福岡で開催された「第6回多様な学び実践研究フォーラムIn九州」の分科会で、福岡のシュタイナー学校が校長や教育委員会の無理解から「不就学」扱いになって、就学督促やその不履行による就学義務違反・「罰金」の危機にさらされている実態が報告された。フリースクールの子どもたちのほとんどが「不登校」扱いになっているにもかかわらず、シュタイナーなどいわゆる「オルタナティブスクール」に通っている子どもが「不就学」扱いになっていることは、明らかに「偏見」による差別であり、普通教育機会確保法の違反行為であると思われる。オルタナティブスクールに対する「偏見」は、日本の教育界が克服すべき課題であるといえる。さらに言えば、同法の基本的な立場は、フリースクールを含めてオルタナティブスクール全体を「学校外の普通教育」として公教育に算入させていく法律であることもお互いに共有しておきたい。

ども権利支援センター「パレット」、世田谷区のほっとスクール「希望丘」など、公設民営方式の仕組みづくり、あるいは栃木県高根沢町の町営フリースペース「ひよこの家」（実質的には公設民営）など地方自治体と民間との協働の経験をふまえて、今後とも時間をかけて学校外の多様な学びの仕組みづくりがなされていかなければなるまい。

❸ 子どもの学ぶ権利行使と普通教育のこれから

　では、子どもの学ぶ権利行使によって保障されるべき普通教育とはどうあるべきか。それは、子どもたちの参加を得て本格的な検討が必要になると思われる。そのうえで、あえて問題提起するならば、とくに人間、子どもの多様性に依拠した、①子どもの「学びの自己決定」の原理、②「子どもの居場所」の原理、③子どもの学びに欠かせない「実践、参加」の原理などを基点として、「新しい普通教育」の創造の努力が続けられていくことが求められる。

　一つは、子どもの学びの自己決定の理念からの検討である。

　子どもは、自己の意思で学ぶ権利がある。あらかじめ決められた教育課程の中に埋没することなく、自分のペースで、選びながら学ぶことを権利として保障される。子ども一人ひとりの学ぶ機会の自己決定から始まり、学ぶ機会の計画・課程・運営の共同決定（＝自治と参加）にまで広がる活動でもある。学びこそは、「すべての人々が自己および自分自身の運命をコントロールできるように努力する」（ユネスコ学習権宣言）ことである。

　二つは、子どもの居場所の理念からの検討である。

　子どもは、ありのままの自分が認められ、安心して学ぶ権利がある。子どもの学ぶ機会、場は、その土台として居場所であることが求められる。それは、空間的な要素だけでなく、時間や支え手等の人的要素が大切である。子どもがありのままの自分で居ることが支援され、自己を取り戻す自由な時間が確保される（待つ支援）とと

もに、自分らしい学びと力への気づき、自分育ちへの支援などを確保できる支え手＝子ども支援者の存在と力量が大きい。

三つには、子どもの学びに欠かせない多様で実践的な参加の理念からの検討である。

子どもは、長時間座らされて、苦痛の中で「勉強」を強いられることから解放されて、楽しく学ぶ権利がある。子どもには多様で、実践的な参加型の学びが求められる。その学びは、学校外の多様な学び実践の展開の中で浮き彫りにされたように、社会参加的な学び、労働参加的な学び、芸術参加的な学びなどがある。従来から教育課程上は、「体験学習」という実践形態が取られていたが、「体験」（社会奉仕含む）というよりも「参加」であり、かつ「参加型（疑似体験）学習」の枠をこえた社会参加、現実社会に直接向き合って参加し実践していく学びへと発展していくことが求められる。

❹ 結びにかえて―時代の中に生きる子どもたち

さらに加えて、われわれが直面している現実は、義務教育期だけで16万人にのぼる不登校の子どもの存在である。この現実が重くのしかかっているなかで、不登校の子どもの学ぶ権利を実質的に保障してきたオルタナティブ教育（フリースクール・フリースペース、ホームエデュケーションを含む）の役割を再認識すべきである。

　　「子どもにとって大切なのは、どこで学ぶかではなく、何を学ぶ
　　かである。」

この言葉は、全国唯一町営で、「学校復帰を目的としない」フリースペース「ひよこの家*33」を経営し、不登校の子どもの居場所づくりを進めてきた栃木県高根沢町長（当時）の言葉である。教育（学）界、おとなにとっては、「どこで学ぶか」が最大の関心事であるが、子どもの目線に立てば、「何を学ぶか」が権利保障の基本である。とはいっ

ても、現在の不登校の子ども16万人の中で、オルタナティブ教育で
カバーされている子どもの数は、5000人弱である。残りの15万5000
人余りの子どもたちの学ぶ権利をどのように保障すべきか。そこで
は、確保法にもとづく多様な学びの拡充をはかるとともに、家庭への
訪問支援(2019年10月25日通知)を強化し、孤立しがちな家庭内の
子どもへのアプローチを広げていくしかない、といえる。

　いずれにしても、このような状況下で学校中心主義にこだわり続
けることは、「時代の中に生きる子ども」の真の姿を見失っていく
ことになるのではないか。

第1章　喜多明人

＊33　学校復帰を目的としない公設民営のフリースペースとしては、神奈川県川
　　　崎市子ども夢パークのフリースペースえん、および富山県射水市の子ども
　　　の権利支援センターパレットなどがあるが、町営で、かつ学校や教育委員
　　　会が支援体制を組んでいる自治体は、栃木県高根沢町のみである。

第2章
オルタナティブ教育の意義
子どもの権利の視点から

1 オルタナティブ教育について

　本稿の目的は、子どもの権利にとってオルタナティブ教育の実践とその保障がどのように重要なのかという観点からオルタナティブ教育の意義を考察することにある。

　まずオルタナティブ教育とは何かについてあらためてみていく。

❶ オルタナティブ教育、その内実の多様性

　オルタナティブ教育において代表的なものとしてよく取り上げられるものには、例えば、モンテッソーリ教育、シュタイナー教育、フレネ教育、デモクラティック(サドベリー)教育／スクール、ホームエデュケーション、国内ではフリースクール (シューレ)、場合によってはフリースペースなどの子どもの居場所[*1]なども挙げられる。オルタナティブ教育を実践する学校はオルタナティブ・スクールなどと呼ばれ、イギリスのサマーヒルや北欧のフォルケフォイスコーレ、国内では自由の森学園などもよく知られている。さらには、外国人学校、インターナショナルスクール、また夜間学校も含んでいわれる場合もある[*2]。

オルタナティブ教育と称していなくともその側面・要素を持ち合わせている他の実践もあるであろうし、また、一般的な学校教育においても外発的または内発的にオルタナティブ教育と親和性の高い教育実践や方法が生まれてくることもある。

　では、オルタナティブ教育とは何か。一言でオルタナティブ教育といっても、その内実は多くの名称を持つ教育理念や実践があり、それぞれが多様な文脈・背景を持っている。具体的な内容、方法なども多岐にわたる。したがって、オルタナティブ教育には確定した統一の定義があるわけではない。

　加えて、先ほどふれたシュタイナー教育やデモクラティック（サドベリー）教育などでもみられるように、同じ教育を標榜していてもそれぞれの学校を比べてみると同一ではない。「〇〇教育」の教育観や子ども観を共有しつつも、実践現場や実践者によってその内実は異なるものを持ち、各々に特色があるといえる。

❷ オルタナティブ教育における流れと影響

　それぞれのオルタナティブ教育は各々の地域の文化的・政治的・歴史的な影響を受けたり、逆に影響を与えたりしてきた。同時に、各地域や文脈をこえ、それぞれのオルタナティブ教育がお互いに情報交換・共有をしたり実践を学び合ったりしながら相互的な関係をつ

＊1　ただし、「スクール」ではなく「スペース」という言葉を使っていることなどからも見てとれるように、あえて「学校」ではない、または「教育」するところではない、というスタンスをとったりメッセージを発したりしていることから、自らをオルタナティブ教育としない立場をとっているところもある。

＊2　本稿では紙幅の関係でそれぞれのオルタナティブ教育について説明したり論じることは難しいため、詳しくは各実践のウェブサイト、関連書籍・資料などを参照のこと。また、永田佳之（2005）『オルタナティブ教育―国際比較に見る21世紀の学校づくり』新評論も合わせて参照されるとよい。

くってきているものも少なくない。

　さらには、例えばイギリスのサマーヒルとジョン・デューイの理論・実践を用い合わせたものをその現場の主軸にしている実践もあれば、セレスタン・フレネの倫理・実践をもとにオランダのイエナ・プランからも学び合わせて実践を行っている現場など、お互いが学び合うだけでなく、それぞれの子どもの状況や現場に応じて上手く取りいれたり、新たにつくり出したりしている。

　オルタナティブ教育はマクロにもミクロにもその文脈と発展をみてとれるが、歴史的に大きな流れとしては、19世紀末の欧州の新教育運動、アメリカの進歩主義教育運動などが挙げられるであろう。また、日本国内においては大正自由教育運動・新教育運動などが代表的である。現在国内で不登校や学校外へ学びを求める動きなどを背景とした学習権保障の動向にみる多くのオルタナティブ教育実践の台頭もまた、日本におけるオルタナティブ教育の実現を志向する新たな潮流であるといえるのではないだろうか。

　教師主導かつ社会から脱文脈化された教育内容・方法が用いられる学校教育への批判などに基づきアメリカのジョン・デューイ[*3]によって提示された子ども中心主義などは、国際的または日本国内にも多くのオルタナティブ教育の理念や方法に強い影響を与えてきた。また、植民地支配の権力構造を内面化・再生産するための装置として成り立っていると学校教育を批判し、抑圧・被抑圧の関係からの解放を目的として進められたブラジルのパウロ・フレイレ[*4]の識字教育などに代表されるように、発展途上国や地域でもオルタナティブ教育的な実践や運動が起こり、現在でも世界的に影響を残している[*5]。

---

*3　例えば、ジョン・デューイ著、宮原誠一訳（1957）『学校と社会』岩波書店やジョン・デューイ著、市村尚久訳（2004）『経験と教育』講談社など

*4　例えば、パウロ・フレイレ著、小沢有作他訳（1979）『被抑圧者の教育学』亜紀書房や里見実（2010）『パウロ・フレイレ「被抑圧者の教育学」を読む』太郎次郎社エディタスなど

日本では、先述のように新たなオルタナティブ教育を求める潮流といえるものが起こっている。先ほど「オルタナティブ教育において代表的なもの」として挙げたオルタナティブ教育の実践現場が徐々に各地に増えてきている。また、長年増加している不登校の子どもたちの学校外の学びの場や居場所として、フリースクールやフリースペースにおける実践が模索され発展してきた。これらの実践には、行政を中心に学校復帰を目的としてつくられる場がありつつも、また、自らをオルタナティブ教育としていない場も多いが、他のオルタナティブ教育と類似した方針や内容・方法を多くみうけることができるものも多い。加えて、オルタナティブ教育を受けたり、実践を立ち上げたい人たちを支えることが期待される通称「教育機会確保法」[6]が2016年12月に成立しており、今後、この法律を活用したオルタナティブ教育の展開と学習権の保障が期待されるとともに、その実質化に向けた取り組みが模索されている。

❸ そもそもオルタナティブとは

　その内実が多様なことは先に述べた通りであり、オルタナティブ教育といっても1つの具体的な教育理念や実践のかたちを示す言葉としてあるのではない。また、「オルタナティブ」の語の意味を簡単には日本語に訳しきれないという側面もある。「オルタナティブ」という語は、そのような多様でありつつも共通した性質や側面を持ち合わせている教育群の「ゆるやかな」総称を示す言葉として、また、共通して見受けられる教育の理念や実践の「あり方」や「スタンス」、「性質」

＊5　山西優二 (2011)「開発教育とオルタナティブ教育―これからの開発教育のあり方を探る」開発教育協会『開発教育』vol.58、明石書店、pp.12-26
＊6　正式名称は「義務教育の段階における普通教育に相当する教育の機会の確保等に関する法律」。詳しくは本書第1部第1章を参照のこと。

を示す言葉として使われているといえる。

　では「オルタナティブ」とはどのような意味を持っているのか。様々な辞書をみていくと大きく次のような点が含まれていることが分かる。1つ目は、2つかそれ以上のものから「選択可能なもの」「もう1つのもの」という意味である。2つ目は代案や代替物など、「代わりとなるもの」である。3つ目は、既存のもの（特に主流となっているものや支配的なもの）に対して「取って代わるもの」や「新しいもの」という意味のものである*7。

　また、吉田敦彦*8は教育の「オルタナティブ」の3つの意味合いとして、上のような語彙と対応して、オルタナティブ教育にみる「多様な選択肢」としての「多様性」、「実例で示す代案」としての「代案性」、「問いかける他者」としての「別様性」を提示している。

　さらに、オルタナティブ教育を求める動きにはその背景に社会の主流派や多数派（マジョリティ）に対して、「特殊」「特別」なニーズを求める立場が含まれることもある。加えて、オルタナティブ教育のもつ社会的立場から「少数派」「少数性」（マイノリティ）という性質や意味を含んでいることもある。

　また、オルタナティブという語が使われる文脈では既存・主流・支配的なものに対する疑問や批判的な視点が含まれることから、「革新性」や「刷新性」を含んだ概念でもあるとしている。この「オルタナティブ」の「刷新性」について永田佳之*9は、「教育辞典などに取り上げられている定義をみると、刷新の対象となっているのは伝統的な公教育であり、そこには何らかの問題が見出されていることが分かる」こと、そして、「オルタナティブ教育が生まれた背景には、明らかに

────────────────

＊7　南雲勇多 (2019)「オルタナティブ教育」日本環境教育学会他編『持続可能な社会をつくる教育事典』小学館、pp.202−203
＊8　吉田敦彦「第5回多様な学び実践研究フォーラム」(2018年) 分科会「多様な学びのオルターナティブ性」基調報告
＊9　永田佳之 (2005)『オルタナティブ教育—国際比較に見る21世紀の学校づくり』新評論、pp.13

近代教育に対する問題意識が介在しており、その用語じたいに既存の学校教育を塗り替える、もしくは部分的に変えていく刷新性が込められている」として、既存の伝統的な近代公教育への問題意識とその批判に裏打ちされていると説明している。

このようにオルタナティブ教育では従来の学校教育で画一的に展開されているような教育観とその背景にある近代的な考え方などへ批判的な意見が出されることが多い。そして、その分断・分離的、効率的、機械的などといった近代的要素といわれるものへの批判から、人間や社会、そして教育について、よりホリスティックにとらえなおす「全体性（ホールネス）」という観方も「オルタナティブ」にはみることができる[10]。

きちんと定義することが難しい、また、そうすべきでないオルタナティブ教育について、永田[11] は、そのゆるやかな「とらえ方」を「具体的な教育内容」ではなく「内容を規定するフレームワーク」として次のように提示している。

- 市場および国家から相対的に自律し、メインストリームの規範や通念をとらえ直す＜公共性＞。
- 伝統的な教育（公教育・私教育の別を問わない）を批判的に、かつ再構築する視座でとらえる＜刷新性＞。
- 公教育との協働において独自の社会的役割を担う＜相互補完性＞。
- 近代西欧という特定の時代的・地域的制約にとらわれず、どの時代のどの地域にも見いだすことのできる＜多様性＞。
- 二項対立的な思考様式に依拠しない、ホリスティックな視座を重視する＜全体性（ホールネス）＞。
- 少数派の声に代表されるよう多様な価値や「特別なニーズ」が

---

*10　永田、前掲、pp.35-36
*11　同上、pp.38-39

尊重される＜多元性＞。

　上記に挙げたような「オルタナティブ」の意味・性質についてオルタナティブ教育それぞれがすべてを含んでいるわけでなく、またそうでなくてはいけないわけでもない。また、同じオルタナティブ教育においても、その意味・性質の何を持ちうるのかはその歴史的・社会的文脈に応じて可変的でもある。

2　子どもの学ぶ権利の視点から

　次に、オルタナティブ教育の意義を子どもの権利の視点にたって考えるため、子どもの権利の中でも特に学ぶ権利に着目していく。
　そのために、国連子どもの権利条約などを手がかりにしながら、学ぶ権利とは何かということについてみていく。

❶ 子どもの権利条約と子どもの学ぶ権利

　子どもの権利において、すべての権利ひとつひとつが必要・重要であり、子どもの学ぶ権利も例外ではない。それは、身体的にも心理的にも著しく発達する時期にある子どもにとって学びや教育の意義が大きいためである。そして、社会の中で他の人や情報とつながるために文字の読み書きを覚えること、自分を表現するための言葉や方法を学ぶこと、これらは社会で生きていくために重要であり、また、自己肯定感などとも関わっている。それだけでなく、人間が生きることそのもののために学ぶことが必要・重要であり、学ぶことと生きることの一体的な関係を見過ごしてはならないからである。加えて、子どもの権利総体を実現し、子どもにもおとなにもやさしい社会を創造

していくためにも重要である。

　1989年に国連で成立し、日本政府も1994年に批准をした国連子どもの権利条約では、「教育に関する権利」についていえば主に第28条と第29条で明記されている。第28条は「教育を受ける権利」や「教育への権利」などそれぞれ訳し方やとらえ方が異なる場合*12もあるが、基本的にはすべての子どもが教育の機会を保障されることがうたわれている*13。第29条では教育の目的について示されている。そこでは「締約国は、子どもの教育が次の目的で行われることに同意する」として、「子どもの人格、才能ならびに精神的および身体的能力を最大限可能なまで発達させること」や、子どもの親、子ども自身の人権、地域・文化の多様性と価値観、平和、寛容、性の平等などの尊重・保障を発展させ、人間の尊厳がまもられる社会への教育の目的が提示されている。また、同29条では、「人権および基本的自由の尊重ならびに国際連合憲章に定める諸原則の尊重を発展させること」「自然環境の尊重を発展させること」など、国際社会における平和の実現やグローバルな課題への対応と解決にむけた教育についても条約で保障する教育目的として示されている。

　さらに、子どもの「学ぶ権利」や教育に関する権利の保障は、子どもの権利や条約について学ぶ機会を含んで考えることが重要である。

....

*12　条約28条の原文にはthe right of the child to educationとあり、the right "to receive" education「教育を『受ける』権利というよりはむしろthe right "to" education「教育『へ』の権利」として子どもの教育への積極的関与の意味合いをみてとれる。

*13　日本国憲法第二十六条においても「教育を受ける権利」が保障されている。しかし、ここでは「すべて国民は、法律の定めるところにより、その能力に応じて、ひとしく教育を受ける権利を有する。」としており、教育を「ひとしく」受けられるのは憲法の性質上、「すべての国民」とされている。一方、国連子どもの権利条約では、その国にいる「すべての子ども」、すなわち日本国籍を持たない子どもにおいても教育を受ける権利の保障を果たす責務を国家に課している。
　また、条約は国内法よりも、つまりは教育基本法や学校教育法よりも上位に位置づけられていることにも留意が必要である。

つまり、子どもの権利（条約）を学ぶ権利である。また、学びにより
つけた読み書きや考える力などは、さらに子どもの権利を知ったり、
考えたり、伝えたり、権利行使のために行動したりすることにもつな
がる。子ども自身にも権利があり、その権利の行使主体であり、その
保障を国際社会が認めていることを知っていくためにも学びは重要と
なる。そして条約の条項に書かれた差別されないこと、食事がきちん
と提供されること、遊びや余暇が保障されることなどの権利の具体
的な内容、また、権利の行使のプロセスについて学んでいくことの保
障につながるものである。

　次に、教育に関わる権利の様々なとらえ方から、子どもの権利とし
てどのように考えていくことが大切かをみていく。

❷ 教育を受ける権利

　学びはその子ども自身の発達・成長のためにも、社会的生活を営
むためにも重要な役目をもっている。その学びを支えたり促進したり
するためには、教育が十分に保障されることが大切である。

　まず教育に関する権利でもっとも言及されがちな「教育を受ける権
利」というとらえ方からみていく。教育を受ける権利の保障でイメー
ジされやすい場はいわゆる「学校」である。ただしそれだけに限定さ
れず、地域や家庭などを含め、社会全体での保障をホリスティック
に考えていくことが重要である。

　しかし、たとえば学校教育をみてみても、世界を見渡したときに実
に多くの子どもたちが格差と貧困を背景とした経済的な理由やジェン
ダーの差別などによって「学校」に通えなかったり、通わせてもらえ
なかったりする。例えば、いまだ男尊女卑が強い文化のある地域で
は、男の子は学校に通うことをゆるされ、女の子は学校へ行きたいに
も関わらず家事手伝いを強いられるなどの状況が存在する。このよう
な差別や貧困に基づき教育を受ける権利を保障されない場合、その

ことにより社会的な不利益をこうむることになってしまう危険性が増えたり、格差が拡大するなどの懸念がさらに生まれる。

　一方で世界には、世界中のすべての子どもが学校に通い学ぶことを保障するための資金や物資はすでに存在しているにも関わらず、それが教育ではなく、軍事費や娯楽費などによって使われてしまっているという事実もある。

　さらには、子どもはただ教育を受ける権利を保障されるだけでなく、教育の「質」を求めていく権利があること、質の伴った教育の実現を目指し努力していくことを国際社会は合意している。国連持続可能な開発目標（SDGs）*14 ではその目標の4つ目で教育について取り上げられ、地球のどの地域にあっても「すべての人に包摂的かつ公正な質の高い教育を確保し、生涯学習の機会を促進する」*15 ことが掲げられている。これは、先に挙げた「教育を受ける機会」が保障されればいいというだけでなく、きちんとその教育に質が伴うようになること、質のよりよいものが保障されることを求める権利があると解することができる。例えば、学校があり、そこに通う機会があるからそれでいい、ということではないということである。また、国によっては教育政策が公平性を欠き、都市部と農村部への教育資源の分配に格差があり、農村部の学校だけが教員や教具・教材が不足するような状況があったり、社会の階層や地域などによってある人は質のよい教育環境が整えられ、もう一方の人はそうではないといった差別があっ

---

*14　SDGsは2016年から2030年までの開発の指針として採択された「持続可能な開発のための2030アジェンダ」の文書の中に示されるもので、「17の目標」と「169のターゲット（具体目標）」で構成されている国際社会共通の開発目標である。

*15　このSDGsの目標4について、日本語では赤いロゴとともに「質の高い教育をみんなに」などのテーマ・説明で紹介されることが多い。しかし、英語では "quality education" とされていたり、アジェンダのなかでは "free, equitable and quality" な教育と表現されている。教育の質についての目標であることにはかわりないが、それを「質の高い」と訳すことやその訳語による議論の方向性には検討の余地があるだろう。

たりしてはいけないということでもある。

❸ 教育を選択する権利

オルタナティブ教育だけでなく教育全般をみても当然いろいろな理念や実践があり、実践に関わる人たちや場のあり様によって教育は多様である。その教育の多様性の中で先に挙げた「よりよい」質の教育を求めていくといっても、何をもって「よりよい」とするのかは社会や個人の考え方によってその意味が変わる。自分が関わる教育を「よりよい」ものにしていく権利もある一方で、多様な教育の中から「よりよい」と考えるものを自分で判断し、選びとっていくことができるよう、選択の機会が保障される必要もある。これは、一人ひとり多様な個性をもつ子どもが、自分にあった教育を選択し、その個性を輝かせていく機会を保障することにもつながるといえる。

例えば、1つの学校区に学校が1つといった日本のような制度とは異なり、オランダ[*16]では同じ学校区に複数のスタイルの学校が公教育によって保障され、子どもが受ける教育を選択する権利が認められている。また、韓国[*17]では各地域の教育庁のトップである教育監（日本の教育長）の選出が公選制となっており、自治体の首長とは別に、どのような教育理念や政策を掲げているかをみながら市民が教育監を選ぶことのできる制度になっている。

子どもにどのような教育とその環境を提供するのかは、親の教育権や教師の教育権とも関連する。教育のあり方を、また、「よりよい」質の基準を、国などが定め、画一的に管理・運営するような教育制

[*16] リヒテルズ直子 (2010)『オランダの共生教育』平凡社
[*17] 韓国の教育改革やオルタナティブ教育の取り組みについては、詳しくは、本書第1部第1章および第3章を参照のこと。

度ではなく、それぞれの子ども、家庭、地域において教育を選択する権利を保障することとその仕組みづくりが必要となる。先にあげたSDGs目標4にみるような教育保障の取り組みが進められるからこそ、その「質」や「よりよい」ということがどのようなものかが問われ、1つに画一化されずに選択できる多様な学びの保障を実現する重要性が増している。

　教育を選択する権利があるということは、1つの教育にしばられず、教育において権利侵害の可能性があれば、それを「放棄」して別の教育を求めることが保障されることでもある。これは「教育を通した暴力から守られる権利」[18]の保障であるともいえる。教育を受けることが大切である一方、教育を通して暴力が生まれてしまうことも、残念ながら歴史的にみて事実である。

　例えば、日本でもかつて経験してしまったような、戦争のために自分を犠牲にしたり他国の人間の尊厳を否定するような価値観を身につけるための教育。特定の政治思想を押し付けるための教育や差別意識を助長するような教育。また、おとなの意向で過度に受験勉強などが押し付けられ、人権が脅かされるほどのところまで強いられてしまった場合もある[19]。1つの教育を「唯一の教育」として限定することなしに、多様な教育とそこから選べる権利を保障することは、このような「教育を通した暴力から守られる権利」を行使することにもつながる。

---

*18　南雲勇多 (2019)「どの子どもにも学ぶ権利があります」認定NPO法人国際子ども権利センター (シーライツ)、甲斐田万智子編『子どもたちが自分の権利を守る30の方法——だれひとり置き去りにしない』合同出版、pp.155
*19　さらに、教育を通した暴力には、受けた教育によってその個人が差別されたり、不当に生きづらさを背負わされたりしてしまうことなども含まれる。

❹ 学びへの権利
子ども自身が学びを描く権利、学びを創る権利として

　これまでの点に加えてさらに重要なことは、子どもを教育を「受ける」だけの受け身の存在ではなく、教育を選んだり、さらには、学びや教育を創りだす主体としてとらえることである。子どもの権利条約が子どもを権利行使の主体として尊重することを明示していることと関連する。

　実際、オルタナティブ教育には子どもが学びを創りだす場面が少なくない。おとなが事前に決めた予定調和的な学びとは異なり、子ども自身が「学びを描く」のである。それも事前に決めて実践していく場合もあれば、現在進行形の取り組みの中で描いていくこともある。その背景には、オルタナティブ教育の中には時間割がなく、子どもが自分で内容を決めたり計画を立てたりして学びや行動を進めている現場が数多くあることも関係しているだろう。また、フリースクールやフリースペースなどの子どもには、一般的な学校教育が自分に合わず、そのような学校教育とは別の場を「居場所」として、そこで「生きること」を通して学びを創っている子どももいる。

　人間は生まれて発達する過程で多くのことを学ぶ。また、学びとはその発達過程の変化そのものであるともとらえることができる。学ぶことと生きること、学ぶ力と生きる力は一体的な関係にあるといえる[20]。そのような人間の内面に秘められた学ぶ力を活かしながら、自分の学習経験を創っていく権利が子どもにはある。いのちの尊厳と可能性を一人ひとりが持っているからこそ、それを発揮していくこと、また、自分が生きる世界に主体的に関っていくことを保障されるために、子どもは自身の学びを創る担い手として尊重されることが求

＊20　大田堯（2013）『大田堯自撰集成　第1巻：生きることは学ぶこと―教育はアート』藤原書店

められる。主体的に学ぶ権利は主体的に生きる権利と密接に関わりあっている。

　荒牧重人ら*21によると条約に示される子ども観には次の3つの特徴が包含されているという。1つ目が子どもは一人の人格をもった人間であり、一人の人間として尊重すべきであるという子ども観。2つ目は子どもとしての脆弱性を持ち合わせ、また、子ども期特有の時期を生きる者として、支えられたり保護されたりすべき特質も備えた存在としての子ども観、3つ目に成長する過程にいる者として、変化を起こして変容し続けている存在としての子ども観である。

　子どもは学びの場においても、このような条約から示唆された子ども観のように、必要な支援・保護を受けつつ、しかし、一人の人間として、また、今まさに成長する過程にいて、変化を起こして変容し続けている存在として、自身の学びを描き、学びを創る担い手としての力と可能性を秘めている。そのような子ども観や学びについて、おとなと社会がさらに考えていかなくてはいけない。そして、子ども自身が自らの力と可能性に気づいたり、肯定できたり、さらに引き出して発揮できたりする機会を、学ぶ機会の保障を通して支えていかなくてはいけないのではないだろうか。

3　オルタナティブ教育の意義

　オルタナティブ教育の意義といっても、各主体の価値観やおかれている状況・文脈によりその語り方は変わるであろうし、また、時代の流れ、社会の変化に応じて異なるかもしれないが、ここでは子どもの権利の視点から、その一部・一側面について考えていきたい。

---

*21　荒牧重人、半田勝久、喜多明人編 (2012)『解説子ども条例』三省堂

❶ 子どもの権利の視点から

　前節では子どもの権利条約でも、また他の国際的な動向においても、子どもの学びや教育に関わる権利の重要性が述べられていることにふれた。しかし、教育を受ける権利の保障もさることながら、教育を選択する権利、そして「よりよい」教育を求める権利があり、教育を通した暴力を避け、子ども自身が学びを描き、創り出す主体としての権利の重要性についてふれた。オルタナティブ教育実践の台頭と展開は、これら学びや教育に関わる子どもの権利をさまざまなレベルで実現する現場の充実と発展を意味する。

　それだけでなく、子どもを主体とした学びの権利保障と他の子どもの権利（総体）の実現には強い連環関係かつ一体的なプロセスがあるといえる。実践を通し、各現場では子どもの個性の多様性の尊重、個々のニーズへの考慮、子ども自身が考え判断していく自己選択・自己決定の権利、また、そのための子どもの意見表明権や表現の自由、そして、その基軸として条約第2条に明記され条約の基本原則の1つでもある「子どもの最善の利益 (the best interests)」を考慮される権利などが行使される可能性をもっている。オルタナティブ教育が教育・学びに関わる権利保障にとどまらず、広く子どもの権利保障につながっている。

❷ 子どもの参加の権利の視点から

　オルタナティブ教育が子どもの権利保障とつながっているのは、子どもの権利の中で重要な「参加の権利」においても同様である。ユニセフ (UNICEF) は、子どもの権利を包括的に示すとともに、条約の「生存する権利（生きる権利）」「発達する権利（育つ権利）」「保護される権利（守られる権利）」「参加する権利」といった柱となる4点を示している。中でも参加の権利は、子どもを権利行使の主体として尊

重する条約の子ども観を強く反映したものといえる。先述の通りオルタナティブ教育の多様さからひとまとまりにして論じきれないところもあるが、現在、国内でオルタナティブ教育と見られる実践をみていくと抽出できる傾向として、子ども参加を多層的・多次元におよんでみうけることができる。必ずしもオルタナティブ教育とする実践がすべてを含んでいるわけでもなく、また、すべてを含んでいるかいないかがその「よしあし」に関わるわけでもない。

　第1が、学びのプロセスの決定・創造への参加である。オルタナティブ教育と称される実践の中で多くみられるのが、その度合いは異なるにせよ、学びの内容や方法を子どもの主体性に任せ、子ども自身が考え、選び、創りだしていくというものである。これは事前に学習の目的や目標、内容や方法を教師であるおとなが決め、それを児童・生徒である子どもに教えて学んでもらうという従来の学校教育にみる教育観・学習観とは異なる。おとな（だけ）が決めていた教育・学びの内容・方法などについての決定・創造に学習主体である子ども自身が参加する流れがみてとれる。参加というより、子どもの主体性や、学ぶ力・育つ力への信頼により基づき、学びの主体性を学習者である子どもの「手に返すこと」であるといえるかもしれない。

　第2が学びの「場づくり」への参加である。オルタナティブ教育には、学びの中身だけでなく、学びの場づくりへ学習者である子どもが参加することを大切にしているところも多い。その1つに学校運営への参加がある。学校運営といっても役割や内容は様々であるが、例えば、毎週、全体ミーティングというものをひらき、学校の運営について子どもが意見を出し合い、話し合い、決定していく会を開いているオルタナティブ教育の実践現場も多い。クラス単位で開く場合もあれば、おとなと子どもがまざった全校で取り組む場もある。この全体ミーティングでは、学校の暮らしに関する課題が取り上げられて話し合う場合もあれば、プロジェクト学習の企画提案と出資交渉が行われる場合、学校の内装や建築に関しても意見を交わされる場合、さらには学校の年間の予算や決算についての報告や意見交換が子ども

とともに行われる場合など、あらゆることに話がおよんでいる。中には、教員の雇用に関して、採用から給与まで子どもが参加し意見を出すミーティングを開いているところもある。

　また、学びの場の「ルール決め」に子どもが参加し、主体的に実行している事例も多い。一般的な場合「校則」など学校をはじめとした学びの場のルールは、教職員・おとなが決め、子どもの「ため」に用意されている。その学校に入学したならば、「生徒手帳」が配られ、そこに書かれた校則を守ることが半ば義務付けられる。しかし、時には教員も交じるケースもあるが、校則や居場所のルールを子ども同士で話し合って決める事例が、フリースクールやオルタナティブ・スクールなどで数多く見うけられる。

　第3として、オルタナティブ教育に関わる「運動」への子ども参加についてもとらえておく必要がある。これは、オルタナティブ教育についての社会的認知や制度的保障と仕組みづくりを獲得する動きへの参加として考えることができる。オルタナティブ教育は既存の教育だけでは不十分であったり、それを問いなおしたりする動きを背景に、実践そのものを市民の手でつくり上げていたり、さらには、政策・制度的な保障や社会的認知を求める市民運動的な側面を持っている。そのような運動を通して、理念や方法が全く異なる各オルタナティブ教育実践がつながり、情報や知見を交換・共有しつつ、オルタナティブな教育の実践の「総体」として、社会の中で多様な教育の実践が保障・認知されるように共に運動を進めている。

　そのような動きの中、実践・研究集会や法律制定を求めるための集まりなどに子ども自身の姿をみることができる。子どもたちは自分たちの教育・学習実践について、当事者であり構成員の一員として自分の経験や意見を発信したりしている。子どもたちが主催するイベントなどもある。オルタナティブ教育に興味を持ったり疑問を抱えた子どももおとなも、そのような集会で出会ったオルタナティブ教育を通して育つ子どもたちの姿や声から多くを学ぶ。

❸ 教育における「あたりまえ」についての問いかけ

　オルタナティブ教育は社会に共有されている（一般的に思われがちになっている）教育についての「あたりまえ」について問いかけ、それらが"つくられた"または"誤解された"「あたりまえ」なのだということ、そしてそれら以外にも考え方があることを投げかけている。

　その1つが教育と学びの関係である。教育観や学習観といってもよいだろう。オルタナティブ教育は、教師などのおとなが教え、それを教わることが学びである、また、学ぶ内容はあらかじめ決められており教科書などに「正解」として書かれている、などのようなことだけが教育や学習ではないことを示している。教育とは国家や自治体、おとなが決めて与える（だけ）のものではなく、学習者としての子どもの学びを中心に、その実践に関わる子どもやおとなが協働しながら自ら創っていくものであることを各現場の具体的な実践を通して実証している。

　加えて、教育とは学校の教室の中で行われるようなかたちのもの一種類しかないわけではないことを示している。例えばオルタナティブ教育の中には数学や国語といった教科がないものも多く、1年間単位で1つのプロジェクトを行いながら学ぶための時間割を使っていたり、そもそも時間割を持たなかったり、また、あらかじめ決められたものではなく、学習者自身がその時の関心あるテーマに合わせて学習に取り組むところもある。また、小学校6年間・中学校3年間・高校3年間という流れではないところもあり、例えばシュタイナー教育ではその教育理念や発達観に則って8年と4年で分かれていることもある。イエナ・プランを参考にしている学校などは、異年齢の子どもが混ざり合って学びあったり、プロジェクトに取り組むことを通して学びを深める取り組みをするところもある。子どもとおとなの関係も、知識を教えるための教師とそれを学ぶための子どもという関係ではなく、おとなは「○○先生」ではなくスタッフとして、「○○さん」と呼ばれたり、仲間同様にニックネームで呼びあったりする場もある。そのよ

うな場のおとなは指導役ではなく、学習者である子どもとその学びを見守ったりサポートしたりする立場としての役目につとめている。

これらオルタナティブ教育にみる実践は、一般的に「あたりまえ」として受けることが多い教育と、それに関わる学校、教室、授業などについての考え方に対し、それらが必ずしも「あたりまえ」ではないことを問いかけている。

ちなみに、オルタナティブ教育の展開は世間の「義務教育」についての誤解にも光を当てたことに目を向けておく必要がある。すなわち、「子どもは『教育を受ける義務』があるから学校に行かなくてはいけない」(誤解)を理由にして、子どもを半ば無理強いして学校に行かせようとするおとなが世間では多いこと、また保護者だけでなく時には学校の教員でさえもそのような誤認をしている現実があること、そのことによって不利益やしんどさを背負わざるを得なかった子どもがいることなどが運動の中で可視化されてきた。しかし義務教育とは、子どもが教育を受ける義務をうたっているのではなく、おとな(主に保護者)が子どもにきちんとした教育の機会を提供し保障することの義務をうたっているのであり、義務・責務の履行者はおとなであり子どもではない。そして、子どもに提供される教育の機会とは必ずしも既存の学校教育のみをさすわけではない。オルタナティブ教育の展開はこのような義務教育の誤認により「学校に行くこと」が「あたりまえ」になってしまっていた世間の認識を、つまり、子どもの権利の尊重を妨げかねない教育に関わる「あたりまえ」をくずし、再構成する働きをしてきた。

❹ 子ども観の「あたりまえ」の問い直し

社会的につくられた「あたりまえ」の中でもオルタナティブ教育が問いなおした重要なものに子ども観がある。どのような子ども観を持っているかは子どもの権利保障を左右する要の1つである。子ども

の権利条約それ自体がそれ以前の未熟かつ保護の対象としての子ども観を問いなおし、一人の人間としての人格をもち、権利行使の主体であるという子ども観を提示した。一方で、依然社会の中では、それに反して子どもを客体化や対象化をしたりしてしまっている現実があることも否めない。

　そのような、子ども観の矮小化・固定化をもたらしてしまっている要因の1つに、狭義かつ画一的に教育をとらえてしまっていることや学校中心主義の社会への強い反映がある。オルタナティブ教育は、ある意味学校教育を社会の中で相対化させ、多様な教育があることや、子ども主体の実践の可能性を提示している。そのことによって子ども観の「あたりまえ」が問い直されるきっかけになる。

　第1に、学校へ通っているかどうかを基準とした子どもへのまなざしを問い直していることである。一般の学校に通っているかどうかで1つの基準を立て、通っている子どもを「普通」とし、そうでない子どもを「普通でない」「弱い」「努力が足りない」などのようにみてしまうような社会の子ども観を脱構築するきっかけをもたらしている。

　第2に、学習者観の転換から子ども観の「あたりまえ」を問うことへつながる視座を提示していることである。前述の教育観の「あたりまえ」の問いなおしのところでふれたように、オルタナティブ教育は既存の教育観だけでなく、教育と学習、教師と学習者という関係を問いなおしている。したがって、学習者観もオルタナティブなものを、すなわち、教わらないと学べない子どもではなく、自ら学びを描いたり、そのために協働していく力や可能性を備えている存在としての子ども観を示し、それに基づく実践を行っている。現場での実証を通して学習者観を、延いてはそのような力と可能性を持っている存在としての子ども観へと転換するきっかけを社会に開いているといえる。

　第3に、小学生や中学生、高校生といった「○○生」という学校教育を前提とした「子ども」の表記・表現がなされること、そのことによってそれ以外の子どもの存在が不可視化されかねない懸念への問いかけである。社会のいたるところで見受けられる子ども観とその表

記には学校中心主義の影響がみてとれる。例えば、行政の文章から
レジャー施設の料金所など、社会のあらゆるところで学齢期に達する
年齢の子ども世代が、学校外においても「子ども」が「○○生」と置
き換えられて表現されがちである*22。そのような表現をすることによ
り、子どもの中の幅広い年齢、多様性を一緒くたにせず、子どもを一
定の年齢層に分け、より具体的にみていくことができるようになると
いう側面もある。また、社会のマジョリティは学校に通っているから、
そのような表記が分かりやすかったりするし、政策などでは小・中・
高等学校の学校教育機関との連携・協力が可能となりやすいなどの
利点もあるのかもしれない。しかし、これらが学校外でも常用されが
ちなのは学校（と学校中心主義社会）を原則とした子どものとらえ方
に"縛られて"しまっているともいえる。現在多様な状況にいる子ど
もを「子ども＝○○生」といった表現でとらえきれるわけではない。
　このことは政策の計画策定や実施過程で「子ども」が関わる公的な
文書などにも見られる。行政文書などに「○○生」と表記されること
により、それ以外の子どもはその枠組みから見落とされがちな状況、
また、たとえ意識されていたとしても後回しにされてしまう状況が生
まれかねない。加えて、不登校の子どもに目を向けると、その背景
には、行きたくて行けない子ども、また、（権利として他の学び育ち
のあり方を自己選択・自己決定して）自分で決めて行かない子どもな
ど理由は多様に存在するが、特に前者の場合は保護者・家庭の貧困、
見落とされがちな障害、海外からの移住者などにみる文化的差異な
ど、社会的にマイノリティにさせられがちな課題と関わっている場合
も少なくない。つまり、支援を必要としている子ども、また、政策の
ためにその声に耳を傾けるべき子どもの存在がそこにはあることに留

---

*22　その上、「子ども＝○○生」と表現された場合、公共空間ではその証明に学
　　生証などの提示を求められることもある。その状況にもよるが、学生証がな
　　いと自身がその年齢の子どもであることを証明することすら、翻って、その
　　ように認めてもらうことすら困難な場面がある。

意をしておかなければならない。「○○生」といった学校基本の表記で進む議論や取り組みで、そのような子どもたちに目が向きやすくなるだろうか。

しかし、オルタナティブ教育が社会の中で市民権を得て認知されていくようになれば、そこから一般的な学校に行かないことを選んだ子どもたち、6・3・3年生の一般的な学校とは異なるシステムを持つ場に通う子どもたちがいることを社会に伝えていくこととなる。このことは、学校教育を基盤とする子ども表記やとらえ方に疑問をなげかけるとともに、現在多様な学びの環境にいる子どもや、さらには学びの場にアクセスが難しいような子どもなど、「○○生」といった表現のみで子どもをみてしまうことでそこにあてはまらない子どもを見落とすことを防いでいくことにもつながる。

4 おわりに

本稿では、オルタナティブ教育とはどのようなものであるかについて、簡単にではあるが整理を行い、子どもの学びへの権利を軸としながら、加えて参加の権利の視点、そして、教育や子ども観についての「あたりまえ」を問いなおす視点についてふれながらオルタナティブ教育の意義について考えてきた。

子どもの権利の視点からオルタナティブ教育の意義を考えるにあたって最後に2点ほど重要だと思うことにふれて結びに変えたい。

❶ 教育において子どもの「今」を大切にすること

1つ目が学びと教育において「今」を大切にすることである。しばしば教育は、「未来」の社会のため、また、子どもの「将来」のため、と

いう視点から逆算され、そのために今重要なこと、必要なことが検討されて教育実践が施されることがある。しかし、そのことによって、成長・変化している子どもの「今」を、また、学びへの情動が起こりえる子どもの「今」の興味がないがしろにされていることはないだろうか。

　条約に関わる動きの中で、2002年の国連子ども特別総会に参加した子どもたちによって世界のおとなたちに向けられた「A World Fit for Us（わたしたちにふさわしい世界）」というメッセージがあり、その文末には次のようにある。

　　「あなたたちはわたしたちを未来と呼びます。けれどもわたしたちは、『今』でもあるのです」*23

　「未来」や「将来」のために「今」を考えることが重要でないわけではない。しかし、「今」の子どもたちを大切にし、子どもの「今」を尊重することでしか、その「未来」や「将来」に価値的につながっていかないのではないだろうか。大切にされた子どものその「今」が子どもと社会の次へつながっていく。子どもを「今を生きる一人の人格」として尊重し、「今、学び生きている存在」としてその人間のあり様をとらえ、その子どもの学びを尊重することが求められていると考える。

　そして、子どもを「社会のための子ども」としてとらえ、教育により子どもを「手段化」する「社会のための教育」ではなく、「子ども（の幸福）のための教育」とそれを支える「教育のための社会」への転換が志向されていくことが大切なのではないだろうか。

＊23　日本ユニセフ協会ホームページ
　　　https://www.unicef.or.jp/about_unicef/about_message.html

❷ 学びの個性や多様性を認めることで 自分らしく生きること

　もう1つが、学び方を決めたり描いていくことは、生き方を決めたり描いていくことであり、「自分らしく生きる」ことを大切にすることであるという点である。

　「『不登校の子どもの権利宣言』を広めるネットワーク」が発行した「『不登校の子どもの権利宣言』に込めた思い」*24 の中で同代表の彦田来留未は、この宣言は「不登校を経験した私たちからの目線で考えましたが、子どもたちにもいろんな生き方や可能性、選択肢があるということを、多くの人に知ってもらえたり、考えてもらえるきっかけになったら嬉しい」との想いを示すとともに、同宣言に込めた意義を次のように述べている。

　　　すべての子どもたちが自身に合った生き方を選ぶ権利を持っています。学校へ行く人、行かない人、家で過ごす人、学校以外の場所、フリースクールやフリースペースに通う人…。子どもにも、いろいろな学び方、過ごし方、生き方があって、選択肢もたくさんあると思います。どんな生き方も、大人の人や社会から押し付けられたり、競わされるのではなく、本人が納得して過ごしていることが大事。大人と子どもが同じ目線で話したり考えたり、お互いを思い合えたらいいなと思います。

　「不登校の子どもの権利宣言」の内容やその行間から察せられるに、自分自身とその学びのあり様を、そしてそれが一人ひとり違ってもいいことを他の子どもやおとなに知ってもらい、共に考え、認めあえるようになることへの願いが込められている。学びの個性や多様性を認

*24　「不登校の子どもの権利宣言」を広めるネットワーク『『不登校の子どもの権利宣言』に込めた思い」、2011年7月発行

めることが自分らしく生きることにつながること、また、自分らしく
生きるためにその個々の学びのあり方を尊重されることが大切である
ということをメッセージから学ぶことができる。

　オルタナティブ教育の意義は、その実践と展開を通して、上のよう
な、学びや教育において子どもの「今」を大切にすること、また、学
びの個性や多様性を認めていくことで自分らしく生きることを大切に
することなど、子どもに限らずすべての人間にとって大切なことにつ
ながる可能性や問いが豊かに秘められていることにあると考えている。

第2章　南雲勇多

第3章
子どもの学ぶ権利行使と
オルタナティブスクールの展開
韓国、台湾の事例に学ぶ

1 韓国における子どもの権利行使
「希望のウリ学校」実践を含めて[*1]

❶ 児童生徒人権条例の登場

　2010年、京畿道で韓国初の児童生徒人権条例[*2]が制定され、学校内で子どもの人権の保障や参加と救済を実質的に保障する根拠が設けられた。その後、2011年の光州市やソウル市に続き、2014年

[*1]　この原稿は、「韓国における子どもの権利規範形成のプロセスに関する研究—児童生徒人権条例の制定動因をふまえて」（早稲田教育学研究4号、2013年）と、「子どもの学ぶ権利行使の意義と今後の課題—韓国『希望のウリ学校』事例の検討を中心に」（早稲田大学文学学術院2019年度夏季研究発表会、2019年6月26日）という題目で発表した内容を修正・補完したものである。

[*2]　「児童生徒人権条例」は、学校の中で児童生徒の人権の保障や実現をめざし、一人ひとりの権利を確保するため制定した条例である。京畿道において2010年、全国初で制定され、2011年光州、2012年ソウル、2013年全羅北道で制定されている。児童生徒の人権を社会的に争点化させるきっかけになったが、条例の無効ができる上位法の改正がまだされていない。また学校運営に児童生徒の参加を保障するための法や政策が作られていない。市民社会、人権や子ども団体などからは子どもの人権を包括的に保障する法制定を求めている状況である。

全羅北道でも制定・施行されている。全国的に見ると一部の地域であるものの全国児童生徒の半分近くが在学する地域であり、影響力は非常に大きい。そして、制定の過程で見られた賛否両論を含む社会的な関心は、子どもをどうみるか、児童生徒の人権保障とは何か、教育の目的は何かなどの問いかけを含め従来の教育のパラダイムを転換させる大きな出来事であった。何より子ども自身が当事者としての権利を自覚し、声を上げる重要性についての認識を強めた役割は大きいといえる。条例の制定の動き、またそれをめぐる賛否両論の議論は現在も激しく進行中である。

　児童生徒人権条例づくりが始まったきっかけは、教育監（日本の教育長にあたる）の公選制*3を通していわば革新的な志向の教育監が多くの地域で選ばれ、学校改革の柱として児童生徒の人権条例の制定を主導していたこと、加えて、韓国の国家人権委員会の子どもの人権侵害に対する相談・救済活動と勧告*4や支援が挙げられる。

　その中で、注目すべきは子どもの権利に関する様々な侵害が（学校内の体罰、頭髪制限、日記や所持品検査、教科書や校則の問題など）が主に学校の中で生じ、その問題に対して強く抵抗してきたのは

＊3　韓国において、2006年の「地方教育自治に関する法律」改正により、2007年から広域自治体の教育・学芸の全般を管掌する教育行政機関の首長である教育監を住民の直接選挙で選べる公選制へ変化した。子どもには選挙権はないが、選挙期間中の模擬選挙、政策評価会、候補者との政策懇談会など子どもが積極的に参加できる機会が増えている。また、教育監選挙には選挙権年齢を16歳以上に引き下げる動きも出ている。詳しい内容は「現代学校改革と教育政策に関する研究」（早稲田教育学研究5号、2014年）を参照されたい。

＊4　現在まで学校などに対する国家人権委員会の主な勧告内容は、「体罰禁止に関する勧告 (2002)」、「初等学生の日記帳検査禁止に関する勧告 (2005)」、「反人権的な教科書内容に対して修正勧告 (2003)」、「教育行政情報システムの改善勧告 (2003)」、「児童・生徒頭髪制限関連制度の改善に関する勧告 (2005)」、「成績による生徒会長の選出の校則に対して修正勧告 (2006)」、「人権親和的学校文化造成のための総合政策勧告 (2012)」、「人権差別教科書内容の修正勧告 (2013年)」、「障がいのある児童生徒の人権侵害改善の勧告 (2015年)」、「学校内で児童生徒の携帯の回収に関する勧告 (2016年)」、などがある。児童生徒人権条例が施行されている地域では生徒が人権侵害を当教育庁に提起、調査・改善されるケースが増えている。

他ならぬ子ども自身であったことである。自分たちの権利を抑圧してきた権威的かつ反民主的な学校システムに対し誰よりも熾烈に異議を申立て、学校の内外で、或いは、インターネット上で子どもたちは集まり、声をだして社会に発信し、集団的に抵抗し、自分の権利を獲得するために動いてきたのである。子ども自らの権利の保障を訴えてきた動きを条例の制定の要因から外すことはできない。

　未熟で保護の対象として認識され学校の統制の中に囲まれていた子どもたちは、学校の中で人権侵害という問題意識を持ち、自ら権利の保障を要求しながら韓国社会で子ども人権運動の流れを作ってきている。この主体的な権利獲得のプロセスによって伝統的な子ども観の変更を社会にもたらしている。さらに改善への直接行動、社会・政治への参加、政策提案、代替な実践づくりまで子ども人権運動は拡大し展開されつつある。その延長戦で子どもがつくる学校「希望のウリ学校」の実践も位置付けられている。

　以下は、非人権的で非民主的な統制と管理の学校に対する抵抗と権利の保障への要求と行動を、いくつか重要な動きを中心に触れていく。とりわけ自らが新しい学校を作った「希望のウリ学校」の実践を具体的に見ていきたい。

❷ 子どもの権利行使の展開
　子ども人権運動史

1）学校の強制的な「自律学習と補充授業」実施への反対

　韓国の歴史において中高生が社会変革の舞台に現れたことは何度もある。特に1980年代の軍事独裁政権下における社会運動、民主化運動、全国教職員労働組合の結成運動においても中高生の社会政治運動は絶えずあった。民主化運動で政権が交代した1990年に入り、学校の中での人権問題が子どもの側から提起され始めた。その開始の象徴的な出来事が1995年、チェ・ウジュ（当時高校1年）の強制的

な「自律学習と補充授業」の実施に対しての違憲審査の申立てである。

　江原道・春川高等学校1年に在学中だったチェ・ウジュは、学校で行われている強制的な「自律学習授業と補充授業」に対して、政府や江原道の教育庁に嘆願書を提出し、パソコン通信の掲示板に「私の希望はとても常識的なことです。放課後の時間を、休みの時間を当然生徒たち自身の適性により活用することができるように生徒一人一人に返してほしいのです」と始まる文書を載せた。そして、学習や授業を強制することは、憲法に保障されている人間としての基本的な権利、幸福追求権、人間らしい生活を送る権利、身体自由及び宗教の自由などを侵害すると憲法訴訟を提起しようとしたが手続き上の問題で嘆願を提起することになったのである。

　チェ・ウジュの「学校が生徒の基本権を侵害している」との主張や憲法訴訟の意思表明の以後、PC通信の掲示板を中心に激しい討論が展開されるようになる。「チェ・ウジュ君の学校問題、一緒に行ってみましょう」という題名の討論ルームが開設され、人権に関する議論を広めた。当時、討論ルームではチェ・ウジュの問題提起方法に対する批判、再反論からはじめ、体罰、補充授業、優劣クラス分け、受験中心の学校教育、さらに選挙年齢に至るまで、韓国の子どもに関する問題と教育構造全般に対する討論が続いた。この過程で本人は、教師や校長から「嘆願を取り下げて学校に順応するか、一人で補充授業や自習をやめるか、転校や自主退学を選択しなさい」と強要された。

　当時の韓国では、1995年、教育課程の画一性と硬直性の改善、多様性と人間性尊重という教育目標を掲げた5.31教育大改革のもとで、第6次教育課程が導入された時期である。5.31教育改革に含まれた「競争力の向上、教育の質の向上」は、教育に新自由主義的内容を導入として、競争教育を一層深刻化させる可能性と学校構成員の負担を不必要に増加させる危険があると教育界内部で相当な論議となっていた。チェ・ウジュが在学していた春川地域も1992年から高校入試の非平準化地域[*5]となり、学校の中の受験中心教育が一層深刻化された時期であった。

さらに，1990年代に入って韓国社会は、以前の軍事独裁や権威的な開発独裁時期に作られてきた社会体制の解体がはじまり、社会全般の雰囲気は民主化の方向へ進めていると思われた時期でもある。しかし、学校の中では、植民地や軍事独裁時代をかけて構築されてきた画一的訓育及び統制を基盤とする非民主的秩序が依然としていた。この変わらない学校に対する批判が、当時のPC通信に開設された討論ルームで続き、「私たちは20世紀に住んでいる。そして、今は21世紀というまた新たな世界へ進めているでしょう。しかし、学校という場所は、まだ19世紀的な考え、そのままでいるようです。その古い時代の方法で教え、生徒を指導し、私たちもそれについてくると信じているようです」[6] と、社会的に起きている民主化の流れとは違う学校の反民主的秩序について子どもたちは気づき始め、自分たちの権利に対する問題意識を持つようになっていったといえる。

　また、新しい意思の疎通のチャンネルとなったPC通信を中心とするオンラインに注目すると、この時期から、オンラインは、子ども間の問題意識を共有し結集するのに大きな役割をし始めたといえる。社会で発言の場面がなかった子どもたちは自由に自分の意見を交流し表明できる媒体を欲しがっていた。当時活性化し始めたパソコン通信は、子どもにとって社会的な広場の役割を果たした。パソコン通信を通して学校での非人権的なことや不当なことを多数と分かち合うことが可能となり、問題意識や解決方案に対する悩みを共有することができるようになった。

　チェ・ウジュの強制自律学習と補充授業施行に対しての違憲審査

＊5　韓国の高校平準化制度は、1974年代、高校受験競争を緩和させるため学校間序列や格差を解除する方針で導入された公立・私立高校抽選選抜方式である。詳しくは、三石初雄、「韓国における『高校平準化制度』の現状」（教員養成カリキュラム開発研究センター研究年報Vol7、pp.37－46）を参照されたい。

＊6　週間人権新聞『人権オルム』、「企画記事―青少年人権運動、道を聞いて」、2006年　（http://www.hr-oreum.net）

の申立ては、結局失敗に終わったが、その後、PC通信を通した議論を契機にオンライン上では、韓国の最初の子ども人権団体「学生人権回復委」＊7（以後「学生福祉会」へ変更）が結成され、人権の側面から子ども自身の問題や教育問題を考える新しい形態の子どもの人権運動が成長していく。

2）中高生人権宣言

　1990年代後半からは、政府（金大中政権1998〜2003）の政策においても人権の視点が登場し始め、2001年には国家人権委員会も設立された。1991年に批准された国連子ども権利条約にもようやく目が向かれ、子どもの権利に対する社会的な関心も徐々に広まった。教育部（当時）は、1998年国連世界人権宣言50周年を記念し世界人権の日に合わせて、「児童生徒学生人権宣言」を公布するという計画を明らかにした。1998年11月「児童生徒人権宣言制定委員会」が作られ宣言のための公聴会などが行われた。しかし、準備段階から教師や子どもを除いた一方的な進行や内容に対しても人権基準に達していないという批判があり、結局うやむやになる。一方、上記で言及した「学生福祉会」が中心となり、子どもの側から11月3日（韓国の児童生徒の日）に合わせ、「中高生人権宣言」を発表した。宣言文の内容（一部）は以下のとおりである。

　　　人間の尊厳性は、誰も侵害できない普遍的な価値です。子どもの人権も普遍的な人権の中に存在し、子どもは自分の人生の主体として自分が持っている基本権を正当に享受する権利があります。

　　　しかし、子ども特に中高生はこのような基本権をまともに享

－－－－－－－－－－－－－－－－－－－－－－－－－－－－－－－－－－－－

＊7　1995年、オンラインで初めて結成された生徒人権のための子どもの団体、以後「学生福祉会」という名前に変更、また2000年「学生（生徒）人権と教育改革のための全国中高生連合」へとつながる。

受できずにいます。

　教育現場である学校において、人生の現場である社会において、公然と教育の主体である生徒の人権は侵害されています。偏見や因襲を通じてこのような侵害は暗黙的に正当化されています。それだけでなく、生徒の問題に対する社会的議論も、当事者である生徒を除いて大人が中心となって進められ、それによって一方的な保護・訓育の限界を越えることができない現実に置かれています。

　さらに、この国の歪曲された政治構造と政府当局は、生徒の問題を有権者である成年の視線で政策を乱発しながら生徒を政治的に利用しがちです。

　これに対して、私たちは、生徒が自分の意見や考えを持っている、独立した一人の人格体であること、したがってそれにともなう当然の権利を持っていることを宣言します。そして私たちの権利や義務を自ら保障しようと思います。

　この宣言は、児童生徒という特殊な身分で留保されてきた人間としての基本的権利に対して問題提起し、子ども自ら権利保障について宣言した最初の文書としての意味を持っている。

3) ノーカット（No Cut）運動（頭髪制限*8反対運動）
　2000年に入って最もイシューになったのは、2000年5月から始

----

*8　韓国における頭髪制限と関連した歴史としては、1895年、断髪令に対する反対、日帝植民地時代頭髪制限の歴史や1970年代〜1980年代初めは長髪取り締まりに対して、労働者大闘争の時人間らしく生きたいという要求条件の一つは、頭髪自由「その時私たちに髪の毛は単純な髪の毛ではなかった。屈従、あきらめ、恥ずかしさ、くやしくてそんなことの象徴だった」（当時「現代重工業」労組委員長の発言）など、歴史研究も行われている。2000年、刑務所頭髪制限廃止され、現在韓国の中で頭髪制限が行われている場所は、中高等学校と軍隊のみである。

まった「ノーカット (No Cut) 運動 (頭髪制限反対運動)」である。

　1999年5月、ある現職教師がネットに載せた文が大きい波紋を呼んだ。

　　　ある高等学校の先生が生徒たちを連れて世界各地の子どもが参
　　　加する集いに行きました。外国の子どもたちは他の国の子ども
　　　と一緒に座り、お互いに興味のあることついて話し合ったりし
　　　ていたのに、唯一韓国の生徒たちは自分たちだけで座り、回り
　　　の様子をみているばかりでした。同じ制服、同じ3cm丸刈り頭
　　　に参加した生徒は恥ずかしくも韓国しかいなかったといいます。

　この文章は、学期初めに行われる学校の頭髪検査に不満を持って
いた子どもたちの怒りを刺激し、これをきっかけに頭髪制限反対の
署名のためのウェブサイトが作られることになった。子どもたちの
爆発的な呼応と言論の集中的な関心の中、頭髪自由や強制頭髪制限
反対の署名が始まり、16万人を突破した。最初オンラインを中心に
したノーカット (No Cut) 運動は、オフラインにも現れ、「全国中高
生連合 (準)」を中心にキャンペーンと街頭署名や集会が開かれるこ
とになった。

　ノーカット運動 (頭髪制限反対運動) は、学校の中の具体的な人権
侵害事案に生徒たち自らが爆発的に集中した事例である。この結果、
2000年10月、教育人的資源部 (当時) から「各級学校別に教師・保護
者・生徒代表が参加する討論会を開き、頭髪規定を再び決めなさい」
という、いわば頭髪自律化の指針が出された。政府側からの指針発表
の前後で頭髪自由や強制頭髪制限反対運動は収まる様子をみせた。

　しかし、生徒、保護者、教師が討論会で互いに相談し決めるとい
う指針の内容は、一面合理的に見えるが、個人の身体すなわちプライ
バシー問題 (私的問題) を討論会という公的領域に移し、他人と共
に決めさせることや、学校の中での不平等な意思決定の構造を考え
た際、当時の指針は不十分であった。したがって実質的に頭髪自由
化を成し遂げた学校数は少なかった。

以上の「ノーカット（No Cut）運動（頭髪制限反対運動）」は、その後も解決できずに続き、結局児童生徒人権条例において個性を実現する権利として条文の中に入るようになる。また、ノーカット運動の展開に参加した子どもたちは、論争、署名組織、キャンペーンなどを主導しながら人権問題に対しての根本的に悩み、子ども人権運動の拡散を模索し、「生徒人権と教育改革のための全国中高生連合」のような子ども人権運動組織を成長させた（週間人権新聞、2006）。以後、頭髪自由化運動の他にも体罰反対、学校運営委員会の参加保障、高校等級諸制反対、自立型私立高校反対など教育部門まで議題を設定し活動を広げることになった。

4）「児童生徒人権」制度化の道へ

2002年から2007年までは子どもの人権運動の中から、頭髪自由、0時限廃止、強制夜間自律学習に対する問題提起、NEIS（教育行政情報システム）反対など、様々な問題が提起された時期である。そして、2006年には子どもの人権運動を組織的に支援するため「青少年人権活動ネットワーク」が結成された。また、青少年労働権、18歳選挙権、青少年性的少数者人権、内申等級制反対、校内宗教の自由の保障など、多様な問題提起が行われた。

また、1994年から着実にあった私立学校の財団汚職や非民主的な運営による人権侵害に抵抗した子どもや教師の校内運動（サンムン高、仁川外高、ヨンハ女高など）の結果、2005年には「私立学校法」が改訂され開放型理事制、親族（親戚姻戚）理事選任制限、汚職当事者学校復帰禁止などが含まれるようになった。

次々と出る人権問題に対する子どもの要求を受け、子どもの権利保障を実現するための方法として生徒人権制度化への動きが本格化し、大きく二つの方向で現れた。一つは、「初中等教育法」を改訂する「児童生徒人権法」の制定、そして各地域で「児童生徒人権条例」の制定する方向であった。

2005年、頭髪自由を要求する子どもたちの行動が続くと「国家人

権委員会」から「頭髪規制は生徒の基本権」とした是正勧告が出され
た。民主労働党青少年委員会では「頭髪自由化法案」を提案し、それ
を受けた当時の民主労働党では、生徒人権の様々な問題が総合的に
公論化されている状況を反映し、頭髪自由だけでなく全般的な子ど
もの権利を保障する内容—頭髪服装自由、体罰禁止、強制夜間自律
学習や補充授業禁止、差別禁止、生徒会の法制化—を入れた、初・
中等教育法改正案「児童生徒人権法」を2006年に発議した。2007年、
国会教育議員会に上程されたものの、生徒の学校運営参加などに強
力に反対した「韓国教員総連合」や「ハンナラ党」(現与党) の反対が
あり具体的な内容は削除となったまま、「初・中等教育法」第18条に
「学校の設立者・経営者や学校長は、憲法及び国際人権条約に明示
されている児童生徒の人権を保障しなければならない」という条項
だけ明示される結果になった。国レベルの「児童生徒人権法」は制定
されなかった。

　一方、地域を中心とする「児童生徒人権条例」の制定の動きをみる
と、2003年頃、京畿道富川市や軍浦市において「児童 (青少年) 人権
条例」制定の推進、2005年には光州地域の教育市民青少年団体が中
心となって「児童生徒人権条例」を推進したが、制定までは果たせな
かった。

　しかし、その後にも各地域の教職員組合が「児童生徒人権宣言」を
発表するなどの動きが続き、「児童生徒人権条例」は、教育運動の重
要な議題として受け入れ、2008年の京畿道教育監選挙や2010年6月
の全国直選教育監選挙の中において民主進歩性向の教育監候補の共
同公約の一つとして含まれた。ソウル市、京畿道、江原道、全羅北道、
光州市、全羅南道の地域で当選される結果となり、京畿道をはじめ、
光州市やソウル市において「児童生徒人権条例」が制定を果たした。
そして全国においても「児童生徒人権条例」制定、または制定の動き
につながっている。現在4つの自治体で「児童生徒人権条例」は施行
中である。

　とりわけ、ソウル市の「児童生徒人権条例」制定のプロセスにおい

ての子ども参加は目立つことである。児童生徒人権条例が制定された京畿道や光州では、教育監の主導に子どもが参加するプロセスで条例が制定されたが、ソウルでは、制定の過程から多くの市民の参加を呼びかけ、学校や社会で共有しながら推進していこうというし、2010年、教育・人権団体、そして子どもたちが中心となり、住民発議の方式を通して児童生徒人権条例の制定に着手したのである。

　初期は、保守団体の攻撃や市民団体の消極的参加などで乱調していたが、子どもたちが主軸となり、「私たちは人間じゃありませんか、人権のない教育は教育ではなく暴力でありませんか、教育での民主主義が社会の民主主義を作っていくもとではありませんか」などの質問を投げかけながら、オンラインや街頭を回り、署名運動を活発に行った*9。その結果、ソウルの有権者の1%、約8万人の大人の参加を引き出し、主民発議に成功させ、2011年9月、児童生徒人権条例案が市議会に提出された。

　しかし、ソウル条例制定を阻止するための保守団体らが、「児童生徒人権条例阻止汎国民連帯」結成、激烈に反発した。学校の特殊性、児童・生徒という身分の特殊性を主張し、頭髪服装自由化・体罰禁止・携帯電話の許容などの人権の基本的な条項を反対、集会・結社理由、児童生徒自治会自由化の項目などにおいては、学校が学校ではなくなると主張した。そして児童生徒人権条例を「児童生徒扇動条例」と名付け、生徒は「示威だめ、集会だめ、勉強だけしろ！」など、反発世論を起こした。

　また、条例案の性的志向と妊娠・出産による差別禁止の条項に対しては、条例が同性愛を助長し、小学生の妊娠をそそのかすという奇怪な言説を主張しながら強力反発し、世論を動かし、問題化されている条文の修正がなければ、市議会の通過は難しい局面まで陥った。

＊9　ベ・ギョンネ「児童生徒人権条例は私たちになんだったのか」『最も人権的な、最も教育的な』pp.219−235、2012年、教育共同体友出版社

このような状況の中、人権団体や子どもたちは、審議が開かれる議会の前で座り込みデモ・籠城を毎回行いながら、子どもや児童生徒人権条例に対する偏見と反対の世論に正面から戦った。結局、先に制定された京畿道や光州市よりもっと具体的な内容を規定したソウル市の児童生徒人権条例が議会で通過された。子どもたちは2011年ソウル市の児童生徒人権条例の主導的な役割を果たしたのである。

　しかし、児童生徒条例の制定に対する反対の動きは現在より一層激しく続いており、他の自治体での条例の制定は難航している状況である。

5）直接民主主義の広場、市民政治への参加：「ロウソクデモ」

　再び子どもたちが市民運動に登場し社会を驚かせ注目されたのが、2008年、米国産牛肉の輸入反対のロウソクデモであり、これをきっかけに政治的・社会的な主体として再認識し始めたといえる。

　2008年「ロウソクデモ」当時は、李・ミョンバク政権がスタートしてから何ヶ月も過ぎない時期であり、大学校受験での論述考査の廃止や国語・英語・数学科目の強化などの内容を含めた「大学自由化」方針や、「0時限の補充授業許容、優劣班編成許容」などの学校自律を拡大する政策を推進し始めた。

　このような急激な教育改革の推進に対して、特に大学校政策の推進において「3年前予告制」を考慮しなかったために教育界からも反発があり、ロウソクデモの初期は、試験を目前に控えた大学受験生たちが主軸であった。2008年4月からソウルの中心部では、高校生100人余りが、政府の「学校自由化」政策、0時限時授業の許容などに反発し集まったことを契機に、週末ごとに多様な名目で「ロウソクデモ」を開いていた。

　ロウソクデモが広まるきっかけとなったのは、韓米FTA交渉である。全面開放を内容とした韓米の牛肉2次交渉が妥結し、中には牛肉に対する年齢制限解除および検疫の過程でBSE（牛海綿状 脳症）が発生しても輸入を中断できないという内容が含まれ、その後テレビで

は米国産牛の危険性を扱った内容の番組が放送される。放送の直後、オンラインの中で青少年に人気のある芸能人のペンサイトを中心に、番組と同じ内容の宣伝物が芸能人写真と編集・配布され、5月2日に集会しようという内容が掲示され、この内容をみた一部の子どもたちが集まり、米国産牛肉輸入反対のロウソクデモを開いた。

　ロウソクデモに参加者は、女子生徒、中高校生の占める比率が非常に高かったし、デモの自由発言においても米国産牛肉輸入反対から、0時限授業反対、大運河などの政策反対、一斉試験、教育監の選挙、水の民営化問題など、当時議論されていた様々な社会問題が混ざっていた。初期には、誰もロウソクデモにおよそ1万の子どもが集まることの予想はできなかった。

　政府では、全面開放にともなう米国産牛肉の安全性を主張する記者会見をしたものの、安全措置を出さなかったため、その後、デモは100万を超える一般市民の参加へと拡大し、全国的に広まった。輸入牛肉の安全性に対する問題から本格的に始まったロウソクデモは、李・ミョンバク政権に対する批判や退陣要求へと拡大された。

　この2008年のロウソクデモは、市民の広場とインターネットコミュニティが出会い、女子高生や主婦など多様な階層の参加、新しいデモ文化の登場、インターネットを基盤とした自発的な市民の政治参加など、世代と階層を越えた広範囲な参加を引き起こし、社会的な反響と学問的な論争引き起こした*10。いまだに韓国社会においては様々な視点からロウソクデモについての評価が続いている。

　また、こうした市民政治への参加は、2016年、朴槿恵・チェスンシルゲート事件で触発され、約5ヵ月間、全国各地で起きた朴槿恵政権の退陣運動に制服を着た中高校生の参加へつながっている。抗

＊10　コ・ギョンミン、ソン・ヒョジン「インターネット抗議と政治参加、そして民主的含意；2008年ロウソク示威の事例」、『民主主義と人権』、第10巻第3号、2010年、全南大学校518研究所

議集会、署名活動、時局宣言などの直接的な行動と参加を通じて、市民の力で社会を変える民主主義を経験したと言える。以後、2017年9月26日、全国20あまりの青少年団体と子どもが集まり「ロウソク青少年人権法制定連帯」をつくり、選挙年齢の引き下げを含めた青少年の参政権の保障、子ども人権法の制定、初中等教育法の施行令の改正を促す活動に力を入れている。

❸ 子どもがつくる学校
「希望のウリ学校」の実践

　子どもの人権運動は個別的なイシューで集まったり抵抗する形態から、自ら対案的な形を作ったり、人権と学校改革の問題を結んだ政策提案を積極的に行うようになっている。その代表的な事例が「希望のウリ学校」づくりであり、子ども自ら自分が置かれている問題を見つめ、主体的に行動し代替的な学校づくりの実践であった。
　「希望のウリ学校」（以下、ウリ学校）は、2012年から約4年にわたり、日本より激しい学校中心の競争・受験教育の問題が指摘されている韓国における子ども自らの学び場づくりの試みである。そこには、当時の高1、高2にあたる年齢の子どもたちが集まり、何を、どうやって、学んでいくかに対して自分たちの学ぶ権利を積極的に行使し、学校外で自分たちの「学校」を創り上げた実践[11]である。

----

*11　「希望のウリ学校」の実践にかかわる内容は、2012年から2015年まで「希望のウリ学校」への訪問調査、「学校外で学んで育ってきた子どもたちとの懇談会」の記録（2015年11月28日）、2018年の早稲田大学「子どもの参加と学び支援論」の授業の記録をもとにしたものである。本報告においてヒアリング調査やウリ学校の紹介パンフレットなどから直接引用する文章には「」を付けて示すことにする。

1)「死の受験競争教育を中断してください」からの始まり

　日本と同様に韓国でも、国連子どもの権利委員会の子どもの権利条約の実施状況に対する所見などでは、競争的な教育風土の改善について重ねて強く求められている状況である。2018年国連に提出された「第5・6回子どもの権利条約の実施状況・韓国子どもレポート」*12 (以下、子どもレポート)のテーマは、「教育で苦しんでいる子ども」であり、韓国において子どもが経験する過度な学習時間、成績差別、学業ストレス、教育格差などの子どもの権利侵害事例と勧告が含まれている。

　子どもレポートによると、子どもの年間平均勉強の時間は中学生2097時間、高校生2757時間であり、大人1人あたりの平均労働時間2069時間より長いという。また成績中心の受験制度により精神的な苦痛を受けたことがあると答えた子どもは47.7%であり、小学生13.3%、中学生41.3%、高校生73.5%の順で、上級学校に行くほどストレスも増加することが示されている。

　こうした状況の中、韓国において学校を離れている子どもは、義務教育段階である小・中学校の場合、全体児童生徒の1% (約6万) 以下が維持されているが、高校の場合、より高い傾向がみられている(**図1**)。

　2015年11月の韓国調査では、「学校外で学んで育ってきた子どもたちとの懇談会」を設けたが、そこに参加した当事者の子どもの中5名が語った、「どういう経緯で学校を離れたのか」をまとめたのが、**表1**である。

....

*12　「第5・6回子どもの権利条約の実施状況・韓国子どもレポート」は、民間団体と23人の子どもで構成されたレポート執筆陣によって、約10ヶ月間複数回のワークショップやアンケート調査などを通じて作成され国連に提出されたものである。http://welfare.childfund.or.kr/contents/greenView.do?bmTemplate=/inc/jsp/board/template/greenStory&bmId=10000148&bdId=20018974　(情報取得2019年6月22日)
韓国の子どもの実態について子ども自らが直接伝えるために作られたレポートであるといえる。

表1　どういう経緯で学校を離れたのか

参加者	学校を離れた経緯
A	小学校5年生の時、いじめで学校を離れた。体が大きかったが男性的ではなかったのでトイレにつれていかれていじめられたり、いすに画鋲がおいてあったり、いじめが日常化していた。いじめ集団、男らしさ、女らしさに対する嫌悪感。大人たちは助けてくれない、自己防衛しないといわれた。
B	中学2年生で学校を離れた。通っていた学校はキリスト教系の学校で、宗教授業が強要され、体罰やLGBTに関する差別発言をしていた。ある時期、生徒からの宗教授業を強制され、反発したら大騒ぎになった。結果学校側からは生徒が願う授業を書くようと、環境授業と宗教授業に申し込みするようにしたが、環境授業にすると校長との直接面談が入り、宗教授業に誘導された。親からは勉強を強制され、葛藤がひどくなった時、「話をきかないなら、家から出て行け」といわれた。そして、私は家を出た。親が私のいるところに来てつれて帰ろうとし、私は抵抗したら警察が来て、いままで家庭で暴力をうけたので、家に帰りたくないといった。しかし親と分離するという措置を取らなかった。選択肢は2つ提示され、親と家に帰るか、シェルターに入るかで家に帰るしかなかった。父親から、進学塾にいきなさいといわれ、私が拒否すると殴られ、自分の部屋に戻せかぎが閉められた。暴力をやめるから、学校に行きなさいといわれたこともある。ドアを壊して町中をうろうろしていた。学校にいかないことで何度も殴られすごく怖かった。親が出勤した後に、家出をした。今は、親は失踪届けをだし警察が捜しにきたりしている状況。
C	高校2年生の時、学校を辞めた。担任と合わなかった。高校では夜遅くまで学校にいることが多い。高校の入学する時から夜遅くまで学校で勉強するのが強調され、驚いた。休むと殴られた。遅刻したら罰点があり、成績が壁に貼られるのが衝撃。高校はそういう雰囲気だったので、勉強しなさいとしかられた。音楽がしたかったが、勉強の面で先生に指摘された。高校入学の時から、自分にはすごい負担だった。学校を辞めることになり、退学届けを出したら先生から学校を辞めると八百屋さんにしかならないといわれた。

参加者	学校を離れた経緯
D	中学校までは問題なかった。4時になると学校が終わり夕飯をたべる時間以外は、アニメを見ていた。高校へ入る時、高校は夜まで学校にいると聞かれた。それは難しくないと思った。夜間高校に通うことも考えたが、親からのプレッシャーがあり、一般高校に入った。好きなアニメを見る時間がなく、見られなかった。2ヶ月間は我慢したと思う。家に帰ると夜11時くらいになり2時間くらいアニメ見て、5時半におきる生活。7時間から2時間にアニメ見る時間が減って私にはそれが一番つらかったです。高校は時間の無駄だと感じはじめた。進学のプレッシャーがすごくて、失敗したら人生も終わるといわれた。まじめにやればできるかなとも思ったが、それが違うと思った。周りは勉強熱心だった。私は、アニメが見られないなら学校やめようと思い親を説得した。いい大学に進学し、いい仕事はできるかもしれないが、それはあくまでも可能性の話なのでやめた。周りから見ると、アニメみると学校やめるというのはどういうことか、生徒として自分のやりたいことは隠れてやるしかない、みんなの趣味の時間も学校は奪っていった。封鎖みたいな感じ。
E	一ヶ月まえ、高校2年、学校を離れた。我慢してもう一年学校に通っていたら、高校卒業という資格をもらえたと思う。一番いわれるのは、学校をやめて後悔しないか。ずっと自由と時間がほしかった。学校ではいわば問題を起こす子だった。遅刻し、成績もよくないし、ずっと寝ていた。友達に嘘の噂を流されたり、先生は私のことをあきらめていた。家族を説得しようとした。学校を辞める時には学校と相談する時間があった。やめる事由を書く必要があり、私は家庭の経済的な貧困でやめるとうそをつく必要があった。
F	幼いごろから勉強熱心で良い子だった。高校の時、学校で進路適性検査をして色々と進路について考えるようになった。学校の勉強が全く役に立たないという気がした。そこから学校に興味を失い夜遅くまで勉強することに意味を見つけられなかった。

以上の語りからは、一人ひとりが人間として尊重されず、自己の成長感や充実感もなく、自由な感情が抑圧される学校や社会構造が読み取れる。ありのままの自分を認めない、安心感を得ない場から存在的な危機感を感じ、またその場から自分を育てることが不可能であることに気づき、したがってその場を離れることを決定することに至る。それ自体こそ、自律的な受け手や無気力を強要する現在の学校に対する異議申立てであり、より自分らしくより良く生きたいという生の意思の表明であり、自分の学ぶ権利の行使であるといえるのではないか。

　ウリ学校の実践も、こうした異議申し立てから始まった。2013年3月当時高校を自主退学した高1年の子どもが、「死の受験競争教育を中断してください」と書いた看板をかけて1人デモを行った。自主退学を決め一人で抗議したのは、自ら納得できない学校の経験があったからである。

　幼いごろからIT系の勉強をずっとしたいと思っていたが、学校では画一的で受験勉強を強いられていた。頭髪を制限する学校のルールや教師によって頻繁に行っている体罰などに強い抵抗感があり、上級学校に行くほど規制がますます強化された。ITについての勉強ができると思って進学したITの専門高校でも、1年目のカリキュラムにIT関連科目がまったくない、一般高校と変わらず大学進学ための勉強に取り組まなければならない状況であった。

　中学時代には、生徒会活動を通して学校を変えられるのではないかと思い、活動も頑張って行い「学校新聞」ではなく「生徒会新聞」を作った経験もある。ところがその新聞の編集権をめぐり学校側と大きな摩擦を起こして終わってしまった。京畿道で「児童生徒人権条例」が制定された後は期待感もあったが、学校の変化は見えず、学校内で生徒が自殺する事件も起きた。ほとんどの生徒は学校に不満があっても内申書評価に追われたり、仕方ないと思ったり、または無気力な姿で反応はなかった。

　こうした学校の経験から、「予備校や塾に転落」し「無限の受験競

図1 年度別学業中断率（韓国教育開発院2018年より）

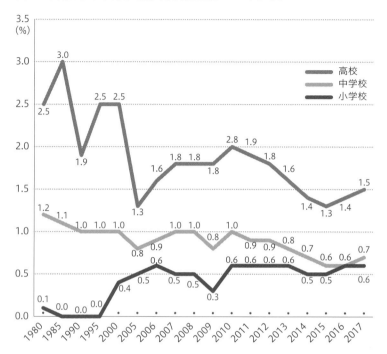

争だけをおしつける」正常ではない学校の状況を変えるためには、まず「消耗的で非教育的」な受験中心の学校教育の根本的な変化が必要であると考え、教育部の前での抗議行動に至ったのである。

　学校の退学と抗議活動はSNSによって拡散され多くの人々の共感を得て話題になった。その後、この1人デモに賛同する人々のリレーデモが続き、「死の受験競争教育の中断を求める100人リレーデモ」が行われることになる。

　また、一緒に集まって話し合う場を作ってみようと呼びかけ、それに応じた子ども、大人約80人が集まり最初の議論の場が作られた。そこから新しい学び場を作ってみようという方向へ話が進み、互いに持っている学び、学校、教育についての思いについての共有を重ねて

いきながら、「希望のウリ学校準備会」を立ち上げることになる。

　その後、「学校の民主的な構造と運営のためにどうすべきか、場所をどうするか、財政はどうするか、具体的なプログラムをどのように作るか」など、新しい学び場づくりの話で「盛り上がり」、そのための具体的な議論の段階に入っていく。

2）「希望のウリ学校」からの問いかけ－具体的な取り組みからみる
① 子どもみんなでつくる民主的な学び場

「学歴やスペックでない」本当に知りたいことや学びたいこと、やりたいことを中心にそれを実現し続ける場を考えながら集まった子どもや支持する大人は一つひとつ意見を出して話し合うプロセスを経て、2012年5月「希望のウリ学校」（当時12名前後の子ども）開校式を迎えることに至る。

　ウリ学校にとってもっとも大切だったのはみんなが平等で一緒に話をしながら創り上げることであった。それは、学校の運営から学ぶ内容や形態、関係づくりまでの様々な場面で確認できる。

　　　いっぱい会議をやっています。会議といっても話す場です。すべての議題にして合意するまで話します。合意ができないテーマは後回しもします。時間をかけて考えて立場を定め、論議する形で進めます。一緒に決定することは一番大きな選択です。最も重要なことは、一緒に決定することです。一度も多数決で決めたことはありません。会議で結論ができなければ、場所を移って、食べながらも話します。皆が合意するまで。

　　　誰かお金を出して作られたとか、保護者が高い教育費を払って作った学校ではないので、そうした場合は、その人に力があると思いますが、ここはそうではなく、本当にみんな一緒になって、つくった学校なので、土台から民主性があったんじゃないかと思います。

具体的に、以下の取り組みがみられた。

- 毎朝全体会から始まる、毎週の水曜は、みんなが参加する運営会と悩み会を設け、そこから互いの存在がみえて、確認できるきっかけになる。
- 生徒ではなく「会員」と呼び、先生ではなく「メンター」と呼び、既存の学校の上下関係をなくそうとしている。
- 子どもはメンターを選抜する面接権をもつ。
- 子どもやメンターなどの大人は互い敬語を使う。
- 知識を一方的な伝達し獲得させる「授業」ではなく、必要に応じて色んな形態の活動が想定され、共同でつくり上げることを想定した「プログラム」としている。
- 出席簿じゃなく参加記録に変える。
- 子ども同士、メンターはみんなが教え合う教師としてとらえ、子ども一人ひとりが自分の講義の時間を入れる。
- 自ら創っていく学びを望んでいる子どもは誰でも入学できる。ウリ学校からの選抜権ではなく、入学を希望する子どもが学校について面接する。2週間の予備学校生活、最終決定する方式の「逆面接」を行う。

ウリ学校づくりに参加する誰もが平等で互いに尊重し、自分を出し合いながら、一緒に決めていく、こうした共同の場づくりはまさに民主主義を試みであり、実質的な自治を経験していたといえるだろう。

② 自分の生をつくる学び、世の中が学校である

ウリ学校の中では、自分が今、何を学びたいか、何が課題か、何が必要かについて話し合い、そこから共通の内容や個別な内容を決めて、一つひとつの「プログラム」が作られた。各自できることはその時間を設ける、また必要なことは外から様々な力を借りて実現できるように努めた。したがって受験のため重視される国語、数学、英語だけではなく、今生きている上での困難、課題、要求などから

ウリ学校のカリキュラムは作られたという。

具体的に、以下の「プログラム」が設けられていた。

- 哲学や芸術を通しての自分探し
- 相談や心理
- 1人1講義
- 外国語（日本語・英語）
- 読書
- ミュージカル
- 旅行、散策、展示会に行こう
- 社会討論、政策づくり、経済、法律、人権、環境
- アンドロイドアップル開発、マーケティング企画
- 自己主導学習コーチング、小スタディーグループ、プロジェクト

以上の内容は、毎年変化があったが、基本的にその時々の必要に応じて意見を交わし決めていた。初年度には、自分について知る、探索するのが多く、進路に対する悩みが増えてきた2年目、3年目には、自分の将来に必要な知識や力量に重点を置いたのがたくさん入っていた。

ウリ学校で「プログラム」を構成し実現することは、みんなが分かち合う過程でもあった。一緒に悩んで話を交わすことを通じてそれぞれの学びが深められ、各自の必要な力をつけることを助け合うという認識に基づいていた。そして、学びは、やはり自分の中で起きるため、自分の意志があり、自ら参加して、自分の力としてとりくむという認識もあった。したがって全体の時間割自体が余裕をもっていたし、一人の時間と全体の時間の活動を取り組んでいた。

また、学校の中だけではなく、外へのつながりも大事にし、「世の中が学校」という、「多様な文化的・社会的な活動を通じて自らの生活を開拓」しようと努めていた。非常に社会を意識し、いろんな社会的活動に積極的に参加、発信することも見られた。

それは、ウリ学校が「学校」についての問いから始まったことと関連すると思われる。自ら学校を離れ集まったのにも関わらず、「学校」をつくろうとしていたこと、また自分たちの取り組みがなんらかの形で一般の学校に影響を与えてほしい、たくさんの「希望のウリ学校」が子どもによってつくられてほしいと願っていた。

　ソウル市子ども・青少年人権条例に関わる取り組みへの参加、教育監選挙や大統領選挙に対し子ども政策・教育政策に関しての質問書の提出、「人権親和的学校づくり」の取り組みへの参加、校内暴力防止法や学校外青少年支援法に対する意見表明などを通して、ウリ学校の子どもたちは、なぜ今の学校がこうなっているのか、学校や社会はどうあるべきかの問いに対する自分たちの答えを見出そうとしたのである。

　以上、「死の受験競争教育」に対し、ウリ学校は、自ら学びの意味を取り戻し、自己、他者、世界に対する理解と認識を広く深くしていきながら、自分たちの「生の教育」を一所懸命に模索しつくろうとしていたといえる。

3）多様な支援ネットワークづくり

　ウリ学校づくりを可能にしたいくつかの条件を検討していこう。

　一つ目、ウリ学校づくりを熱心に支持し支えようとした人々のことが挙げられる。立ち上げの準備会からの人々、日本円で500円から1万円まで毎月定期的な支援金を払った後援人（70人程度）のサポート、ボランティア「メンター」として関わった専門講師（芸術、文化など）、学校の教師（歴史、社会）など、後ろから実践を支えたたくさんの人々の存在は大きい。ウリ学校の場所もソウル市内にあるお寺（曹渓寺）の一部屋を無償で使わせてもらった。

　二つ目、「ソウル市学校外青少年支援センター」（以下、支援センター）の「ネットワーク学校」に選定され、常勤スタッフ2名分の人件費とプログラム予算の支援金が受けられた。支援センターは、2001年から地域の小規模のオルタナティブスクール（代案教育の場）を支

援する機関として設立された（当時は「ソウル市代案教育センター」であるが、2012年から「ソウル市学校外青少年支援センター」へ名称変更）。設立当時から、子どもが生活しているあらゆるところが学び場であるというモットーを掲げ、空間・人・プログラムなど、地域の多様な学習資源をネットワーキングし、それを学校外の子どものニーズに合わせ学び成長し続ける機会として提供し自律的な市民として成長できるよう支援することを目指していた。

　以上、ウリ学校は、必要な人的または物的なものは地域社会の様々な資源を積極的に取り入れながら自分たちの学び場づくりや運営ができたのである。経済的な面の負担がなかったため、親から反対されていた子どもなども参加できていた。ソウル市が整えてきた学校外の子どもに対する支援体制はこうした子どもの積極的な権利行使の実践を支える一つの条件として機能していたといえる。

4) 子どもの実践に学ぶ－これからの課題

　ウリ学校づくりの3年目に入ると、立ち上げの中心になったメンバーに変化が見えた。進学、就職、起業、など各自の舞台が移動していく。年齢主義から超えるのは勇気があることで不利になる面が多く見える。周りや親の不安で夜は塾で勉強する人もいた。「新しく入った人の場合、意思はあっても意見を積極的に出したり自分を表現したりするのがまだ苦手で、以前からの人が主導する傾向になってしまい、新しい人がどんどん居づらい環境に」なり、いよいよ2016年1月総会の決議による解散の流れとなり、ウリ学校は約4年間の幕を下ろした。

　学校や教育を変えたいという当初からの彼らの抱負はすぐには実現できなかったものの、以下の語りのように、その時々を熱心に真剣に生きていたということは事実であり、そこからウリ学校づくりについて、自分の中の意味を見出そうとしている。

- 一緒にやってきたのでやりたいことをやり続けることに不安はなかった。

- 高校に通う時は勉強のストレスが多かった。でもウリ学校の方のプレッシャーがよりあった。自分の人生につながる問題が多く、いつも話が全部自分の中の問題となり切り離せなかったし、ずっと考えつづけていた。
- やらせたのではなく、自分自らやっていたので、自分のため、そして生き方について考えるきっかけになった。
- 一緒に集まって挑戦してみようとしていたこと、そこで出会った人々など、私たちが作り上げたすべてのものが大切で、本当に意味がある。
- 直接ぶつかりながら何が足りないのか、何が必要なのかを感じることができた時間だった。

　学びを生きることとして考えるとそれは学校のみの問題ではなくなる。現在と未来を懸命に生きようとしている子どもたちの様々な要求に対し現在、学校だけを中心とする公教育体制では対応しきれない時代となっているのではないか。従来の体制に戻そうという硬直性から脱して、準備ができてないという理由で放置しておかず、子どもの声に耳を傾け一緒に方案を創り出していく必要があるといえる。

　そういう面から考えると、日本の場合は、2016年、「普通教育機会確保法」の制定は大きな転換点であると考えられる。これを機に学校を離れ、教育の機会と自立や成長の機会を奪われている子どもに対しこれから具体的にどのように制度設計をやっていくのか非常に重要である。

　韓国においても同様に大きな課題とされている。各自治体を中心に学校外の子どもの支援条例などが活発に制定され、国からも「学校外青少年支援に関する法律」（2014年制定・2015年5月施行）が制定され、学校外青少年の支援に対する法的根拠が設けられた。そして相談・教育・就業・自立の4つの支援対策をたてることが国や自治体の責務として明示され、学校外青少年の支援のために各地域で支援センターの設置を進めている（現在全国200ヶ所以上）。

また、2018年10月、ソウル市教育庁からは、学校外青少年の実質的な支援のために学習支援事業と教育基本手当の支給を中心とする支援策を発表した。

　具体的に学習支援事業とは、学業中断前履修正規の教育課程＋学習支援プログラム＋学校外の学習経験を履修単位に切り替えた後、加算することにより基準を満たせば学歴として認めることである。

　そして、学校外青少年が学校外の様々な学習経験ができるよう、教育基本手当（毎月20万ウォン）でサポートする。サポート範囲と方法としては以下である。

- 学業復帰と持続のための教材と図書購入費
- オンライン学習費と塾の受講料
- 進路啓発のための文化体験費
- 基本生活保障のための昼食代・交通費等
- 個人通帳への振り込み

　以上のように、ウリ学校づくりの以後、学校外の学び場の支援する従来の取り組みに加え、子ども一人ひとりの要求に応じての個別的な支援の取り組みがもっと具体化している。学校外の青少年の自治の強化のために学校外青少年議会の支援活動や子ども自らの諮問団の活動などが設けられたことは光州市の支援の取り組みも注目される。

　最後に、当事者が語った「学校外の子どもへの支援について思うこと」について、紹介しておきたい。

- 基本的に、子どもが学校をやめないようにする考え方は問題がある。すべてが学校を前提としていることが問題。子どもは学校に所属しているのが当たり前だというのが問題。
- 学校に所属していない子どもたちをどう管理するかが、基本方向となるのは問題。人的資源として成長させようとしている発想である。
- 政府の支援は、学習の形態が制限され、支援の機会も制限されていると感じる。学習の形態はさまざまである。

- 子どもはお金がない。支援も、職業体験とか検定試験などに限定されている。文化的に支援、生活的な支援などいろんな面で考える必要がある。
- もっと自立的な生活に役に立つ金銭的な支援をしてほしい。
- 決められたプログラムだけ、決められた枠だけに申し込めることでは限界がある。
- 現在の学校のあり方をよくする方法ももっと考えてほしい。

❹ むすびにかえて

　韓国における1990年代半ばから現在までの、子どもが自分の権利の獲得のために自ら抵抗し、主体的に権利の獲得運動や実践に取り組んできた子ども人権運動の流れと、それに応答しながら児童生徒人権条例の制定をはじめとする法的、制度的な変化について触れてきた。子どもの権利の保障がこれ以上先送りすることはできない課題であるということ、民主的に学校文化を変えていく根幹には子どもの主体としての参加を含む子どもの権利の実質的な保障が必要条件であることが確認できる。

　2019年9月、国連の気候行動サミットの怒りのスピーチで16歳のグレタ・トゥーンベリが再注目された。グレタ・トゥーンベリが気候変動に関して危機と迅速な行動を強く訴え始めたのは、2018年8月スウェーデン議会の前で「気候に対する学校ストライキ」からだった。彼女の呼びかけに対し世界各地で子どもによる一斉気候ストライキ（Climate Strike）が行われ、広まっている。韓国でも2018年8月から子どもたちは気候変動に立ち向かう活動「青少年気候行動」を立ち上げている。いまこの世界で起こっている気候変動と一生を過ごすことになる子どもたちが自分たちの生活の危機や不安について強く声をあげ、直ちにアクションを起こすための対策の策定や転換を要求することに対して大人社会は無視できないのである。

上述したように、学びを生きることとして考えると、また人は学びつづけて生きる存在であることを加えて考えると、子どもの学びをどうするかの問題は、学校のみの問題ではなくなる。現在と未来を懸命に生きようとしている子どもたちの様々な要求に対し現在、学校だけを中心とする公教育体制では対応しきれない時代となっているのではないか。子どもの成長と生活を支えている子どもの権利への認識、またその行使を通して、子どもは学びつづけ、自分の生を一生懸命につくっているのである。当事者に最も緊急かつ必要なことから出発しながら、柔軟に法や制度を講じなければならない時が来ているといえる。

2　韓国のオルタナティブ教育の 展開と動向[*13]
―オデッセイスクールなど

　日本と同様にもしくはそれ以上に激しい競争・受験中心の学校教育の問題が指摘されている韓国においても、1990年代から代案教育、代案学校という名でオルタナティブ教育や学び場づくりが実践されている。そして実践し始めた当初の段階から日本の「東京シューレ」等のフリースクールや「きのくに子どもの村学園」などのオルタナティブな教育実践の大きな影響を受け展開されてきた。
　ところが、韓国の場合、日本の多くのオルタナティブ教育や学び場とは異なり、国の公的な支援や自治体レベルでの公的な支援を一

[*13]　この原稿は、「韓国におけるオルタナティブ教育の取り組みと制度化」(安ウンギョン、子どもの権利研究第27号、pp.115－130、2016年) と「当事者を意識したキャリア教育の課題」(大塚咲希、修士論文第3章2節、2019年) のから内容を修正・補完したものである。

定の部分受ける仕組みとなっている。その支援のもとに現在は数多くの多様な学び場の実践が見られている。そして、2010年から教育行政の地方分権化が進み自治体の教育監（教育長）の公選制が導入され、地域住民の教育への参加権や教育自治に画期的な変化が現れている。この中でオルタナティブ教育の実践に影響を受けた革新学校[*14]の取り組みが公立学校改革の重要な政策となっている。また、年間6万人を超える学校を離れている子どもたちのために新たな支援システムの整備のための施策が次々と出されている。オルタナティブ教育や学び場と連携し新しい取り組みを展開し始めている自治体も出て、ソウル市教育庁が2015年からスタートさせた「オデッセイスクール」が代表的な取り組みとして挙げられる。

　ここでは、韓国のオルタナティブ教育の展開と近年の支援の動向について触れた後、「オデッセイスクール」の実践について詳しく紹介していきたい。

❶ 韓国のオルタナティブ教育の展開

　韓国における代案教育運動の萌芽は、プルム学校をはじめ1970年代の民衆教育運動と呼ばれる夜間学校（夜学）運動、労働者農民貧民運動の中のコンブバン運動と保育所運動などに見ることができる。1980年代は、軍事独裁に抵抗しながら社会全般の民主化運動が活発

---

*14　学校外のオルタナティブ教育実践の影響から触発された公立学校の取り組みである。革新学校は、自治体によって名称は多少異なるが、ほとんど生徒数が25人以下の小規模クラスで運営され、学校運営や教育課程運営の自律性を持ち、教員の安定的な勤務と行政職員を支援するために予算等が支援される形態の学校である。現在、全国に約1200校の学校が革新学校に指定され子どもの成長を中心に授業や教育課程を再構成し、民主的な学校文化に切り替えしようと試みている。詳しい内容は「現代学校改革と教育政策に関する研究─韓国・京畿道の『革新学校』政策の分析を中心に」（安ウンギョン、早稲田教育学研究第5号、pp.33-55）を参照されたい。

に行われた時期であり、その中で学校教育の矛盾や問題点が公に議論されるようになった。とりわけ教師や生徒を中心に学校を民主的に改革しようとする動きとして、主に教職員組合運動や学校民主化運動などが現れた。

　民主化の進展が徐々に現れてきた1990年代には、社会運動も環境・女性・人権・教育領域へ具体化され、オルタナティブな社会や教育理念を追求する代案学校や学び場を市民主導で積極的に設立しようとする運動としてオルタナティブ教育運動も本格的に現れた。また、子どもの自殺、不登校・脱学校など学校を離れていく子どもの増加も既存の学校制度に対する問題意識を高め、オルタナティブスクールというもう一つの学校づくりへの大きな推進力となったといえる。

　1995年には、各地で活動をしている、あるいは関心を持っている実践者や研究者が初めて集まり、「新しい学校をつくる人の会」をつくり、共有と連帯の場を設けた。その後、「ガンディ青少年学校」（1997年）が認可代案学校として初めて正式に開校し、代案教育ネットワークや専門雑誌なども創刊され、拡散の基盤をつくっていったといえる。

　オルタナティブ教育運動の展開とともにオルタナティブスクールは「特性化学校や各種学校」の「代案学校」として運営できるようになり、学歴認定や公費の助成が可能となる国主導の制度化も進められた。また、自治体によっては、地域教育庁が民間施設や社会福祉・生涯教育施設などの中間委託教育機関として指定し委託型代案学校も展開されている。不登校対策として実施された政策に基づいている学校であり、委託型代案学校で教育課程を修了した場合、学籍をおいた元の学校の学歴として認定される。この学校では、国の教育課程は最小化し、子どものニーズに合わせた職業・進路・人間教育・治療や相談プログラムが主に行われている。

　現在、学校制度の内外で行われているオルタナティブ教育をまとめると、学歴が認定される正規型と、学歴が認定されない非正規型に大きく分けられる（**表2参照**）。

　以上のように、韓国におけるオルタナティブ教育は、学校制度の

内外において実践をみせながら学校教育を補完し、あるいは代替するものとして拡大しているといえる。

❷ 韓国のオルタナティブ教育の支援動向

　こうした状況の中で、オルタナティブ教育運動としては、その本来の意味を徹底的に探っていこうという動きとともに、「初中等教育法」第60条3より多様な方法で教育を受ける権利を保障し、代案学校やホームスクーリングなどの選択権を尊重し、国や地方自治体の政策的な支援義務が明示される新たな法律制定に向けた活動を本格化している。

　国主導の「学校」という既存の枠を中心として進められたオルタナティブ教育の制度化とは異なった動きが、地方自治体の政策から出始めた。ソウル市は、地域の小規模のオルタナティブ教育の学び場を行政的に支援する機関として「ソウル市代案教育センター」(2012年からは「ソウル市学校外青少年支援センター」へ変更)を設立している。地域全体で総合的な支援計画に基づき、代案学校支援やモデルづくり、オルタナティブ教育研究・スタッフ支援、学校教員研修、

表2　代案学校およびオルタナティブスクールの現状（2019年現在）*15

分類	形態	現状
正規型	特性化学校（1998年〜）	43校（中17・高26）
	各種学校（2007年〜）	41校
	委託型学校（2001年〜）	46校
非正規型	初等・中等・高等のオルタナティブスクール	287校

*15　2019年教育統計（教育部）と「非認可代案学校の子ども人権状況実態調査」（2018年、国家人権委員会）のデータをもとに再整理したものである。

教育福祉モデル開発などオルタナティブ教育実践の質の向上や広報・協力事業にも取り組んでいる。

　光州広域市の場合、2011年に「学校外青少年の保護や教育への支援条例」が制定され、「学校外の青少年が元気な市民に成長することを助けるための活動」を目標に「光州広域市学校外青少年支援センター」が設置されている。様々な事情で学校から離れたが、学びを放棄していない子どものために、光州という地域を大きな学び場としながら多様な方式で子どもの学び支援する取り組みをしている。「学校外青少年支援に関する法律」の制定・施行後は、そのセンターを中心にし、新たに光州広域市の5区に「学校外青少年支援センター」を開設し、中央センターと地域センターの連携を基に学校外青少年に実質的な支援を行う仕組みをつくっている。学校外の学び場の支援し代案的なプログラムをつくってきた従来の活動を含め子ども一人ひとりの要求に応じての個別的な支援の取り組みが加えられたこと、とりわけ学校外の青少年の自治の強化のために学校外青少年議会の支援活動や子ども自らの諮問団の活動などが設けられたことは注目される。

　他の自治体においても学校外の教育に対するニーズや現在の動向を受け入れ、学校外の子どもの支援条例が活発に制定されつつある。自治体の動きをモデルとし政府でも「学校外青少年支援に関する法律」（2014年制定・2015年5月施行）が制定、国レベルで学校外の子どもの支援に対する法律的根拠が設けられたのである。ここで、学校を離れる子どもに対し、「学校外青少年」という用語で定められ、学校外青少年に対する全国実態調査の実施とその結果に基づき学校外青少年のニーズに合わせ相談・教育・就業・自立の4つに分けた支援対策をたてることが国や自治体の責務として明示されたことや、学校外青少年の支援のために各地域で支援センターを設置することが規定されたのである。

　最後に、最近のソウル市の動きを紹介しておきたい。2019年ソウル市は、新たにソウル市のオルタナティブ教育機関を「ソウル市代

案学校」として指定し運営費の70％まで支援する計画（1月）を発表し、オルタナティブ教育機関支援条例（9月）を制定、支援の強化や予算支援の根拠を定めた。市に申告したオルタナティブ教育機関には、人件費、教育プログラムの開発費、給食費などの必要な費用の全部又は一部を予算支援することができるようになった。

　上述の動向からは、子どもの学びや成長を地域共通の課題として捉えた上で、オルタナティブ教育の場も一つの学び場にし、その中で子どもの学ぶ権利を保障する総合的な支援体制づくりを試みている韓国の状況が把握できる（**表3参照**）。

　以下は、子どもの学びと成長のため、一般学校とオルタナティブ教育が連携し新しい取り組みを作り続けている「オデッセイスクール」の実践について紹介する。

❸ オデッセイスクールの取り組み

1）全体の運営の概要

　オデッセイスクール（以下、スクール）とは、デンマークのエフタスコーレ*16 に学び、2015年にソウル特別市教育庁の公教育改革政策の一部としてスタートさせた取り組みである。高校1年生を対象に1年間通うことができ、一般高校での必修の6つ（韓国語、数学、英語、韓国史、社会総合、理科総合、科学研究・実験）の教科に加え、独自のプログラムが設けられていて、それらを履修すれば、1年次の高校課程が認められ、元高校2年生として戻ることになる。必修科目は

---

*16　エフタスコーレは1851年から展開してきたデンマークの自由中等学校である。13歳から18歳の子どもが1年を基本に（2、3年も可能）自分の個性と人生の行路を探索し深化させる機会や場を提供する学校である。一般教科もあるが、特定の分野（外国語、芸術、体育、旅行、プロジェクトと現場研究など）の様々な過程もあり、学校によって重点分野が異なる。(https://www.efterskolerne.dk/en)

表3　子どもの権利保障と学校外の子ども支援に関連する
　　　条例等の現状（全国）*¹⁷（2019年10月現在）

| | 学校外青少年支援条例 | | その他の条例、規則 | |
	広域	基礎	教育・代案教育機関支援関連	労働人権保護
ソウル特別市	2	20	2	7
釜山広域市	1	13	1	4
大邱広域市	1	6		
仁川広域市	1	7	2	2
光州広域市	1	5	1	6
大田広域市	1	3	1	2
蔚山広域市	1	3	1	1
世宗特別自治市	1	0		
京畿道	1	29	6	15
江原道	1	2		5
忠清北道	1	4		
忠清南道	1	7		7
全羅北道	1		1	1
全羅南道	1	3	2	7
慶尚北道	1	2	2	3
慶尚南道	1		1	2
済州特別自治道	1	0	2	1
合計	18	104	22	63

教育庁から派遣されている教員が担当し、他は委託されているオル
タナティブスクールのスタッフが担当する仕組みである。今、4校の
スクールがそれぞれのオルタナティブスクールに委託され運営され
ている。したがってそれぞれのスクールが委託されたオルタナティ
ブスクールによっての特徴があり選択できる科目も異なる。募集は
一括して教育庁で行われ、どの学校に行きたいかについてはまず生

	支援センター設置		
人権（子ども+ CFC+学校内）	学校外 青少年支援関連	代案教育
1 + 21 + 3	26	2
0 + 3 + 0	16	1
0 + 4 + 0	9	0
0 + 3 + 1	9	1
0 + 4 + 1	6	1
0 + 3 + 1	3	0
0 + 1 + 0	5	0
0 + 1 + 0	1	1
1 + 16 + 2	31	2
1 + 1 + 0	11	0
0 + 7 + 0	13	0
0 + 10 + 0	16	0
0 + 3 + 1	10	0
0 + 3 + 0	19	0
0 + 5 + 1	15	0
0 + 1 + 1	21	0
0 + 1 + 1	3	0
3 + 87 + 12	214	8

徒から希望校をだして、その後スクールのスタッフからの面接で行

---

*17 「国家法令情報センター」（http://www.law.go.kr/main.html）や学校外青
少年支援情報ウェブサイト（http://www.kdream.or.kr）などを通じて検索
した情報をまとめたものである。

われる。通学時間等を考慮しながら1年間共に学び、それぞれのスクールを作り出せる子どもたちを選抜し、4つの学校に配置していく仕組みである。

　各スクールの独自のプログラムは、必修のコースと選択コースに分かれる。必修として置かれているのは、生徒議会、旅行、計画、ライティング、メンターによる特別講義、修了プロジェクトである。選択コースとしては、プロジェクトコース（計画を立て、実行するための能力を養うコース）、インターンシップ（仕事を体験し、将来を創造するコース）、文化・芸術コース（多様な創造をし、文化構想力を育てるコース）、人文科学コース（多様な文化を知り、共生する能力を高めるコース）、市民権コース（社会的活動に参加し、民主的な市民を育てるコース）、文学と成長コース（人生や世界について省察する能力を高めるコース）といったコースがあり、それぞれの学校で、選べるコースが異なる。

　一年間の主な流れは、まず3月はスクールでの学びに向けて心と体を準備する期間である。生徒自身による入学式や、活発に開始できるようにするための旅行が行われる。4月から7月は発展期間とされ、自分自身や世界について知り、学びの姿勢を獲得していくための時期である。この時期は、自己表現や他者尊重の訓練や多様な科目を通した学びの楽しさを味わうこと、世界を正しく理解するための目を養うことをする。8月は夏休みである。9月から10月にかけては、自分自身や世界を変えるための新たな方法を計画し、実行に移す。この実行の例としては、インターンシップや生徒が計画した旅行、事業体験等が挙げられる。夏から秋にかけての時期が、ターニングポイントとして設定されている。そしてまとめの時期に差しかかる11月から12月には、本を作ったり、修了のプロジェクトを行ったり、プレゼンテーションをすることで、様々な体験や達成した学びをまとめる活動をする。これでオデッセイスクールでの学びは修了し、2月から3月にかけての冬休みで、学校に戻る準備をする。

2) スタッフと生徒のインタビュー調査から

① オデッセイスクールを選択する生徒について

- 通っている生徒の中では一般高校では自分らしく過ごせない、学校がつまらない・楽しくないというのが多い。教科以外の様々な活動に挑戦したくて来るといった生徒の割合は少なく、一般高校で息苦しさゆえに来る子どもたちがほとんどである。また、7割は親の勧めでオデッセイ学校を選択し、残りの多くは学校の教師の勧めで来ている。

- 自分の将来について考えている生徒が多い。

- 韓国の学歴システムが嫌で抗いたくて来た生徒もいる。

② スクールでの活動内容について

- 毎週月曜のグループワークをとても大切にしている。グループの話し合いでは、いじめや暴力といった身近なテーマが出てくる。既存の学校では、テスト等で評価されるため話し合いはシステム的に無理だと思う。

- スローガンは、「自ら立て、お互いを生かす」。揉め事があったらスローガンに合っているか考える。遅刻等は話し合って罰則を与える。話し合うことに慣れていない生徒もいるが、「尊重されている」と分かればすぐできるようになる。この場合の「尊重されている」とは、本能的に「話し合いが可能な場である」と分かること。

- 面接の質問「あなたは何者ですか」に衝撃を受けた記憶がある。1学期は「自分探し」テーマで、自分で考えたり、他人に言われたり、本を読んだりした。2学期は、「世間を知る」テーマで自分はインターンシップをしている。オデッセイの全プログラムで「自分探し」が念頭に置かれていると思う。

- オデッセイは一般高校に比べて3倍くらい宿題がある。例えば、本を読んでA4の紙7枚にまとめる宿題など。

③ どのような変化があるか

- 一般の学校は日本と似ている。教える一方で、グループワー

ク活動はほとんどない。だから最初はグループワークをやっ
てもあまり話せない子どもが多い。しかしだんだんと話せるよ
うに、意見を言えるようになった。

- 生徒からは、「希望が生まれた」「明日が楽しみ」「コミュニケー
ション能力が上がった」「視野が広がった」という声が聞かれる。
- 子どもたちはここで初めて出会った仲間だが、仲がいい。
- もともと友達付き合いが苦手だから、友達と過ごすのが苦し
い。それはほぼ全員が思っているのではないか。しかし最近
は友達と過ごすのが安心できるようになってきた。
- いい面も苦しい面もあり、半々くらい。苦しさの大半は課題の
せい。
- 1年という短い期間では、やるべきこと、やりたいことはすべ
てできない。一般的な学校は、生徒は教える対象でしかない
ものだが、ここでは学ぶこと・実行すること・協力の姿勢を
身につけてほしい。これらがあれば将来生きていける。
- 生徒のうち、10%はきちんと吸収してスクールを終える。他
の生徒は何となく感じて終える。完全に吸収出来なくても、
振り返りのきっかけになればいいなと思う。
- 何をどう学ぶが、「学ぶということを学ぶ」「学ぶ人間」「学び
たい気持ち」を伝えたい。それはグループワークで、お互いの
フィードバックをすることなどで培うことである。

④ **周囲からの反応**

- 最初は定員割れしていた。
- 現在は周囲からの反応もよく、親の会では、子どもたちが自
ら計画・実行する姿が見られ、自己愛が生まれたと語られた
という。無気力な子どもが変わったという意見もある。
- 保護者たちは期待しており、子どもにオルタナティブスクー
ルを勧める人も増えている。中学三年生の体験学習も増えて
いる。
- 受験には向いていないものの、入学希望者は増えており、昨

年は希望者のうち、20名くらいは入れなかった。政策として
人数が決まっているから、全員が入れるわけではない。面接
をして、合う・合わないで決める。

⑤ **一年間を修了した後のこと**

  - オデッセイに通った生徒は、元の学校に戻ったときに「息苦し
  さ」を感じることもある。

  - 一般の学校が自分を尊重してくれるのは無理と分かるが、友
  人関係は自ら築き上げる。感覚だけでなく、オデッセイでの
  経験は力になる。既存の学校では自分の学年が大事で上下関
  係等ない。部活も盛んではない。

  - 一般学校に戻り勉強し、これからの進路について考えたい。

  - 周りにオデッセイ学校をすすめたい。

  - ここを卒業したら、他の代案学校を探し通いたい。

  - ここに通い夢ができたので、一般の学校へ戻り、夢を実現す
  るための勉強をしたい（社会に出て力強い女性になる、レス
  キュー隊の資格を取る、爬虫類の博士になる、消防士になる）。

  - 最初は1年ということをあまり意識しておらず楽しんで通い、
  後で一般の学校に戻ればいいと思っていた。ただ通ううちに
  一般の学校のダメさに気づいた。3年間ここに通えるようにし
  た方がいい。

  - 月1でオデッセイを出た先輩との語り合いがあるがそこで一般
  学校に戻る不安感を解消しながら準備をしている。

⑥ **韓国の学歴中心社会についてどう思いますか？**

  - 学力、学歴で人を評価するのはおかしい国家のシステムと世
  界の流れが噛み合ってない。

  - 今世界は学力以外の能力で計る方向へ向かっているのに未だ
  に韓国では学歴重視で古い。

  - 学歴のほかの能力（コミュニケーション能力等）も評価してほ
  しい。

  - 競争社会にするのではなく、人を支える教育をする方向にす

るべき。

3) オデッセイスクールでの学びについての考察

① 自己省察

オデッセイスクールの一つの特徴として、全てのプログラムにおいて「自分探し」が念頭に置かれ「自分とは何者か」ということが常に意識された活動が行われている。調査の時にも「自分探し」「自分とは」「アイデンティティ」という言葉がよく聞かれ、それは教師や生徒自身が意識している証拠といえる。また、自分についての省察とともに他人と語り合うグループワークも重視されている。

② 自己の人生

多くの子どもたちが自ら自分の人生について考えているが、具体案を持っている生徒や方向性を語る生徒もいれば、まだ進路が決まってない生徒もいる。進路の決定よりスクールでも様々な活動それ自体に重きをおき、過程を大事にしている。このような学びの場で過ごすことで、うわべだけの、その場しのぎの将来設計や進路決定は行われない。テストに向けた勉強だけでなくオデッセイスクールの生徒たちは、ここでの学びを終えた後、基本的には一般の学校に戻る。そのような一種のレールが敷かれながらも、日々自分に向き合い、自分なりに過去や今、未来を考えながら生活をしていることがうかがえた。

③ 制度的な担保（1年留学制度）

先述したように、スクールの期間は高校1年生の代に1年だけオルタナティブスクールに通う制度である。その1年という期間を修了した後は、もともと行く予定であった公立高校に戻って学校生活を送っていく。

通っている子どもたちはオデッセイスクールに肯定的であり、1年という期間の終了後も、オデッセイスクールで学びたいという声が少なくない。また、年々入学希望者が増えているという事実もある。従って、この期間を延ばし、2年ないしは3年と、高校生活そのもの

をオルタナティブスクールで過ごす制度にしてもよいのではないかとも思えてくる。

　現在、韓国にはオルタナティブスクールがたくさんあり、そこで高校生活を過ごすという選択肢もあるが、多くの一般学校に通う生徒にもこのような学びの機会を提供することに、大きな意義を感じる。いずれ学歴社会に戻るにせよ、一度じっくり自分について考える期間を持ち、自らの人生に向き合うことは、その後の彼らの人生に大きな意味をもたらすだろう。入学へのハードルを下げ、機会を広く提供することで、「通ううちに一般の学校のダメさに気づいた。」「3年間ここに通えるようにした方がいい。」という気付きを得る。そして、この認識が広まることが、子どもたちを苦しめるような学歴競争の緩和へと繋がるのではないか。一度居場所を変えることで、締め付けられていた自分を解放する。

　こうした学びへの実践が公的な支援に支えられながらもっと広まっていくことを期待する。

3 台湾の
　オルタナティブ教育（「実験教育」）の展開
　　　—森林小学校・種籽（親子）小学校など

　台湾における学校外のオルタナティブスクールづくりの始まりは、1980年代後半の民主主義体制へ変動の時期の影響を受けた1990年代である。市民による教育改革の抗議活動が盛んだった時期でもあり、1994年4月には5万人を超える市民が硬直的で画一的な学校教育と学歴至上主義を批判し教育改革を求め台北市街に結集し抗議活動を行った。いわば「410教育デモ（410教育改造運動）」であり、教育改革を求める象徴的なできことであるといえる。そこでは、少人数制クラスと学校の小規模化の実現、高校・大学を各地に増設すること、

教育内容の現代化の推進、教育基本法の制定の4つを求めていた。

　1990年、初のオルタナティブスクールである「森林小学校」が開校された。1994年、教育部では、学校教育法制上の学校ではないのに学校という名前で児童を募集するのは違法とし、当時の校長を起訴する事件もあった。その後も次々と独自の理念と方針を標榜するオルタナティブスクールがあちこちで開校された。種籽小学校は1994年に開校されたオルタナティブスクールである。台湾の独自の実践として展開されたのもあるが、イギリスのサマーヒル・スクールやシュタイナーやモンテッソーリ教育、また日本の『窓ぎわのトットちゃん』(トモエ学園)の実践の影響から触発された実践も多いという。

　しかし、オルタナティブスクールは法的根拠がなく学校として認められず、授業料だけで運営されているため特殊な人たちの選択の場となり貴族学校という批判も受けていた。

　このような教育改革に対する市民の声や願望、そして実践の動きは、以降の台湾の教育改革の扉を開いたと考えられる。1996年11月に発表された政府の『教育改革総諮議報告書』には、①教育法令の改正と教育行政体制の検討、②小・中学校教育の改革、③幼児教育の普及と障害児教育の発展、④職業教育の多元化と精緻化、⑤高等教育の改革、⑥多元入学方案の実施、⑦民間による学校設置の推進、⑧生涯学習社会の確立の8つの優先推進の課題が提示された。その後、教育改革行動方案の発表、国民中学や国民小学で小クラス制の実施、教育基本法の成立、多元的な入試制度の実施等の流れにつながったのである。

　また、1999年改正された国民教育法第4条には「児童生徒の教育を受ける権利と親の教育権を保障するため、義務教育段階において非学校形態の実験教育を実施する」、同年制定された教育基本法第13条には「政府と民間は必要に応じて教育実験を行い、それに関連する教育研究や評価に力を入れた。それにより、教育の質の向上と教育の発展に努める」という条文が新設され、ホームエデュケーションを含めオルタナティブスクールが当教育局に計画書を提出し実験

教育として申請できるようになり、制度化への道が開いた。2000年代以降は自治体ではオルタナティブスクールで教育を希望する保護者や子どもの提案を受け止めるかたちで実験教育を設定し条例の制定や支援が進められた。それによってホームエデュケーションの申請が多い自治体や、公立学校をオルタナティブスクール等に委託する形（チャータースクール）で進める自治体や、実験教育を実施してない自治体など、実験教育の実施方法や規制と支援において地域による差が現れ、実験教育に対する政府レベルの具体的な立法が求められるようになった。

　2014年「学校形態の実験教育に関する実施準則」、「高等学校以下の教育段階の非学校形態実験教育の実施に関する条例」、2015年「公立小中学校の公設民営に関する条例」、いわば「実験教育三法」が成立した（2017年改正）。そして実験教育を行う学校に対し、学校組織、設備施設、校長資格と選抜方法、教職員の資格と採用方法、カリキュラム、入学方法、成績評価、学校コミュニティ構成と参加等、既存の「学校」の法的な制約も緩和された。こうして実験教育は、既存の伝統的な学校教育とは異なり、学習者を主体にすることを軸に新しい教育方法や課程の模索の取り組みとして、また学校や教室の固定的なイメージを変えながら台湾の教育改革の一環として位置付けられているといえる。

　現在、学校の外でオルタナティブ教育に取り組んできた多くの学び場は実験学校として制度化され、保護者（子ども）が教育を選択し、もしくは教育を自ら創り出す権利を積極的に保障する道を模索中であると考えられる。

　また、学校形態の実験教育も可能となり、公立や私立の実験学校をつくれるようになったことで、多くの学校が実験学校として取り組み始めている。公立実験学校は約70校（公設民営実験学校は10校）で増え続けている。現在実験学校の類型を全体的にみると、学校形態40％、公設民営形態13％、非学校形態47％となっている。2018年に不備の部分を修正し、法が改正され、実験学校の上限を公立校全体

の15%まで引き上げる方針を発表し政府の後押しも進めつつある。

　実験教育を充実に展開していくため、2015年、国立政治大学教育学部に「実験教育センター」（教育部委託）が設置され、実験教育に関する研究、広報、教員養成や研修などが行われている。また地域の推進センター（現在4つ）を地域に増やし実験教育の支援の仕組みづくりを進めていく予定である。

　台湾の「実験学校」取り組みは、政府側からは生徒の適性を重視し生徒主導の教育を進めること、そのために学校の自由と柔軟性と教育方法と教育への選択権を軸にした政策転換の必要性と課題から進めているといえる。それによって大規模の実験教育が進められ、特殊な子どもから一般の子どもの選択の機会が拡大されていると思われる。まだ実験教育の子どもはまだ全体の0.6%であるが、従来型の学校教育に不満を持っている親が多いという最近の学校調査の結果から考えてみると、台湾での実験教育はさらに広がると予想される。

※二つのオルタナティブスクールの紹介（訪問記録からの抜粋）

❶ 森林小学校

https://www.facebook.com/forestschool.tw/

　教科書中心の詰め込み教育、体罰など当時の学校教育の多くの欠点に対して、1989年教育改革を望む保護者、教師や学者たちが集まり子どもへの体罰の防止および人本教育の研究を目的に「人本教育基金会」を発足した。そして人本主義にもとに体罰によらない教育を構想し実践するモデル校として1990年開校したのが「森林小学校」である。現在、教師やスタッフ11名と子ども50名の全寮制で運営さ

れている。2014年、実験教育法の成立後「非学校形態実験学校」として申請し、許可され卒業証明書の発行ができるようになっている。

　子どもたちは内面の啓発と思考のためにより多くの柔軟性と時間が必要であること、自己肯定感を得るためには尊敬され、ケアされ、理解され、励まされることが必要であること、自発的な学びのためには子どもの興味と動機付けを促すことが重要であることが教育構想の根幹となり、最も学校で大事にしていることは、以下の三つであるという。

　　・「以人為本」人を中心として、叩かないこと、叱らないこと
　　・「愛智」間違えることを恐れず、学ぶことに熱意のある子どもになってほしいこと
　　・「公義」将来よりいい社会を作ってほしいこと

　こうした考え方のもとで、子ども一人ひとりに対し、人間としての感情や考え方を重視し、その子どもにとって最善の教育を目指していることが学校の大きな特徴である。

　1994年、「私立学校法」の「学校」ではないのに学校として子どもを募集しているのは違法であると当時の校長が起訴された事件もあり（無罪判決となった）、学校の初期段階においては学校として認めず禁止する方針の政府当局との緊張関係もあったが、台湾の教育改革や市民立の学校づくりに大きな影響を与えてきている学校でもある。そして、2006年の改正教育基本法では学校での体罰が禁止された。

　学校の特徴的な取り組みとして以下が挙げられる。

① 全寮制：みんなと一緒に生活しながら自分や他人についてわかるようになること
② 生活会：問題を話し合う機会、自己中心から脱し他人を理解することができること
③ 潜在生命課程：犬や生き物も学校の重要なメンバーであり、愛する愛されることを学んでいること
④ 親の成長会：保護者も子どもも一般の教育から逃げたのではなく、より良い教育をもとめてきて、一緒に成長していること

⑤ 長期旅行プロジェクトの実施
⑥ 夏休み、冬休みに入学希望者を対象にテスト入学の期間を設けていること
⑦ 学力テストはなし。子どもの様子を見たらその子どもの今の状況や理解度がわかる。一人の子どもの発展と成長を大前提し、評価報告は1人の1冊ずつ作っているし、自分自身になりたいことを目指していること
⑧ 教員の資格は大学卒。養成課程を出た人であれば教員になれること

　現在、森林小学校の教師になっている二人の卒業生は、自分たちの森林小学校の経験について、以下のように語っていた。
・自己理解だけではなく、他者を理解する良い機会であった。他の視点からみるくせがついたと思っている。それは現代を生きる人としての基本能力である。
・小学校4年の時、母の決定で理由もわからず学校に通うことになったが、本当に楽しかった。人ととのかかわり方を学んだ。中学校からは体罰とかが普通にあった公立中学校に戻った。じっくり考えることを学んでいたし友達にもよく相談や話ができていたので、ここで培った力でなんとか切り開けるようになっていたと思う。

　特別に子どもたちが自分たちの権利について学ぶ時間を設けてはないが、人文科目の中で台湾の体罰、髪型の制限、プライバシーに関すること、非暴力などについて話し合っているし、共同生活の中で問題解決を話し合うことや人と人の関わりについて理解し他人の権利と自分の権利をどうやって両立できるか常に考えることが大事にされている。道徳的なレベルではなく、実践的なレベルで子どもの権利を理解することは簡単ではないが、長い時間をかけて身につけていくことに重点をおき学校生活の全般に含まれている。

最後、「叱らない教育」のための工夫についての質問に対し、
「間違いは正解の始まり。なぜそうしたのかを考えて行く。自分が正解だと思ったことは何なのか？が大事である。ずっと怒りながら石をなげる子どもがいると、怒らずに理由を尋ねる。話しているうちに自身の怒りも沈めていく。自分の感覚や感情を理解していくことである。子どもには「つきあいとサポート」をしながら、スペースと時間を与え問題解決をじっくりと考えていくようにしている」という答えが帰ってきた。信頼されている子どもの様子や一人ひとりが持っている性格、特性、力を尊重する教育を追求し実践している教師の様子が伺えた。

❷ 種籽（親子）小学校
ジョンズ　チンズ

https://www.facebook.com/seedling.tw/
http://seedling.tw/contact/

1994年、10組くらいの家庭が教育について話し合うワークショップに参加し、従来の教育とは違う子どもたちが自分の意見を言えるような教育方法に共感し、新しい学校を作らないかという話につながったのがきっかけで作られた学校である。保護者がどのような教育が最善かを考え子どもが中心の教育を基本に、「自由、尊重、責任、支援、解放、信頼、民主主義」を大事にしながら創り上げている学校である。

　種籽小学校の意味について尋ねたら、

　「子どもは種だと考えている。学校はいい土壌、水分、太陽であり子どもはやがてはそれぞれ違う木になる。また種は子どもの中に根付いていく。学校生活で身につけた色んな種は子どもの生に役に立つ」という答えが帰ってきた。

　現在は台北市から一時間程度離れた山奥の原住民の地域にあり、子どもが100人近く、教師は専任10人、校長1人、兼任8人である。多くの子どもたちは保護者たちがレンタルしたスクールバスで台北から毎日通っている。給食も保護者が交代で作っていることなどから保護者の学校づくりの意識が高いことが伺える。2002年に台北県役所（現在新北市）と連携し公設民営実験小学校となった。

　通学型異年齢のクラスで、所属するクラスはあるが、行きたい授業を選択するシステムになっている。必修科目（言語、数学、生活討論会）と選択科目がある。先生が教えたいことと子どもが学びたいことで学校のカリキュラムが構成されているが、子どもは自分の興味にそって選んでよく選ばなくても大丈夫である。空き時間での子ども同士の関係づくり、自己探求、自らの計画を展開させることなどが可能であり、自発的に学ぶ力を徐々に発展させることにつながっている。

　学校全体を学びの場として考え、生活の中で問題がおきると一緒に解決していく「生活討論会」を設けているし、学校のすべてのルールはそこで決定されている。

　現在、学校の大きなルールは、以下の三つである。

　① 他人の自由、領域を侵害しないこと

　② 自分自身の安全を守ること

③ 学校を出るときは知らせること

これらを破った場合、警告段階から処分段階になるが、処分の例としては、他人の自由を侵害したら相手のためになんかやってあげることが挙げられた。

種籽（親子）小学校でもっとも特徴的な取り組みとして「学校法廷」が挙げられる。開校の初期から学校の正義や秩序を維持する工夫として始まり、発展したのである。現在は生活討論会で解決できないことはその学校法廷に送られる。教師裁判官（2人）と子ども裁判官（7〜8人）で構成されるが、学期初半分以上の票を集めたら裁判官になれる。法廷は通常月〜金までの昼休みの時間に開かれる。意見が食い違った場合は、個別に先生が対応するケースもある。法廷で取り扱われた事件の中で多いのは子ども間の紛争で、誤解や不明瞭な表現によるものであるため、明確な陳述と謝罪の場になっていることが多い。子ども同士のケンカを止める時に痛い止められ方をしたことに対し子どもが先生を訴えたこともある。結局先生が謝罪したという。

最後、親の選択と民間の教育運動の成果として語られる「種籽（親子）小学校」の実践のこれからの課題といて、継続的な反省のもとに実践の作り続けることで台湾の教育の多様性を維持することを挙げている。

第3章　安ウンギョン

台湾におけるオルタナティブ教育の動向は、台湾の「国立政治大学実験教育推進センター」、「国立台北教育大学」、「種籽小学校」、「森林小学校」、「人本教育基金會」への訪問やヒアリング調査をもとに作成したものである（調査期間：2019年9月10日〜12日）。今回の調査にあたっては、台湾の多く研究者や学校の先生方、とりわけ王美玲先生（淡江大学）にご協力を頂いた。心より感謝を申し上げたい。

参考資料
・文科省「台湾における小学校英語教育の現状と課題」
　http://www.mext.go.jp/b_menu/shingi/chukyo/chukyo3/015/siryo/
　attach/1400691.htm（2019年9月26日最終確認）
・王美玲「台湾のオルタナティブスクールにおける『実験教育』」、やまぐち地域社
　会研究（15）, 17-28, 2018-03-31

第2部
子どもの
安心して学ぶ
権利

安心して相談する
権利の行使と
体罰・暴力の問題

第1章
子どもの「安心して相談する権利」
の保障と課題
体罰等の実態・意識調査から見えてきたもの

1 体罰調査の必要性

❶ 家庭における子どもへの体罰・暴力問題の現状

　近年、子どもへの体罰・暴力問題は深刻な社会問題になっている。子どもへの体罰・暴力は、家庭、学校、地域、施設など子どもが生活するあらゆる環境で生じている。なかでも、子どもが愛情と理解により安全に成長・発達するための拠点となるはずの家庭において親、養育者からうける暴力が、自己の存在の否定など、子どもの発達に与えるダメージは計り知れないほど大きい。しかし、家庭は私的な環境であり密室性が高いことに加え、子ども期には生命維持のため養育者からのケアを必要とする特徴があり、その密室性、密着性などから、家庭において子どもに向けられた体罰・暴力の被害は表面化しにくいという特徴がある。

　家庭における子どもへの虐待件数を見ると、2018年度に全国の児童相談所が子どもへの虐待相談として対応した件数は、約15万9千件と過去最多となった。また、2017年度の子ども虐待による死亡事例は65人にのぼっている*¹。このような状況の中、養育者から「しつけ」と称した暴力をうけて2018年3月には目黒区で5歳女児虐待死事件が、

2019年1月には千葉県野田市で10歳女児虐待死事件がおきた。これらの不幸な虐待死事件が契機となり、2019年6月26日、「児童虐待防止対策の強化を図るための児童福祉法等の一部を改正する法律」（法律第46号）が成立し、親・養育者から子どもへの体罰の禁止が法制化された。また、2019年3月28日には、親・養育者から子どもへの体罰だけでなく、子どもの品位を傷つける罰をも禁止した東京都子供虐待防止条例も成立し、親・養育者から子どもへの暴力問題への取組みが加速している。しかしその後も、札幌市2歳児虐待死事件など、親・養育者による子どもへの虐待事件はあとを絶たない。

　また、親・養育者から子どもへの体罰が法律で規制されたとしても、「しつけのために体罰の行使はやむをえない」という体罰容認の意識は、成人の6割近くにのぼっており（セーブ・ザ・チルドレン・ジャパン、2018年）[2]、体罰・虐待の防止は道半ばという状況といえる。

❷ 子ども・若者側からみた家庭における　体罰問題を調査する必要性

　子どもに向けられた暴力（いじめ・体罰・暴言等）の問題解決には、解決主体である子ども自身が権利侵害をうけた際にSOSを発する、周囲に相談するなど権利の救済を求めていくことが重要であると考える。ところが、千葉県野田市の児童虐待死事件において、父親からの虐待を訴えた学校でのアンケート用紙（コピー）を当該児童相談所が父親へ渡して事態を悪化させてしまった。そのことへの反省もあって、

....

＊1　社会保障審議会児童部会児童虐待等要保護事例の検証に関する専門委員会（2019年8月）「子ども虐待による死亡事例等の検証結果等について（第15次報告）」https://www.mhlw.go.jp/content/11900000/000533867.pdf　参照。
＊2　セーブ・ザ・チルドレン・ジャパン（2018）『子どもに対するしつけのための体罰等の意識・実態調査結果報告書　子どもの体やこころを傷つける罰のない社会を目指して』、p8。

文部科学省は、2019年3月19日に、文部科学大臣名で「全国の児童生徒の皆さんへ」（ルビ省略）と題した子どもへ向けたメッセージを発表し、「学校は児童相談所や警察などと連携して子どもたちを守りぬくので、安心して周囲のおとなに相談してほしい」と訴えた*3。

　では、子どもたちは、安心して周囲に相談できるのだろうか。そもそも、子どもたちは、養育者からの体罰や暴力を、どのようにうけとめてきたのか。子ども自身が体罰や暴力をうけることが不当であり、助けを求めていいのだという認識を持たない限り、周囲に相談することや、SOSを発信することはありえない。

　前述のようにセーブ・ザ・チルドレン・ジャパン（2018）は、2万人の成人を対象に、家庭における体罰等に関する調査を実施し、その6割が体罰等の容認意識を持つことを明らかにした。しかし被害にあう子どもの視点から、家庭における親・養育者からの体罰等に関する調査を実施した大規模な研究は近年認められない。

　そこで、親・養育者からの体罰、暴力等を、子どもがどうとらえてきたのかを明らかにし、問題解決の主体として、子ども自身が安心して相談していくために求められる環境、条件の解明をねらいとし、2017年秋に「早稲田大学大学院・体罰調査プロジェクトチーム」*4を立ち上げた。そして、2019年1月、子ども期に最も近い存在である18歳〜25歳の若者を対象として、「若者を対象とした子ども期の家庭における体罰等の実態・意識調査」（以下、本調査などと略す）を実施した。

　本調査は、「養育される側」であり、「体罰をうける側」である子ども・

---

*3　文部科学省（2019）「全国（ぜんこく）の児童（じどう）生徒（せいと）の皆（みな）さんへ　〜安心（あんしん）して相談（そうだん）してください〜」http://www.mext.go.jp/b_menu/daijin/detail/1414525.htms参照。

*4　早稲田大学大学院体罰調査プロジェクトチームのメンバーは喜多明人（研究代表）、中川友生（チームリーダー）、高石啓人、大塚咲希、森崎杏奈、勝野有美であり、その研究成果は、メンバーの研究に自由に使用して良いことが申しあわされている。

若者視点からの体罰実態・意識調査である。本調査は、子どもが安心して相談できる公的第三者機関のあり方や相談・救済制度の検討に向けた基礎的研究であると考えている。

2 調査の手法

❶ 調査のねらい

　この調査は、前述のとおり、親・養育者からの体罰、暴力等を、子どもがどうとらえたかを明らかにし、問題解決の主体として、子ども自身が相談・救済機関などに安心して相談していくために求められる環境、条件の解明をねらいの一つとした。

　ただし、現に親子関係が継続している子どもたちに直接調査することは、子どもの心情からしてもきわめて困難であるといえる。また子ども期にうけた親・養育者からの体罰・暴力について、それをうけた際の心情を言葉にできる時期ということを考慮する必要もあった。

　それゆえ、子ども期に最も近い世代である18歳〜25歳の若者を対象に本調査を実施し、子ども期の家庭における体罰等に関する実態と意識について明らかにした。

❷ 主な質問項目

　インターネット調査は、質問項目を主に以下の2つのレベルで構成して作成し実施した（主な質問項目は資料6を参照）。

　第一に、若者対象の子ども期の家庭における体罰の実態を軸とした質問項目である。子ども期にうけた体罰等の形態と頻度、子ども期に体罰等をうけた際の感情、体罰等をうけた際の相談の有無や相談先

などを質問した。

第二に、若者対象の子ども期の家庭における体罰の意識を軸とした質問項目である。子ども期の生活環境、暮らし・貧困、安心感、愛情をうけて育ったか、子ども期に体罰等をうけたと感じるか、子育てに体罰等を使用することを容認するか、などを質問した。

❸ 調査の実施方法

① 調査方法	調査会社による専用調査画面を用いたインターネットアンケートを実施した。
② 調査対象	この調査は、調査対象を以下の2つの層で設定して行った。
調査1	性別、年齢構成、学生かどうか、居住地域に偏りがないように18歳から25歳の若者3,172人を抽出した。
調査2	調査1の回答者の中から、親・養育者からの体罰等を「うけた」と答えたものと「うけていない」と答えたものがほぼ半数ずつとなり、かつ子育てにおける体罰等の使用を容認するものと否定するものなどがほぼ半数ずつとなるように、若者2,035人を抽出した。
③ 調査期間	2019年1月12日から1月15日
④ 倫理的配慮	ウェブ調査画面の冒頭に、研究目的、匿名での回答であり個人が特定されないこと、研究の参加と中止が任意であること、アンケートの提出を持って研究への同意とみなすことについての説明文を表示し、同意したものから回答を得た。

3 調査の結果とその特徴

❶ 若者対象の体罰等の 「実態」を中心とした調査結果 *5

1) 回答者の属性

　調査1の回答者の中から、養育者からの体罰等の経験に偏りがでないように、体罰等の経験者と非経験者、性別、学生かどうか、子育てにおける体罰等の使用を肯定するものと否定するものがほぼ半数となり、年齢構成、居住地域にも偏りがないように2,035人を抽出した。

① 回答者の体罰等をうけた頻度（表1）

　体罰等を「日常的にうけていた」、「時々うけていた」、「1、2回うけたことがある」と答えたものを「体罰等の経験者」とし、体罰等を「一度もうけたことがない」と答えたものを「体罰等の非経験者」とし、両者が、ほぼ半数ずつになるように抽出した。

② 回答者の子育てにおける体罰等の使用に関する意識（表2）

　子育てに体罰等を「積極的に使用する」、「状況により使用する」、「それしか方法がない場合のみ使用する」と答えたものを、「体罰等の使

表1　回答者の体罰等をうけた頻度

	日常的に うけていた	時々 うけていた	1、2回うけた ことがある	一度もうけた ことがない	全体
人数（人）	55	359	605	1,016	2,035
割合	2.7%	17.7%	29.7%	49.9%	100%

*5　対象者の属性などの詳細については、早稲田大学体罰調査プロジェクトチーム（2019）『若者を対象とした子ども期の家庭における体罰等の実態・意識調査報告書──子ども・若者側からみた体罰等の問題』を参照。

用を容認するもの」とし、「使用すべきでない」と答えたものを「体罰等の使用を否定するもの」として、両者がほぼ半数ずつになるように抽出した。

③ 回答者の年齢構成、性別、学生・非学生区分

　回答者の性別は、男性（48.2%）、女性（51.6%）が、ほぼ半数ずつであり、年齢構成は18歳から25歳（平均年齢は22.1歳）であった（**表3**）。

　回答者の所属は、学生が50.1%、学生ではないものが49.9%であり、ほぼ半数ずつであり、居住地域は全国にわたっていた。

2) 子ども期に養育者からうけた体罰等の実態（表4）

　回答者が子ども期に養育者から「日常的にうけていた」と答えた行為は、「怒鳴られる、脅される、暴言をうける」（8.3%）が最も割合が高かった。「時々うけていた」と答えた行為は、「怒鳴られる、脅される、暴言をうける」（30.6%）が最も高く、次に「小突かれる、頭やおしりを軽く叩かれる」（26.4%）であった。「1、2回うけたことがある」と答えた行為は、「げんこつ、殴られる、蹴られる」（34.2%）が最も高かった。養育者から「一度もうけたことがない」と答えた行為は、「性的に嫌なこと、性的暴力」（94.8%）、「何日も連続して身の回りの世話をされない」（88.5%）が、他の形態より割合が高かった。

　また、子ども期に養育者からうけた体罰等を形態別にみると、「小突かれる、頭やおしりを軽く叩かれる」（61.7%）、「げんこつ、殴られる、蹴られる」（60.8%）、「怒鳴られる、脅される、暴言をうける」（60.0%）などをうけた経験があると答えた割合が高かった。

　この結果から、若者が子ども期に家庭において養育者からうけた体罰等の形態として、身体的暴力より、怒鳴る、脅される、暴言といった精神的暴力の頻度が高い実態がわかる。

　また、子ども期にうけやすい身体的暴力では、げんこつ、殴る蹴るといったハードな暴力よりも、小突かれる、軽く叩かれるといったソフトな暴力が養育者により行使されやすいことがうかがわれた。

表2　回答者の体罰等の容認意識

	積極的に使用する	状況により使用する	それしか方法がない場合のみ使用する	使用するべきでない	全体
人数（人）	21	317	680	1,017	2,035
割合	1.0%	15.6%	33.4%	50.0%	100%

表3　回答者の年齢構成

	18歳	19歳	20歳	21歳	22歳	23歳	24歳	25歳	全体
人数（人）	165	294	125	184	258	281	344	384	2,035
割合	8.1%	14.4%	6.1%	9.0%	12.7%	13.8%	16.9%	18.9%	100%

表4　子ども期にうけた体罰等の頻度

体罰等の形態	日常的にうけていた	時々うけていた	1、2回うけたことがある	一度もうけたことがない	全体
げんこつ、殴られる、蹴られる	71	470	696	798	2,035
	3.5%	23.1%	34.2%	39.2%	100%
小突かれる、頭やおしりを軽く叩かれる	92	537	627	779	2,035
	4.5%	26.4%	30.8%	38.3%	100%
長時間の正座、部屋に閉じ込められる	35	206	380	1,414	2,035
	1.7%	10.1%	18.7%	69.5%	100%
怒鳴られる、脅される、暴言をうける	169	622	431	813	2,035
	8.3%	30.6%	21.2%	40.0%	100%
相手にされない、にらまれる、馬鹿にされる	98	272	306	1,359	2,035
	4.8%	13.4%	15.0%	66.8%	100%
何日も連続して身の回りのこと（食事の準備、洗濯や掃除、入浴など）をしてもらえない	37	81	116	1,801	2,035
	1.8%	4.0%	5.7%	88.5%	100%
性的に嫌なこと、性的暴力	19	30	57	1,929	2,035
	0.9%	1.5%	2.8%	94.8%	100%

数値について、上段は人数（人）、下段は割合を示す。

表5　子ども期に体罰等をうけていた意識と実際にうけた体罰等の行為

		全体	日常的に うけて いた	時々 うけて いた	1、2回 うけたこと がある	一度も うけたこと がない
	全体	2,035	55	359	605	1,016
		100.0%	100.0%	100.0%	100.0%	100.0%
げんこつ、 殴られる、 蹴られる	日常的に うけていた	71	42	23	3	3
		3.5%	76.4%	6.4%	0.5%	0.3%
	時々うけていた	470	8	261	110	91
		23.1%	14.5%	72.7%	18.2%	9.0%
	1、2回うけた ことがある	696	2	49	385	260
		34.2%	3.6%	13.6%	63.6%	25.6%
	一度もうけた ことがない	798	3	26	107	662
		39.2%	5.5%	7.2%	17.7%	65.2%
	全体	2,035	55	359	605	1,016
		100.0%	100.0%	100.0%	100.0%	100.0%
小突かれる、 頭やおしりを 軽く叩かれる	日常的に うけていた	92	37	38	11	6
		4.5%	67.3%	10.6%	1.8%	0.6%
	時々うけていた	537	5	228	158	146
		26.4%	9.1%	63.5%	26.1%	14.4%
	1、2回うけた ことがある	627	5	52	279	291
		30.8%	9.1%	14.5%	46.1%	28.6%
	一度もうけた ことがない	779	8	41	157	573
		38.3%	14.5%	11.4%	26.0%	56.4%
	全体	2,035	55	359	605	1,016
		100.0%	100.0%	100.0%	100.0%	100.0%
長時間正座 させられる、 部屋に閉じ 込められる	日常的に うけていた	35	20	12	2	1
		1.7%	36.4%	3.3%	0.3%	0.1%
	時々うけていた	206	16	103	52	35
		10.1%	29.1%	28.7%	8.6%	3.4%
	1、2回うけた ことがある	380	7	94	172	107
		18.7%	12.7%	26.2%	28.4%	10.5%
	一度もうけた ことがない	1,414	12	150	379	873
		69.5%	21.8%	41.8%	62.6%	85.9%
	全体	2,035	55	359	605	1,016
		100.0%	100.0%	100.0%	100.0%	100.0%
怒鳴られる、 脅される、 暴言をうける	日常的に うけていた	169	42	87	29	11
		8.3%	76.4%	24.2%	4.8%	1.1%
	時々うけていた	622	7	193	231	191
		30.6%	12.7%	53.8%	38.2%	18.8%
	1、2回うけた ことがある	431	3	43	200	185
		21.2%	5.5%	12.0%	33.1%	18.2%
	一度もうけた ことがない	813	3	36	145	629
		40.0%	5.5%	10.0%	24.0%	61.9%

		全体	日常的に うけて いた	時々 うけて いた	1、2回 うけたこと がある	一度も うけたこと がない
相手に されない、 にらまれる、 馬鹿にされる	全体	2,035	55	359	605	1,016
		100.0%	100.0%	100.0%	100.0%	100.0%
	日常的に うけていた	98	28	43	18	9
		4.8%	50.9%	12.0%	3.0%	0.9%
	時々うけていた	272	12	109	90	61
		13.4%	21.8%	30.4%	14.9%	6.0%
	1、2回うけた ことがある	306	4	74	131	97
		15.0%	7.3%	20.6%	21.7%	9.5%
	一度もうけた ことがない	1,359	11	133	366	849
		66.8%	20.0%	37.0%	60.5%	83.6%
何日も 連続して 身の回りの ことをして もらえない	全体	2,035	55	359	605	1,016
		100.0%	100.0%	100.0%	100.0%	100.0%
	日常的に うけていた	37	17	13	4	3
		1.8%	30.9%	3.6%	0.7%	0.3%
	時々うけていた	81	8	37	26	10
		4.0%	14.5%	10.3%	4.3%	1.0%
	1、2回うけた ことがある	116	7	43	50	16
		5.7%	12.7%	12.0%	8.3%	1.6%
	一度もうけた ことがない	1,801	23	266	525	987
		88.5%	41.8%	74.1%	86.8%	97.1%
性的に 嫌なこと、 性的暴力	全体	2,035	55	359	605	1,016
		100.0%	100.0%	100.0%	100.0%	100.0%
	日常的に うけていた	19	12	5	-	2
		0.9%	21.8%	1.4%	-	0.2%
	時々うけていた	30	1	17	11	1
		1.5%	1.8%	4.7%	1.8%	0.1%
	1、2回うけた ことがある	57	3	25	21	8
		2.8%	5.5%	7.0%	3.5%	0.8%
	一度もうけた ことがない	1,929	39	312	573	1,005
		94.8%	70.9%	86.9%	94.7%	98.9%

数値について、上段は人数（人）、下段は割合を示す。

3) 子ども期に体罰等をうけたという
意識と実際にうけた体罰等とのズレ

　子ども期に養育者から体罰等をうけていた意識と実際にうけた体罰等をクロス集計したものが**表5**である。子ども期に親・養育者から体罰等を「一度もうけたことがない」と答えたもののうち、「怒鳴られる、脅される、暴言をうける」を18.8%が、「小突かれる、頭やおしりを軽く叩かれる」を14.4%が「時々うけていた」と答えていた。

　この結果から、怒鳴る、脅す、暴言などの精神的暴力やソフトな身体的暴力について、子どもがそれらの行為は体罰等であると認識できていない可能性がうかがえた。言い方を変えると、怒鳴る・暴言や軽く叩くといった行為は体罰等の行為ではないと、子どもが誤った学習をしている可能性があると考える。

表6　子ども期に養育者から体罰等をうけた際の感情

体罰等の形態	肯定的な感情をもった(A)	自分が悪いからしかたない	愛情を感じた	信頼感が増した	感謝している
げんこつ、殴られる、蹴られる	401	346	20	9	24
	32.4%	86.3%	5.0%	2.2%	6.0%
小突かれる、頭やおしりを軽く叩かれる	553	442	59	16	29
	44.0%	79.9%	10.7%	2.9%	5.2%
長時間の正座、部屋に閉じ込められる	204	174	11	5	24
	32.9%	85.3%	5.4%	2.5%	11.8%
怒鳴られる、脅される、暴言をうける	373	326	17	12	18
	30.5%	87.4%	4.6%	3.2%	4.8%
相手にされない、にらまれる、馬鹿にされる	122	86	14	11	11
	18.0%	70.5%	11.5%	9.0%	9.0%
何日も連続して身の回りのことをしてもらえない	76	46	8	13	8
	32.5%	60.5%	10.5%	17.1%	10.5%
性的に嫌なこと、性的暴力	38	13	8	14	3
	35.8%	34.2%	21.1%	36.8%	7.9%

4) 子ども期に養育者から体罰等をうけた際の感情

子ども期に養育者から体罰等をうけた際の感情[6] (**表6**) は、すべての形態で否定的感情を持ったと答えたものが56.0%〜82.0%であり、肯定的感情を持ったと答えたものよりも割合が高かった。

否定的感情では、恐怖感、腹がたった、理不尽に感じたなどの感情がみられた。形態別に体罰等をうけた際の感情をみると、「無視される、にらまれる」(82.0%) といった精神的暴力に否定的な感情を持ったと答えたものの割合が最も高く、同じ精神的暴力である「怒鳴られる、脅される、暴言をうける」(69.5%) を12.5ポイントも上回っていた。また、「小突かれる、頭やおしりを軽く叩かれる」(56.0%) といったソフトな身体的暴力に対して否定的感情を持つと答えたものの割合が最も低かった。

その他の肯定的な感情	否定的な感情をもった (B)	理不尽と感じた	怖かった	不信感をもった	腹がたった	その他の否定的な感情	全体 (A+B)
2	836	155	351	62	259	9	1,237
0.5%	67.6%	18.5%	42.0%	7.4%	31.0%	1.1%	100.0%
7	703	136	213	63	282	9	1,256
1.3%	56.0%	19.3%	30.3%	9.0%	40.1%	1.3%	100.0%
2	417	104	176	40	93	4	621
1.0%	67.1%	24.9%	42.2%	9.6%	22.3%	1.0%	100.0%
-	849	179	323	73	264	10	1,222
-	69.5%	21.1%	38.0%	8.6%	31.1%	1.2%	100.0%
-	554	139	88	89	225	13	676
-	82.0%	25.1%	15.9%	16.1%	40.6%	2.3%	100.0%
1	158	57	27	31	41	2	234
1.3%	67.5%	36.1%	17.1%	19.6%	25.9%	1.3%	100.0%
-	68	14	21	17	14	2	106
-	64.2%	20.6%	30.9%	25.0%	20.6%	2.9%	100.0%

上段は人数 (人)、下段は割合 (%)

体罰等をうけた際の肯定的感情をみると、「自分が悪いからしかたない」（60.5％〜86.3％）と感じていたものが高い割合であったが、性的虐待（34.2％）のみ、他の形態より「自分が悪いからしかたない」と感じていたものの割合が低かった。

養育者と子どもの関係性の構築という点でみると、体罰等の使用は、養育者にしつけや教育などの目的があったとしても、子どもは恐怖感、不信感といった否定的感情を持っており、子どもと養育者の関係に悪影響をきたしやすいことがうかがえた。

5）子ども・若者がしつけのために許されないと思う体罰等の形態

表7のとおり、養育者がしつけのために子どもに行使する行為として、若者が「とても許されない」と考えている行為は、「何日も連続して身の回りの世話をしない」（64.3％）、「相手にしない、にらむ、馬鹿にする」（57.6％）の割合が高かった。若者は、しつけとしてネグレクトや無視する馬鹿にするといった精神的暴力の行使を否定する意識が高いと言える。

さらに、体罰の形態により、しつけにその行為を行使することを「許されない」※と考えるものの割合が変化するかを確認した。まず、身体的暴力では、「げんこつで殴る」などのハードな暴力は70.8％が許されない行為と感じているのに比べ、「小突く、軽くおしりを叩く」などのソフトな暴力は49.6％しか許されない行為と意識していなかった。その2つの行為を許されないと「とても思う」と答えたものは、「げんこつ、殴る、蹴る」は42.5％に比べ、「小突く、軽くおしりを叩く」は22％であった。この結果から、子どものしつけにおいて、若者がソフトな身体的暴力の使用を容認しやすい可能性がうかがえる。

次に精神的暴力をみると、子どものしつけにおいて行使が許され

＊6　子ども期に体罰等をうけた際の感情について、自分の成長に役立ったと肯定的な感情とし、自分の成長に役立たなかったことを否定的感情とした。

表7　若者がしつけにおいて許されないと思う行為

体罰等の形態	とても そう思う	そう思う	そう 思わない	まったく そう 思わない	全体
げんこつ、殴られる、 蹴られる行為	865	576	383	211	2,035
	42.5%	28.3%	18.8%	10.4%	100%
小突かれる、頭やおしりを 軽く叩かれる行為	447	562	769	257	2,035
	22.0%	27.6%	37.8%	12.6%	100%
怒鳴られる、脅される、 暴言をうける行為	422	597	774	242	2,035
	20.7%	29.3%	38.0%	11.9%	100%
相手にされない、にらまれる、 馬鹿にされる行為	1,172	438	168	257	2,035
	57.6%	21.5%	8.3%	12.6%	100%
何日も連続して身の回りの ことをしてもらえない行為	1,309	313	140	273	2,035
	64.3%	15.4%	6.9%	13.4%	100%

数値について、上段は人数（人）、下段は割合を示す。

ない※と考える行為は、「相手にしない、馬鹿にする」が79.4%であったのに比べ、「怒鳴る、脅される」は50.0%であった。この2つの行為を許されないと「とても思う」と答えた割合をみると、「相手にしない、馬鹿にする」が57.6%であったのに比べ、「怒鳴る、脅される」が20.7%であった。怒鳴る、脅す行為の行使を許されないと答えたものは体罰等の形態の中で最も低かった。この結果から、子どものしつけにおいて、怒鳴る、脅すといった行為の行使は、若者に容認されやすいことがうかがえる。

※ しつけのために5種類の体罰等の行為を子どもに使用することを許されない行為と思うかという質問に、「とてもそう思う」、「そう思う」と回答したもの。

6）子ども期の体罰等をうけた際の感情と体罰容認の意識

　表8のとおり、子ども期に親・養育者からうけた体罰等に肯定的感情を持ったものは、体罰等を「使用するべきでない」（5.3%～37.3%）と答えたものの割合が全体より15.4～47.4ポイント低く、「状況により使用する」（21.3%～50.0%）と答えたものの割合が全体より9.3～

表8　体罰等をうけた際の感情と体罰容認の意識

		全体	積極的に使用する	状況により使用する	それしか方法がない場合のみ使用する	使用するべきでない
全体		2,035	22	245	695	1,073
		100.0%	1.1%	12.0%	34.2%	52.7%
げんこつ、殴られる、蹴られる	肯定的な感情をもった	401	7	102	174	118
		100.0%	1.7%	25.4%	43.4%	29.4%
	否定的な感情をもった	836	10	98	316	412
		100.0%	1.2%	11.7%	37.8%	49.3%
小突かれる、頭やおしりを軽く叩かれる	肯定的な感情をもった	553	9	118	220	206
		100.0%	1.6%	21.3%	39.8%	37.3%
	否定的な感情をもった	703	8	80	257	358
		100.0%	1.1%	11.4%	36.6%	50.9%
長時間正座させられる、部屋に閉じ込められる	肯定的な感情をもった	204	7	60	84	53
		100.0%	3.4%	29.4%	41.2%	26.0%
	否定的な感情をもった	417	9	62	138	208
		100.0%	2.2%	14.9%	33.1%	49.9%
怒鳴られる、脅される、暴言をうける	肯定的な感情をもった	373	14	92	153	114
		100.0%	3.8%	24.7%	41.0%	30.6%
	否定的な感情をもった	849	4	95	311	439
		100.0%	0.5%	11.2%	36.6%	51.7%
相手にされない、にらまれる、馬鹿にされる	肯定的な感情をもった	122	12	37	45	28
		100.0%	9.8%	30.3%	36.9%	23.0%
	否定的な感情をもった	554	3	59	211	281
		100.0%	0.5%	10.6%	38.1%	50.7%
何日も連続して身の回りのことをしてもらえない	肯定的な感情をもった	76	10	32	21	13
		100.0%	13.2%	42.1%	27.6%	17.1%
	否定的な感情をもった	158	5	25	54	74
		100.0%	3.2%	15.8%	34.2%	46.8%
性的に嫌なこと、性的暴力	肯定的な感情をもった	38	8	19	9	2
		100.0%	21.1%	50.0%	23.7%	5.3%
	否定的な感情をもった	68	5	16	24	23
		100.0%	7.4%	23.5%	35.3%	33.8%

上段は人数（人）、下段は割合（%）

38.0ポイント高かった。子ども期に親・養育者からうけた体罰等に否定的感情を持ったものは、体罰等を「使用するべきでない」（33.8%〜51.7%）と答えたものが、すべての形態で、肯定的感情を持ったものよりも13.6〜29.7ポイント上回っていた。一方、体罰等へ否定的感情を持ったと答えたものの33.1%〜38.1%が「それしか方法がない場合」には子どもへの体罰等の行使を肯定していた。

7) 性別による体罰等の容認意識のちがい

　性別により体罰等を容認する意識に違いがあるかを確認するため、性別と養育における体罰等の容認意識についてクロス集計を行った（**表9**）。「使用すべきでない」と答えたものが男性48.4%、女性56.9%であり、男女とも割合が高かった。次に体罰等を「それしか方法がない場合のみ使用する」と答えたものの割合が、男性34.2%、女性34.1%であった。

　その他の特徴として、体罰等を「使用すべきでない」と答えた割合は、女性の方が男性より8.5ポイント高く、「状況により使用する」と答えたものは、女性より男性の方が6.9ポイント高い結果であった。

表9　性別と養育における体罰の容認意識

	全体	積極的に使用する	状況により使用する	それしか方法がない場合のみ使用する	使用するべきでない
全体	2,035	22	245	695	1,073
	100.0%	1.1%	12.0%	34.2%	52.7%
男性	991	18	154	339	480
	100.0%	1.8%	15.5%	34.2%	48.4%
女性	1,041	4	90	355	592
	100.0%	0.4%	8.6%	34.1%	56.9%
その他	3	-	1	1	1
	100.0%	-	33.3%	33.3%	33.3%

上段は人数（人）、下段は割合（%）

❷ 若者対象の子ども期の家庭における 体罰等の「意識」を中心とした調査結果

1）回答者の属性*7

　性別、年齢、居住地域に偏りがないように抽出した18歳から25歳の若者3,172人

① 回答者の性別、年齢、居住地域

　回答者の性別は男女がほぼ半数ずつであり、年齢構成は18歳から25歳（平均年齢は22.1歳）であった（**表10**）。居住地域は全国にわたっていた。

② 回答者の学生・非学生区分（**表11**）

　回答者の所属は学生50.1％と、学生ではないものが49.9％であった。

③回答者の子ども期の生活環境（**表12**）

　子ども期の主たる生活環境は、実親家庭が94.7％と最も割合が高かった。

2）子ども期の暮らしぶり、安全感、愛情感について

① 回答者の子ども期の暮らしぶり・貧困感について

　子ども期の暮らしぶり・貧困感については、「やや裕福であった」（61.0％）と答えたものの割合が最も高く、次に「やや貧しかった」（27.3％）であった（**表13**）。

② 回答者の子ども期の家庭での安全感について（**表14**）

　子ども期の家庭での安全感を「とても感じる」（59.0％）と答えたものの割合が最も高かった。これに「やや感じる」（31.3％）を加えると90.3％となり、若者は子ども期の家庭での安全感を感じていたものが

---

*7　対象者の属性の詳細は、早稲田大学体罰調査プロジェクトチーム（2019）『若者を対象とした子ども期の家庭における体罰等の実態・意識調査報告書—子ども・若者側からみた体罰等の問題』を参照。

表10　回答者の年齢構成

	18歳	19歳	20歳	21歳	22歳	23歳	24歳	25歳	全体
人数（人）	250	432	217	285	410	439	549	590	3,172
割合	7.9%	13.6%	6.8%	9.0%	12.9%	13.8%	17.3%	18.6%	100%

表11　回答者の学生・非学生区分

	大学院生	大学生	短大生	専門学校生	その他の学校	学生ではない	全体
人数（人）	129	1,151	34	110	165	1,583	3,172
割合	4.1%	36.3%	1.1%	3.5%	5.2%	49.9%	100%

表12　回答者の子ども期の生活環境

	実親家庭	親戚・祖父母の家庭	継父・継母のいる家庭	里親家庭	児童養護施設	その他	全体
人数（人）	3,004	78	25	9	8	48	3,172
割合	94.7%	2.5%	0.8%	0.3%	0.3%	1.5%	100%

表13　回答者の子ども期の暮らしぶり・貧困感

	とても裕福であった	やや裕福であった	やや貧しかった	とても貧しかった	全体
人数（人）	287	1,934	866	85	3,172
割合	9.0%	61.0%	27.3%	2.7%	100.0%

表14　回答者の子ども期の家庭での安全感

	とても感じる	やや感じる	あまり感じない	全く感じない	全体
人数（人）	1,871	994	227	80	3,172
割合	59.0%	31.3%	7.2%	2.5%	100.0%

多いことがうかがえた。

③ 回答者の子ども期の家庭での愛情感

子ども期に家庭での愛情感を「とても感じる」（55.3%）と答えたものが最も多く、これに「やや感じる」（33.0%）と答えたものを加えると88.3%であった、若者は子ども期に家庭で愛情をうけて養育されたと感じているものが多いことがうかがえた（**表15**）。

3) 子ども期に親・養育者から体罰等をうけた意識について（表16）

子ども期に体罰等を、「一度もうけたことがない」（57.2%）と答えたものの割合が最も高く、体罰等を「日常的にうけていた」（2.3%）と答えたものの割合は最も低かった。若者の体罰等の認識として、子ども期に体罰等をうけたことがない、または日常的にうけていなかったと意識しているものが多いことがうかがえた。

4) 子ども・若者の子育てにおける体罰等の使用についての意識（表17）

子育てで体罰等を「使用するべきでない」（53.7%）と答えたものの割合が最も高く、ついで「それしか方法がない場合のみ使用する」（31.4%）と答えたものであった。体罰等を「積極的に使用する」（0.9%）と答えたものの割合は最も低かった。

子育てにおいて体罰等の使用を半数以上が否定していたが、体罰等の使用を容認するものも46.3%いる結果であった。また、若者の体罰等を容認する意識は、「それしか方法がない場合のみ使用する」という消極的な体罰容認意識であることがうかがえた。

5) 子ども期に体罰等をうけた経験と性別について

若者の子ども期の体罰等をうけた意識と性別とのクロス集計の結果（**表18**）を見ると、体罰等を「一度もうけたことがない」と答えたものの割合が男性56.4%、女性57.9%であり男女とも最も高く、その差は1.5ポイントであった。体罰等をうけたという意識は、性別で違いのないことがうかがわれる結果である。また、男女とも約4割は親・養

表15　回答者の子ども期の家庭での愛情感

	とても 感じる	やや 感じる	あまり 感じない	全く 感じない	全体
人数（人）	1,754	1,046	292	80	3,172
割合	55.3%	33.0%	9.2%	2.5%	100.0%

表16　子ども期に親・養育者から体罰等をうけたという意識

	日常的に うけていた	時々 うけていた	1、2回うけた ことがある	一度もうけた ことがない	全体
人数（人）	72	487	799	1,814	3,172
割合	2.3%	15.4%	25.2%	57.2%	100.0%

表17　若者の子育てにおける体罰容認意識

	積極的に 使用する	状況により 使用する	それしか 方法がない 場合のみ 使用する	使用 するべき でない	全体
人数（人）	28	446	995	1,703	3,172
割合	0.9%	14.1%	31.4%	53.7%	100.0%

表18　子ども期に親・養育者から体罰等をうけたという意識

	全体	日常的に うけていた	時々 うけていた	1、2回うけた ことがある	一度もうけた ことがない
全体	3,172	72	487	799	1,814
	100.0%	2.3%	15.4%	25.2%	57.2%
男性	1,529	36	234	397	862
	100.0%	2.4%	15.3%	26.0%	56.4%
女性	1,638	36	252	401	949
	100.0%	2.2%	15.4%	24.5%	57.9%
その他	5	-	1	1	3
	100.0%	-	20.0%	20.0%	60.0%

上段は人数（人）、下段は割合（％）

育者から体罰等をうけたという意識があることがわかる。

6) 子ども期に体罰等をうけた経験と体罰等の容認意識

　子ども期に親・養育者からの体罰等をうけた経験と体罰等を容認する意識についてクロス集計した結果が**表19**である。

　親・養育者から体罰等を、「一度もうけたことがない」と答えたものは、「使用すべきでない」(66.3%)と答えたものが突出して多かった。

　また、体罰等を「日常的にうけていた」と答えたものも、「使用すべきでない」(41.7%)と答えたものの割合が高いものの、「積極的に使用する」(18.1%)と答えたものの割合が、他の体罰等をうけた頻度(「時々うけていた」、「1、2回うけたことがある」、「一度もうけたことがない」)とくらべて突出して高かった。

　これらの結果は、子ども期に親・養育者から体罰をうけた経験が、成長したのちに子育てにおける体罰等の行使を容認する意識をもつことに関係することがうかがわれた。

表19　子ども期に親・養育者から体罰等をうけたという意識

	全体	積極的に使用する	状況により使用する	それしか方法がない場合のみ使用する	使用するべきでない
全体	3,172	28	446	995	1,703
	100.0%	0.9%	14.1%	31.4%	53.7%
日常的にうけていた	72	13	11	18	30
	100.0%	18.1%	15.3%	25.0%	41.7%
時々うけていた	487	6	148	178	155
	100.0%	1.2%	30.4%	36.6%	31.8%
1、2回うけたことがある	799	5	139	340	315
	100.0%	0.6%	17.4%	42.6%	39.4%
一度もうけたことがない	1,814	4	148	459	1,203
	100.0%	0.2%	8.2%	25.3%	66.3%

上段は人数（人）、下段は割合（%）

また、子ども期に養育者から体罰等を「一度もうけたことがない」
と答えたもののうち、25.3%が「それしか方法がない場合のみ使用す
る」と体罰を容認する意識をもっていた。

7) 体罰等の経験と子ども期の貧困感、愛情感、安全感について
① 体罰等をうけた経験と子ども期の貧困感

　子ども期の体罰経験をうけた経験と子ども期の貧困感をクロス集
計した（**表20**）。「とても貧しかった」と答えたものは、「日常的に体罰
をうけていた」（10.6%）と答えたものの割合が最も高かった。「とて
も裕福だった」と答えたものは、「体罰等を一度もうけたことがない」
（67.2%）と答えたものの割合が最も高かった。

　しかし、裕福感と体罰経験の関係があるとは単純には言えず、「と
ても裕福であった」と答えたもののうち4.2%が体罰を「日常的にうけ
ていた」と答えており、あらゆる暮らしぶりでも親・養育者から子ど
もへの体罰等が生じていることがうかがえた。

表20　体罰等をうけた経験と子ども期の貧困感

	全体	日常的に うけていた	時々 うけていた	1、2回うけた ことがある	一度もうけた ことがない
全体	3,172	72	487	799	1,814
	100.0%	2.3%	15.4%	25.2%	57.2%
とても 裕福であった	287	12	29	53	193
	100.0%	4.2%	10.1%	18.5%	67.2%
やや 裕福であった	1,934	23	276	491	1,144
	100.0%	1.2%	14.3%	25.4%	59.2%
やや 貧しかった	866	28	165	240	433
	100.0%	3.2%	19.1%	27.7%	50.0%
とても 貧しかった	85	9	17	15	44
	100.0%	10.6%	20.0%	17.6%	51.8%

上段は人数（人）、下段は割合（%）

② 体罰等をうけた経験と子ども期の愛情感

子ども期に親・養育者から体罰等をうけた経験と子ども期の愛情感をクロス集計した（**表21**）。

体罰等を「一度もうけたことがない」と答えたものは、愛情感を「とても感じる」（66.6％）と答えたものの割合が最も高く全体を10ポイント以上、上回っていた。

また、家庭での愛情感を「まったく感じない」と答えたものをみると、体罰等を「日常的にうけていた」（27.8％）と答えたものの割合が他の体罰等をうけた頻度（「時々うけていた」、「1，2回うけたことがある」、「一度もうけたことがない」）と答えたものよりも突出して高かった。

子どもの愛情感を構成する要素はさまざまあるが、体罰等をうけないことが愛情感を高める要素であることがうかがえた。

また、体罰等を「日常的にうけていた」と答えたものでも、子ども期の生活に愛情を「とても感じる」（22.2％）、「やや感じる」（31.9％）と答えたものの合計が54.1％であったことも注目すべき結果である。

表21　子ども期の体罰等をうけた経験と愛情感

	全体	とても感じる	やや感じる	あまり感じない	まったく感じない
全体	3,172	1,754	1,046	292	80
	100.0%	55.3%	33.0%	9.2%	2.5%
日常的にうけていた	72	16	23	13	20
	100.0%	22.2%	31.9%	18.1%	27.8%
時々うけていた	487	159	217	95	16
	100.0%	32.6%	44.6%	19.5%	3.3%
1、2回うけたことがある	799	371	335	83	10
	100.0%	46.4%	41.9%	10.4%	1.3%
一度もうけたことがない	1,814	1,208	471	101	34
	100.0%	66.6%	26.0%	5.6%	1.9%

上段は人数（人）、下段は割合（%）

親・養育者から体罰等をうけることが不適切な行為ととらえられず、子ども期には体罰は愛情によるものと誤った学習をしている可能性があることがうかがわれた。

③ 体罰等をうけた経験と子ども期の安全感

子ども期の体罰等をうけた経験と子ども期の安全感をクロス集計した（**表22**）。

養育者からの体罰等を「一度もうけたことがない」と答えたものは、安全感を「とても感じる」（68.7%）と答えた割合が最も高かった。体罰等を「日常的にうけていた」と答えたものは、家庭での愛情感を「あまり感じない」（31.9%）と答えた割合が高く、「まったく感じない」（26.4%）との合計が59.3%となった。子ども期の安全感を高める要素はさまざまあるが、子ども期に親・養育者から体罰等をうけた経験がないことにより子どもの安全感が高まることがうかがえた。

表22　子ども期の体罰等をうけた経験と安全感

	全体	とても感じる	やや感じる	あまり感じない	まったく感じない
全体	3,172	1,871	994	227	80
	100.0%	59.0%	31.3%	7.2%	2.5%
日常的にうけていた	72	21	9	23	19
	100.0%	29.2%	12.5%	31.9%	26.4%
時々うけていた	487	177	204	84	22
	100.0%	36.3%	41.9%	17.2%	4.5%
1、2回うけたことがある	799	426	313	56	4
	100.0%	53.3%	39.2%	7.0%	0.5%
一度もうけたことがない	1,814	1,247	468	64	35
	100.0%	68.7%	25.8%	3.5%	1.9%

上段は人数（人）、下段は割合（%）

❸ 相談する意識と実態を中心とした調査結果
　―子どもは相談しているのか？　誰に相談するのか？

1）回答者の属性

　調査2と同じ回答者であった。調査1の回答者の中から、親・養育者からの体罰等をうけた経験に偏りがでないように、体罰等の経験者と非経験者、性別、学生かどうか、子育てにおける体罰等の行使を肯定するものと否定するものがほぼ半数ずつとなり、年齢構成、居住地域にも偏りがないように2,035人を抽出した。

2）子どもは家庭における体罰等について相談しているか

　本調査で、若者は子ども期に養育者から体罰等をうけた際、「誰にも相談しなかった」（41.5％〜78.1％）と答えたものの割合が最も高かった（**表23**）。その傾向をより鮮明に認識できるように、あえて**図1**

表23　体罰等をうけた際の相談先

体罰等の形態	親・他の家族	兄弟姉妹	友人	教師
身体的暴力	195	83	80	41
	12.5%	5.3%	5.1%	2.6%
無視される、馬鹿にされる	97	46	58	24
	14.3%	6.8%	8.6%	3.6%
怒鳴られる、暴言・脅される	156	71	81	43
	12.8%	5.8%	6.6%	3.5%
何日も連続して身の回りのことをしてもらえない	36	27	20	10
	15.4%	11.5%	8.5%	4.3%
性的暴力、性的に嫌なこと	23	21	10	8
	21.7%	19.8%	9.4%	7.5%

図1　養育者から体罰等をうけた際の相談先

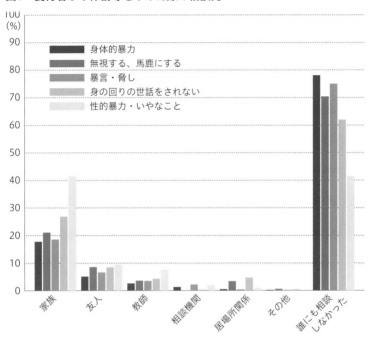

	相談機関 （児童相談所、 チャイルド ラインなど）	居場所関係 （児童館、 プレーパーク など）	その他	誰にも 相談 しなかった	全体
	21	1	3	1,223	1,566
	1.3%	0.1%	0.2%	78.1%	100.0%
	15	2	4	476	676
	2.2%	0.3%	0.6%	70.4%	100.0%
	23	6	3	917	1,222
	1.9%	0.5%	0.2%	75.0%	100.0%
	8	1	1	145	234
	3.4%	0.4%	0.4%	62.0%	100.0%
	5	1	-	44	106
	4.7%	0.9%	-	41.5%	100.0%

上段は人数（人）、下段は割合（%）

を作成してみたが、子どもが親・養育者からの体罰等をいかに誰にも相談しなかったか、その現状が浮き彫りにされている。

　その特徴を見ると、身体的暴力、怒鳴られる・暴言をうける、無視する・馬鹿にされるなどをうけた際に、「誰にも相談しなかった」（70.4%〜78.1%）と答えたものの割合が高かった。性的暴力のみ「誰にも相談しなかった」と答えたものの割合が41.5%であり、それ以外の体罰等の形態より、周囲に相談していたものが多かった。

3) 子どもは、家庭における体罰等を誰に相談しているのか

　子ども期に親・養育者から体罰等をうけた際の相談先を見ると、「親・他の家族」（12.5%〜15.4%）、「兄弟姉妹」（5.3%〜19.8%）の割合が高かった。親・養育者から体罰等をうけた際の相談先もまた、ともに生活する家族であるという特徴が見えた（**表23**、**図1**）。

　家族以外の相談先を見ると「友人」（5.1%〜9.4%）と答えたものの割合が高く、「教師」（2.6%〜7.5%）、児童相談所などの相談機関（1.3%〜4.7%）、子どもの居場所関係（0.1%〜0.9%）と答えたものの割合は、「友人」よりも低い結果であった。

　これらの結果から、親・養育者から体罰等をうけても、悩みの相談・救済につながるような家族以外の第三者的存在が子どもの相談先となっていない状況が確認できた。

4) 相談することによる安全感、相談しないことによる安全感 　　―相談のリスクの問題

　子ども期に体罰等をうけた際に相談することと子ども期の安全感の関係をみるために、クロス集計を行なった（**表24**）。

　親・養育者からの体罰等を「相談した」と答えたものの場合、すべての体罰等の形態において、安全感を感じる（「とても感じる」、「やや感じる」と答えたものの合計）と答えたものの割合が70%〜80%以上であった。これは、安全感を「感じない」（「あまり感じない」と「まったく感じない」と答えたものの合計）と答えたものの割合を大きく上ま

わっていた。

　その意味では、相談することにより安全感が高まるとみることができる。しかし、問題は、「誰にも相談しなかった」場合である。身体的暴力および怒鳴る、暴言などの項目において、安全感を「とても感じる」、「やや感じる」と答えたものの割合が90％近くにのぼっており、「相談した」場合よりも高い割合となっている。子ども・若者の側からみ

表24　体罰等を相談することによる安全感

		全体	とても感じる	やや感じる	あまり感じない	まったく感じない
	全体	2,035	1,150	673	151	61
		100.0%	56.5%	33.1%	7.4%	3.0%
身体的暴力	相談した	343	169	120	38	16
		100.0%	49.3%	35.0%	11.1%	4.7%
	誰にも相談しなかった	1,223	686	411	94	32
		100.0%	56.1%	33.6%	7.7%	2.6%
心理的暴力（無視する、馬鹿にするなど）	相談した	200	79	83	24	14
		100.0%	39.5%	41.5%	12.0%	7.0%
	誰にも相談しなかった	476	188	192	69	27
		100.0%	39.5%	40.3%	14.5%	5.7%
怒鳴る、暴言、脅し	相談した	305	137	113	38	17
		100.0%	44.9%	37.0%	12.5%	5.6%
	誰にも相談しなかった	917	476	334	80	27
		100.0%	51.9%	36.4%	8.7%	2.9%
ネグレクト（身の回りの世話をされないなど）	相談した	89	37	30	14	8
		100.0%	41.6%	33.7%	15.7%	9.0%
	誰にも相談しなかった	145	43	53	33	16
		100.0%	29.7%	36.6%	22.8%	11.0%
性的暴力、性的に嫌なこと	相談した	62	27	22	9	4
		100.0%	43.5%	35.5%	14.5%	6.5%
	誰にも相談しなかった	44	11	15	11	7
		100.0%	25.0%	34.1%	25.0%	15.9%

上段は人数（人）、下段は割合（%）

れば、養育する側の体罰等について相談することは、それ自体がリスクを伴う行動であるという意識が強いためとみられる。相談することが安心、安全とストレートには結びつかない現状がうかがえた。

　なお、その他の特徴として、性的暴力では、「相談した」と答えたものの場合、「誰にも相談しなかった」と答えたものよりも安全感を「とても感じる」と「やや感じる」と答えたものの合計が19.9ポイント高い結果であった。

　子ども期の安全感を高める要素はさまざまであるが、子どもが体罰等の不適切な養育行為をうけた際に、相談できることにより安全感が高まることがうかがえる結果であった。

4 調査結果から見えてくるもの
　子どもの「安心して相談する権利」の保障に向けての課題

❶ 体罰等の調査結果から見えてくるもの

1) 養育する側（おとな）に比べて、
　　養育される側（子ども・若者）の方が、体罰否定意識が強い

　本調査の結果では、養育される側（子ども・若者）は53.7％が養育における体罰等の行使に否定的であり（**図2**）、セーブ・ザ・チルドレン・ジャパン（2018）の調査では、養育する側（おとな）の43.3％が養育における体罰の行使に否定的であった（**図3**）。この**図2**と**図3**の比較によって、養育される側（子ども・若者）は養育する側（おとな）よりも、子育てにおける体罰行使に否定的な現状が浮き彫りにされてくる。

　では、子ども・若者は体罰等の行使に否定的な意識が高いのに、おとなになると、なぜ体罰容認意識を持つものが増加するのか。子ど

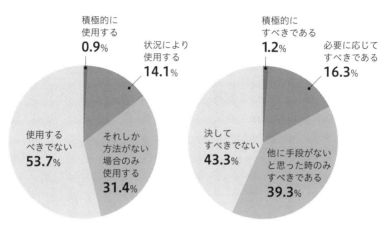

図2　養育される側（子ども・若者）の子育てにおける体罰等の使用の意識

図3　養育する側（おとな）の体罰等の使用に関する意識（セーブ・ザ・チルドレン・ジャパン（2018）より）

積極的に使用する
0.9%

状況により使用する
14.1%

使用するべきでない
53.7%

それしか方法がない場合のみ使用する
31.4%

積極的にすべきである
1.2%

必要に応じてすべきである
16.3%

決してすべきでない
43.3%

他に手段がないと思った時のみすべきである
39.3%

もへの体罰防止を進展させていくためには、子ども・若者の体罰否定意識を高めるとともに、成長により体罰肯定意識へ転換させないための取組みが求められている。

2）子ども・若者への体罰否定意識をさらに高めるために

　調査結果で示したように、子ども期に親・養育者から「小突かれる、お尻を叩かれる」などのソフトな身体的暴力、「げんこつや蹴られる」などのハードな身体的暴力、「怒鳴られる、脅される」という精神的暴力を60％以上の若者がうけた実態が明らかになった。子どもは、親・養育者から多様な形態の暴力行為を受けているといえる。また、子どもは、親・養育者から体罰等をうけた際に、親・養育者への恐怖感、怒り、理不尽感などの否定的感情を持ったと半数以上が答えていた。特に注目すべきは、「無視される、にらまれる、馬鹿にされる」といった精神的暴力には、最も多い82.0％が否定的な感情を持ったと答えた

ことである（**表25**）。

　この結果から、子ども期には、身体的暴力のみならず、人格無視、プライドを傷つけられる精神的暴力行為への否定的な感情が非常に強いことが明らかになった。これは、人間として扱われていないこと、すなわち人権侵害への否定的感情といえよう。

　今後、養育される側（子ども）の体罰否定意識を高めていくために、子どもは養育者から人格を否定される精神的暴力に傷つき、強い否定的感情を持ったという本調査の結果をもって、身体的暴力だけでなく人格を無視する行為や暴言などの精神的暴力も、法で規定された体罰[*8]と同様の不適切な行為であること、それらを用いて養育やしつけをすることは許されないことを子どもに知らしめていく必要があると考える。

　また、養育者からの体罰等をうけた子どもの多くが否定的感情を持ったという本調査の結果を、親・養育者と子どもとの関係性の構築

表25　子ども期にうけた体罰等の形態とうけた際の感情

体罰等の形態	経験者	肯定的な感情をもった	否定的な感情をもった
げんこつ、殴られる、蹴られる	60.8%	32.4%	67.6%
小突かれる、頭・おしりを軽く叩かれる	62.7%	44.0%	56.0%
長時間正座させられる、部屋に閉じ込められる	30.5%	32.9%	67.1%
怒鳴られる、脅される、暴言をうける	60.0%	30.5%	69.5%
相手にされない、にらまれる、馬鹿にされる	33.2%	18.0%	82.0%
何日も連続して身の回りのことをしてもらえない	11.5%	32.5%	67.5%
性的に嫌なこと、性的暴力	5.2%	35.8%	64.2%

への影響という視点で分析すると、体罰等の行使は、養育する側にしつけ、愛のムチなどいかなる目的があっても子どもの否定的感情を生み、子どもと親・養育者の関係構築に悪影響をきたす可能性が高いといえる。

　厚生労働省は、「児童福祉法等の一部を改正する法律案に対する付帯決議」（2016年5月2日、参議院厚生労働委員会）による指摘を踏まえ、子どものしつけには体罰が必要という誤った認識・風潮を社会から一掃することを目的として、体罰によらない育児を推進するための啓発資材「子どもを健やかに育むために—愛の鞭ゼロ作戦」*9 を作成した。その中で、体罰・暴言が脳の発達にあたえる影響などを紹介して、養育における体罰の危険性を警鐘している。これらの活用に加えて、本調査から得られた、体罰等の行使は子どもと親・養育者との良好な関係づくりを妨げる可能性があるという結果を養育する側に伝えていくことも、子どもへの体罰等の否定意識を高めるために必要であると考える。

----

*8　国連子どもの権利委員会は一般的意見 8 号「体罰その他の残虐な又は品位を傷つける形態の罰から保護される子どもの権利」（2006）において、子どもへの体罰は、「有形力が用いられ、かつ、何らかの苦痛又は不快感、屈辱感を引き起こすことを意図した罰」と定義されている。
　　また、1948（昭和23）年の法務庁法務調査意見長官回答『児童懲戒権の限界について』において、「学校教育法第11条にいう『体罰』とは，懲戒の内容が身体的性質のものである場合を意味する。すなわち（1）身体に対する侵害を内容とする懲戒－なぐる・けるの類－がこれに該当する。さらに（2）被罰者に肉体的苦痛を与えるような懲戒もまたこれに該当する。たとえば端坐・直立等，特定の姿勢を長時間にわたって保持させるというような懲戒は体罰の一種と解せられなければならない。」と述べている。法務庁（1948）「児童懲戒権の限界について（回答）」、1948（昭和23）年12月22日調査2発18国家地方警察本部長官・厚生省社会局・文部省学校教育局あて　法務庁法務調査意見長官回答を参照。
*9　厚生労働省（2017）「子どもを健やかに育むために—愛の鞭ゼロ作戦」http://www.jaog.or.jp/wp/wp-content/uploads/2017/05/ainomuchizero.pdf 参照。

3）養育される側（子ども・若者）の体罰容認意識を
否定意識に転換させるために

　本調査では、養育される側の子どもは、おとなより体罰を否定する意識が高い傾向があった。しかし、若者にも家庭における体罰行使を容認すると答えたものが46.3％おり、そのことが問題であると考える。若者の体罰容認意識の特徴を見ると、積極的な体罰容認意識（0.9％）はわずかであり、「それしか方法がない場合使用する」（31.4％）という消極的な体罰容認意識が主流であることがわかる（**図2**）。

　また、子ども期に養育者から体罰等を「一度もうけたことがない」と答えたものに、実際にうけた行為を質問したところ（**表5**）、「怒鳴られる、脅される、暴言をうける」（18.8％）、「小突かれる、頭やおしりを軽く叩かれる」（14.4％）を「時々うけていた」と答えたものが少なからず見られた。この結果は、子ども期に親・養育者から怒鳴る・脅すなどの行為やソフトな身体的暴力を実際にうけたのにもかかわらず、体罰をうけたという認識がないことが考えられる。また、若者がしつけの際に子どもに行使することが許されないと考える行為を質問すると（**表7**）、ソフトな身体的暴力や怒鳴る・脅すことは「許されない」と答えたものが他の形態より10〜20ポイント低く、ソフトな身体的暴力や怒鳴る・脅すことは、親・養育者が子どもへ行使しやすいと考えられる。

　これらの結果から、養育される側（子ども）の体罰を容認する意識は、消極的な体罰容認意識であり、ソフトな身体的暴力や怒鳴る・脅すことを容認しやすい傾向が見えてくる。

　なぜ、ソフトな身体的暴力や怒鳴る・脅すなどは体罰等と認識されにくく、子育てにおいて、その行為を子どもに行使することが若者に容認されやすいのか。

　その理由として、誰もがこの行為は体罰等であると正しく認識できるほど、日本社会における体罰等の悪影響や不適切性の理解が十分に普及していないことが考えられる。しかし、それ以上におとなが子どもを（子どもが子どもをも含めて）怒鳴る・脅すことやソフトな身体

的暴力が、保育・教育現場やクラブ活動、習い事などあらゆる環境で蔓延しており*10、子どもたちはその行為によって問題を解決する、他者をコントロールすることを学習している可能性がある。そのため、怒鳴る・脅すことやソフトな身体的暴力を体罰等と認識する感覚が麻痺しているのではないだろうか。家庭で「一度も体罰をうけたことがない」と答えたものの33.7%が子育てにおいて体罰等を容認すると答えた結果からも、家庭外の環境で暴力や怒鳴る・脅すことにより問題を解決するという誤った学習をしてきた可能性がうかがえる。

　子どもが問題解決の主体として親・養育者からの体罰・暴力問題に取り組むには、自らがうけた体罰等（身体的暴力以外の暴言などの精神的暴力も含めて）が不適切な養育行為であり、子どもの権利侵害であるということを子ども自身が正しく認識し、体罰を容認する意識を否定する意識へと転換していくことが必要となる。そのためには、子どもに対する子どもの権利学習の取組みが求められているといえる。

4) 幼児期、障がいなどの理由から 「やむを得ない」という体罰容認意識の問題

　養育される側（子ども）も養育する側（おとな）も共通して、「言い聞かせてもわからない」「それしか方法がない場合」に限り子どもへの体罰等の行使を容認する、こうした体罰はやむを得ないと答えたものが約30〜40%いる（**図2**、**図3**）。この意識は、体罰を容認する意識を持つと答えたものが多数派であり、今後、子どもへの体罰禁止の取組みを進めていくためには、この「体罰はやむを得ない」という意識を克服していくことが必要と考える。

＊10　例えば、保育施設では、2019年7月横浜市緑区の認可外保育施設で保育士が園児に暴行を加えたとして逮捕された。また教育場面では、大阪市立桜宮高等学校では、2012年12月バスケットボール部の主将を務めていた2年生の男子生徒が、顧問の男性教諭から暴力的な体罰を執拗に受けており自殺した事件などがある。

近年、国内外で、暴力によらない、子どもの尊厳にそった養育法・しつけ法が開発されている。また、親・養育者から虐待をうけるリスクが高い発達障がいや問題行動を持つ子どもたちの家庭養育や家族支援として、ペアレント・トレーニングやペアレント・プログラムが実践されている[11]。「幼児は、おとなとの約束を守る」と主張し、世界的にも注目を浴びた内藤寿七郎（元・日本小児科医会会長）は、体罰を用いなくとも、おとなが子どもを信頼し、優しく信頼感を込めて話しかけると、子どもはそれを理解し、記憶して、自分の意思で約束を守ることを提唱してきた[12]。

このような、暴力によらない子どもの尊厳にそったしつけや養育法を具体的に紹介し、親・養育者が子育てにおいてそれらを実践できるようにトレーニングする機会を保障することが、「体罰はやむを得ない」という意識を転換するために必要と考える。加えて、世界初の体罰全面禁止の法整備と体罰の不適切さに関する継続した意識啓発キャンペーンにより、親・養育者のみならず社会全体の体罰容認意識や体罰行使率も大きく減少させたスウェーデンなどの実績を参考に、親・養育者の「体罰はやむを得ない」という意識を「体罰を用いなくても子育てはできる」という意識に転換させることが求められていると考える。

5) 養育者からの体罰・暴力を相談しない子どもたち

調査結果から、子どもは親・養育者からうけた体罰等へ否定的な感情を持つにもかかわらず、すべての形態の体罰等で「誰にも相談しなかった」（41.5％〜78.1％）と答えたものの割合が突出して高いことが明らかになった（**図1**）。また、相談した場合の相談先は、他の家族、

---

*11　例えば、セーブ・ザ・チルドレンと児童臨床心理学者であるJoan E. Durrantが考案した、しつけ・子育ての手法であるポジティブ・ディシプリンなど。Durrant, J.E (2009)『親力をのばす0歳から18歳までの子育てガイド ポジティブ・ディシプリンのすすめ』、柳澤圭子訳、明石書店。
*12　内藤寿七郎 (1998)『育児の原理』、アップリカ育児研究会。

兄弟姉妹、友人が上位を占め、一方、教師や児童相談所などの相談機関、子どもの居場所を相談先と答えたものの割合は低かった。

　子どもたちは、親・養育者からの体罰等へ否定的感情を持つにもかかわらず、それをうけた際の悩みを、誰にも相談しない傾向がある。

　その理由を、単純に相談先や相談方法がわからないからだとして見過ごすことはできない。むしろ、子どもが周囲に相談しないのは、**表24**で示されているように、養育者からの体罰等を誰にも相談しないことで安全感が得られると感じられるからではないだろうか。千葉県野田市の10歳児虐待死事件で露呈したように、子どもにとっては、勇気を出して教師にSOSを発してもその守秘義務が教師によって果たされないのではないかという不安感も大きい。また、子どもの立場からは、確かに体罰等による権利侵害に伴う苦痛はあるが、相談した結果、児童相談所などが介入し、一時保護などにより親や家族から分離されることはもっと辛いと感じられるのではないか[*13]。

　このように、子ども側からみれば、相談することで子どもが本来求めている問題解決とかけ離れて、事態が悪化することへの不安感が大きいように思われる。そこには、子どもの安心して相談できる権利が保障されていない現状が見える。

　また、相談により事態が悪化することへの不安感以外にも、周囲にSOSや相談をしても問題が解決しないというあきらめ感も理由の一つとして考えられる。

　あきらめ感とかかわっては、子どもと接する機会が多い教師に相談したものが7.5%未満であった結果は興味深い。なぜ、教師が相談相手に選ばれないのか。本調査は養育される側の体罰の実態・意識調査であるため、ここでこの命題を詳細に分析するには限界がある。試

＊13　里親家庭に生活する子どもたちも、居場所となった里親家庭からの措置変更への不安から、体罰等を受けても周囲に相談しないという事例が複数みられる。中川友生（2019）「代替的家庭養護（里親家庭）に育つ子どもの体罰等に関する意識」、『子どもの権利研究30』、p257−267を参照。

論的になるが、玉井（2005）[14] は、現職教員調査の中で、教師が子ども虐待の通告を躊躇する理由として、虐待通告による保護者や家庭との関係悪化を避けたいという意識が働いていると報告している。さらにいえば、2017年現在、年間5,000人前後の公立学校の教師が精神疾患で病気休職している現状[15] や、経済協力開発機構（OECD）国際教員指導環境調査で報告されているように日本の中学校教員と小学校教員の労働時間が参加国平均を大きく上回っている現状がある[16]。

　このような昨今の教師の多忙化の中で、生徒の家庭の虐待問題に踏み込む気力、体力が失われていることもあろう。またそのような教師の日常を見ている子どもたちが、教師に相談することをためらうということも考えられる。

❷「安心して相談する権利」の保障に向けた課題

　子どもの「安心して相談する権利」を保障していくことは、子どもの安全な成長への権利、安全な養育への権利保障にとって不可欠であるといえる。本調査から見えてきた、子どもの「安心して相談する権利」を保障するための課題について考察する。

1）子どもが相談へ踏み出すための権利認識の育成

　今まで考察してきたように、子どもは親・養育者からの体罰へ否定

＊14　玉井邦夫（2005）「学校教職員と児童虐待の対応」、子どもの権利研究7号、p26−31参照。
＊15　文部科学省（2019）「平成29年度公立学校教職員の人事行政状況調査について」http://www.mext.go.jp/a_menu/shotou/jinji/1411820.htm 参照。
＊16　国立教育政策研究所（2019）「教員環境の国際比較:OECD 国際教員指導環境調査(TALIS) 2018 報告書 ―学び続ける教員と校長―の要約」http://www.nier.go.jp/kenkyukikaku/talis/index.html参照。

的感情が強いにもかかわらず、誰にも相談しない。その理由を整理すると、①相談先や相談方法がわからない、②相談しても無駄というあきらめ感・無力感、③相談しても子どもが求める状態、希望する問題解決に至らないのではないかという思い、むしろ守秘義務が果たされず、問題が悪化するという不安があること、④暴力的な諸行為を子どもが正しく体罰と認識できないなどの理由が考えられる。しかし、以上の①②③④よりも重視すべきは、⑤子ども自身が体罰の不当性や人権侵害性を理解し、憤り、助けを求めて良いのだという権利認識に欠けていることではないだろうか。

子どもが問題解決の主体として自発的に相談から問題解決へ踏み出すためには、子どもが自身のうけた体罰等は権利侵害であり、問題解決に子どもの意見や希望が尊重されるべきであるという権利意識を高める必要がある。そのために、暴力防止にとどまらない、行動につながるような子どもの権利学習、人権学習が求められていると考える。この権利学習の取組みとしては、従来学校で行われてきたような人権授業形式の学習ではなく、ワークショップ形式の体感的な学習、具体的な子どもの権利行動を促進するような模擬的な活動を参加型学習により学ぶこと[17]が求められている。

2) 子どもの「安心して相談する権利」を保障する支援システムを求めて

子どもが問題解決の主体として安全に安心して相談できる権利を保障されることは、子どもの安全な成長権の保障に不可欠である。体罰をうけた際の相談先の上位は、体罰等を加えたものと生活をともにする他の家族であり、子どもの安全な相談先であるとは言いがたい。また友人への相談も高い割合で見られたが、友人は体罰等をうけた子

＊17　喜多明人・浜田進士・山本克彦・安部芳絵編『イラスト版子どもの権利−子どもとマスターする50の権利学習』、合同出版、2006など参照。

どもの精神的な支えとなりうるが、相談先である友人もまた子ども世代である場合が多く、専門家を交えた多面的な家族支援が求められる親・養育者からの体罰や暴力問題の相談先としては力不足と言わざるをえないだろう。

2019年3月に成立した「東京都子供への虐待の防止等に関する条例」の第9条（通告しやすい環境づくり）、あるいは同年2月に公表された日本政府に対する第4・5回子どもの権利委員会総括所見パラグラフ24（a）では、子どもが安心して相談できる環境整備の必要性が言及されている。また、前述したとおり、文部科学省も2019年3月19日に文部科学大臣名で、メッセージ「全国の児童生徒のみなさん〜安心して相談してください〜」を発表するなど、子どもが安心して相談できる権利を保障するための取組みが活発化している。

では、子どもの「安心して相談する権利」を保障するためにはどのような取組みが求められているのか。それは、今まで述べてきた、親・養育者からの体罰・暴力を相談しない子どもたちの、悩みを相談しない理由を解決していく取組みであると考える。

第一に、相談先や相談方法がわからないという問題には、すでに取り組まれているように、法務省の「子どもの人権110番」や、文部科学省の「24時間子供SOSダイヤル」、チャイルドラインなど公民の子どもの悩みの相談先の整備と、子どもがそれらの相談先に容易にアクセスできるための積極的な広報が求められていよう。また、子どもが安心して相談する権利が保障されるには、子どもの悩みの相談先を増加するという量的な環境整備だけでは不十分であり、むしろ、子ども固有の相談システムの確立が必要と考える。子どもは、テーブルを挟んで向き合うような対面的相談は好まない。具体的には、これまでフリースペース、プレーパークなど子どもの居場所づくりの現場が開拓してきた「ながら相談」（遊びながら、食べながらの相談）や発見型相談（相談される側が権利侵害に気づく）が参考になろう*18。

第二に、相談しても子どもが求める状態、希望する問題解決に至らないという不安感や無力感については、子どもの意見が尊重され、子

ども自身が希望する形での問題解決に至るような支援の仕組みが求められていると考える。子どもが安心して悩みを相談するために、具体的には、子どもの成長のニーズ、生活のニーズに応じた意思表明、SOS発信のサポートや、そのための情報提供、子どもの望む問題解決法をともに考える姿勢やヒアリング技術など、子どもの権利を基盤として子どもに寄り添うスタッフによるサポートが必要であると考える。また、そこに携わるおとなには、子どもの権利についての高い知見と人権感覚を持ち、問題解決の主体である子どもの最善の利益を追求する姿勢が求められるだろう[19]。そのためには、子どもの権利侵害への個別救済だけでなく、社会レベルでの子どもの権利侵害への対策や子どもの権利の普及啓発に取り組む、公的第三者機関を全国的に設置すること[20]や、子どもの意見表明とその実現を支援する子どもアドボカシー制度の整備[21]も求められているといえる。

　第三に、子どもが体罰や暴力の不当性や人権侵害性を正しく理解し、自らが権利侵害を受けた際には相談・救済を求めて良いのだという権利認識を育成していくこと。そのためには、前述したように、具体的な子どもの権利行動を促進するような模擬的な活動を参加型学習により学ぶことが必要と考える。

＊18　西野博之 (2016)「子どもの居場所づくりと相談・救済」、『子どもの相談・救済と子ども支援』、荒牧重人ら編、日本評論社を参照。
＊19　安部芳絵 (2005)「子ども参加ファシリテーター論の形成と課題」、『子どもの権利研究7』、p52－57、桜井高志 (2006)「子ども参加ファシリテーターの役割と可能性」、『子どもの権利研究9』、p17－19などを参照。
＊20　半田勝久 (2016)「子ども条例に基づく公的第三者機関の歩みと課題」、『子どもの相談・救済と子ども支援』、日本評論社を参照。
＊21　堀正嗣編著 (2018)『独立子どもアドボカシーサービスの構築に向けて』、解放出版を参照。

5 おわりに

　以上、若者を対象とした家庭における体罰調査の結果から、子ど
もが安心して相談する権利の保障について考察した。現に親子関係
が継続している子どもたちに直接調査することは、子どもの心情から
してもきわめて困難であると判断した。そして自らが親・養育者から
うけた体罰等を言葉にできるということも考えて、本調査は子ども期
に最も近い存在である18歳〜25歳の若者の子ども期を対象として調
査した。その結果が今を生きる子どもたちの体罰認識と重なるもので
あったのかどうかという点については、やや厳密さに欠けたと考える。
しかし、子どもが安心して相談する権利の保障を進展させていくため
の基礎研究になったと考える。

　今後の課題として、子どもへのインタビュー調査など直接的な手法
を通して、子どもの悩み、SOSを相談救済へとつなげるために、安全
に安心して相談できる条件、環境の解明を急ぐ必要があると考える。
とくに、相談する子どもへの守秘義務とその子どもの安全確保とをど
う調整していくか。また、子どもが問題解決の主体として「安心して
相談する権利」を行使できるように、そのための支援システムのあり
方や長期的な効果を検討していくことが重要である。

第1章　中川友生

第2章
子どもの権利救済につなぐ 相談の特徴と課題
せたホッとの相談・調査専門員の立場から

1 はじめに

　兵庫県川西市に初の子どもの人権擁護機関が誕生してから20年がたち、この2019年8月1日に相談を開始した西東京市を含め、これまでに全国で33機関を数えるまでになっている。筆者の職場である世田谷区子どもの人権擁護機関「せたがやホッと子どもサポート（略称：せたホッと）」も、開設から7年目を迎えた。試行錯誤の中あっという間の6年間だったが、相談に来ていた子どもたちがいつのまにか高校を卒業し、就職や大学での一人暮らしを始めているのをみると、ずいぶん時間がたったんだなと気づかされる。この6年を通して強く感じてきたこととしては、発達特性や、愛着形成の不安定さに伴う傷つきや生きづらさを抱える子どもたちが本当に多いということ。そして現状の学校教育システムが、このような子どもたちにとって「不安」や「葛藤」そして「孤独」を経験する場として機能してしまっている場合が非常に多いということである。

　発達特性と生きづらさの問題に関して言えば、正直、私は発達に偏りのない人なんて一人もいない（いうなれば現在どっちのタイプの人が多いのかといった数の問題も含め、置かれている環境がその時のその人に合っているかどうか次第で誰だって「発達障がい」たりう

る）と思っている。まさに、「障がい」は個人と環境の相互作用の産物だと感じているが、現在の義務教育システムや高い高校進学率は、子どもたちが同質化され、「集団になじむこと」を最優先課題とした対人関係に長時間とどめ置き、ここで求められる「生活スキル」や「対人スキル」の多くは、「発達障がい」の子どもたちがまさに苦手とするものである。それゆえに、そこで子どもたちが感じる不安や葛藤は相当大きなものとなる。また、「自分は社会に受け入れてもらえるか」という点について不安を抱きやすい愛着形成不全の子どもたちにとっても、原因は違えど同様に厳しい環境であることは間違いない。そして、その生活が小・中・高とかなりの期間継続することで、求められているスキルを持ち、集団になじめていることが「いいこと」「成熟した大人像」であるというような考え方が、そこで苦しんだ人も難なく経過した人も含め、多くの人のなかに内在化されていくことの弊害も大きい。長い時間をかけて個人のなかに刷り込まれた考え方は、よほど注意深くしていないと無意識のうちに我々の判断に影響を及ぼすことについては、「母性神話」などの研究を見ても明らかなところである。

　本稿においては、子どもの人権擁護機関の制度やそのミッションについて触れるつもりはない。その点に関しては、人権擁護委員等の職務に関わってこられた先生方によってすでに多くの論考が執筆されているため、そちらをご参照いただければと思う。今回は、上述したような、この6年間で感じてきた子どもたちの状況を踏まえ、「相談・調査専門員」の立場から、子どもの権利を基盤とした「相談」の役割や課題等について考察してみたいと考えている。

2 子どもの人権擁護機関の職務と 相談・調査専門員の役割

　まず初めに、簡単に、子どもの人権擁護機関の説明をさせていただきたい。上述したように現在日本には子どもの人権擁護機関が33機関存在している。それらすべてが地方自治体に設置されているため、その体制等についてそれぞれ違いがあるものの、多くが条例という法的な枠組みのもと作られているという特徴を有し、①第三者機関として一般行政から独立した機関であり、②子どもの権利侵害にかかわる事項に関して相談を受け、調査を行い、権利侵害を取り除くための調整や要請をおこなう権限を持ち、③子どもへの権利侵害が個人間における問題だけではなく制度上の課題をはらんでいるような場合には、その制度の改善に向けた要請・意見等を出すことができるという内容になっているところが多い。筆者のいる世田谷区の子どもの人権擁護機関「せたがやホッと子どもサポート」(以下「せたホッと」)も、「世田谷区子ども条例」によって設置された公的な第三者機関であり、世田谷区に在住・在学・在勤している子どもに対する権利侵害についての相談に応じ、必要な助言や支援をすること、子どもの権利の侵害についての調査をすること、子どもの権利の侵害を取り除くための調整や要請をすること、子どもの権利の侵害を防ぐための意見を述べること、子どもの人権の擁護についての必要な理解を広めること等を子どもの人権擁護委員(以下「擁護委員」)の職務としている(第16条)。ちなみに子どもの人権擁護機関において擁護委員は、裁判所における裁判官のように個人でありながら「機関」でもあるため、擁護委員の職務は「せたホッと」の職務ということができる。
　ちなみに筆者の仕事である「相談・調査専門員」(以下「専門員」)は「擁護委員の仕事を補佐する役割」を担っている(第24条2項)。具体的には、毎日「せたホッと」に来ることができるわけではない擁護委員に代わって、新規・継続を含めた相談の対応や関係機関との連

絡・調整、聞き取りや文献・資料等からの情報収集をすることを主な任としつつ、「せたホッと」の活動状況に関する統計の集計、児童館等での広報・啓発活動の企画・運営、出前講座等での講師等業務内容の幅はかなり広範に及んでいる。この状況が他自治体でもまったく同じとまでは言い切れないが、どこも限りある人員体制で運営されていることを考えれば、擁護委員を「補佐する」立場にある職員の役割としては、共通する部分も多いだろう*1。

3 子どもの人権擁護機関における 「相談」の特徴

　「相談」について世田谷区の子ども条例には、「子どもは、擁護委員に、自分の権利への侵害について相談することや、その侵害を取り除くための申立てをすることができます。」(第19条)、「擁護委員は、子どもの権利の侵害を取り除くための申立てに基づき、また、必要に応じて、子どもの権利の侵害についての調査をするものとします。」(第20条)と書かれている*2。
　相談が入ってきた後の流れは二通りあり、一つ目は条例に規定されている「申立て」に基づく「調査・調整」。二つ目は、相談者の希

---

*1　ちなみに川西市の専門員の仕事に関しては、住友氏によって詳しく紹介されている。
　　住友剛「専門員の仕事の『舞台裏』」、喜多明人、吉田恒雄、荒牧重人、黒岩哲彦編『子どもオンブズパーソン　子どものSOSを受けとめて』日本評論社、2001年、pp.46-51

*2　相談に関して条例上の主語は「子ども」となっているが、実際には子どもの権利侵害に関わることであれば誰からでも相談することができ、最近では学校の先生からの相談も増えてきている。詳しくはぜひ「せたホッと」の年次報告書をご覧いただきたい。「せたホッと」のHP上でこれまでのものが全て公開されている。https://www.city.setagaya.lg.jp/mokuji/kodomo/009/003/003/d00126031.html (2019年9月16日現在)

望を受け、「相談」の延長として子どもと子どもに関わる関係機関等の間で行う調整活動である。前者は「調査」や「調整」の結果子どもへの権利侵害を取り除くために必要な場合には、関係機関等に対し「要請」や「意見」を出すことができる。また、「要請」や「意見」を受けた関係機関はそれを尊重し対応に努める必要があるとともに、擁護委員は、区長や教育委員会に対してその対応についての報告を求めることができる。後者に関しては条例上特に定めが置かれているわけではないインフォーマルな手段ではあるが、「申立て」にもとづく「調査・調整」よりもソフトな印象があるため、「せたホッと」での年間の相談の殆どがこの形で行われている。

個別救済に特徴をもつ相談

　日本の子どもの人権擁護機関は、個々の相談について対応をするなかで、相談者である子どもの権利を回復していくことを活動の中心とし、そういった活動の中で見えてきた制度上の課題について制度改善等を行政に対して求めていく「個別救済型」と言われる。上述の通り（少なくとも世田谷区では）、条例に基づいた調査が行われる機会は多くはないが、個別の相談について子どもの最善の利益の視点から個々の子どもの権利救済を図っていくうえでも、そういった活動の背景に「申立て」に基づく「調査・調整」等の枠組みが制度上保障されていることの意義は大きく、子どもの人権擁護機関における「相談」の一つの重要な特徴ということができるだろう。ただし「せたホッと」では現状、業務に占める個別救済のウエイトが大きくなりすぎてしまい、制度改善等に積極的に取り組んでいくことができていない状況があるように感じる。子どもたちの声をどう現状の制度の改善や今後の施策に反映させていくのかは条例上も機関に求められているミッションであり、相談における擁護委員の先生方の負担軽減等は喫緊の課題である。また、業務の見直しをしていくと同時に、上述のように「せたホッと」では、特に必要な場合を除いては、新規・継続含め日々の相談業務は専門員が担当しているため、当然

専門員もその意識をもって相談に関わることがもとめられるだろう。

　「せたホッと」で子どもたちと関わっていると、「相談」は単に目の前の問題をすみやかに解決するため（だけ）ではなく、「相談」（ここでは、話すことや居ることと言ってもいいかもしれない）そのものが子どもの権利の回復や救済に密接につながっている場合も多いと感じている。ちなみに、子どもの人権擁護機関の「相談」は子どもの権利基盤型だから、他の相談機関とは違うというつもりは全くなく、むしろ逆である。なぜなら、確かに子どもの人権擁護機関の活動の基本軸はなによりも子どもの権利保障であり、確かにそれを自治体内において達成するために様々な条例上の仕掛けが用意されている。しかし相談業務などにかかわる実践論として子どもの権利擁護機関ゆえの特徴や「独自性」を論ずることは、あまり意味はない。世田谷区内だけでも福祉・心理・教育・発達・医療など様々なことについて子どもや子どもに関わるおとなが相談をすることができる場所が複数用意されているし、子どもたちが日常の時間を共に過ごす中で、そこにいるおとなに気持ちを語り、受け止めてもらうことができる児童館やプレーパーク、子ども食堂のような居場所も沢山ある。そして、それぞれの場所におそらく強みと弱いところがあるが、そこにいる方々によって、日々子どもの権利保障につながる相談等の実践が行われていることは多くの場合疑う余地はない。

　子どもの人権擁護機関も中にいる人はどんどん入れ代わっていく。擁護委員も任期等に伴い交代するし、専門員は退職や雇止め、事務局をになう区の職員も移動によって定期的に変わっていく。専門員についていえば、スクールカウンセラーやスクールソーシャルワーカーのように人材養成を目指すカリキュラムが大学にあるわけでもなく、残念なことにそもそもメジャーな就職先ではないため、いつか「子どもの人権擁護機関で働くのが夢でした」という人が入ってくることはほとんどない。また、「子どもの権利条約」ができてからすでに30年が過ぎたが、セーブ・ザ・チルドレン・ジャパンが行った「子どもの権利に関する意識調査」[*3]では「子どもの権利条約」について「内容ま

でよく知っている」おとなの割合は2.2%、「聞いたことがない」と答えたおとなの割合は42.9%だった。「子どもの権利」に関する一般的な認知率はいまだに極めて低く、たとえ子どもの人権擁護機関の専門員に応募をしてきた人だとしても、「子どもの権利」についてはあまりよく知りませんということがまま起こるのが実状である。

相談はシステムより「人」

　少なくとも相談の現場において子どもの最善の利益保障の最終的な砦は、システムではなくそこにいる「人」である。子どもの人権機関における相談・調整活動では、子どもに関わるおとなへ子ども自身の声を届けていく中で、周りのおとなのなかに起こる「気づき」を支えとして、子どもの置かれている状況が変わっていくことを権利救済の一つの在り方としている。しかし上述したように、こういったことが起こるのは子どもの人権擁護機関における相談だけではない。また、中の人の子ども観や、その人がこれまでの人生経験の中で気づかずに内在化してきている様々な価値観や常識について、相談毎に振り返り、問い直していくことができるか否か、組織がそういうことを支える環境になっているかが重要であり、そのいかんによっては、子どもの人権擁護機関に相談が入った場合でも、おとなお仕着せの解決で終わってしまうことが十分にありうる。ただ、そう言ってしまうと元も子もないので少し付け足しておくと、子どもの人権擁護機関のシステムは相談をする側にとっても、また私のように子どもに関わる活動をする側にとっても非常に使いやすいものであることは間違いない（また法的な枠組みがあることによって、いろいろな意味で関係者同士が話合いのテーブルにつきやすいというのも間違いない）。優れた枠組みは相談者からのアクセスしやすさを

＊3　https://www.savechildren.or.jp/scjcms/press.php?d=3089
　　　（2019年11月25日現在）

向上させ、中にいる人を動きやすくしてくれるため、実践を継続していくうえでの大きな支えになる[4]。

4 子どもの権利と救済につながる相談の意義

精神科医の土居氏は『方法としての面接』の中で、精神科的面接を行う者は「内心恐怖している患者の気持ちを先ず汲むことから面接を始めなければならない」「精神科に来る患者の抱いている恐怖は、容易に言葉にならない恐怖である」「早晩言語化できるように助けるのが治療者の務めではあるが、しかしその前に、まず言語化できないでいる患者の心情をこちらも言語化なしに沈黙の中に察するというのが、気持ちを汲むということの真義であると思う。」と言っている（土居 pp. 15-16）。

これは精神科における面接の話ではあるが、治療の現場ではない子どもの人権擁護機関における相談面接であったとしても、少なからず当てはまると感じている。相談に訪れた多くの子どもたちは、「自

---

[4] たとえば「保護者同伴」とか「学校からの依頼がないと関われない」というような入口の縛りがないこと、相談室での相談だけではなくアウトリーチが可能なこと、そして費用が掛からないことは大きいと感じている。子どもの意思だけで相談することができれば、親に話したくない、親に迷惑かけたくない子どもたちでも相談することができる。年齢が上がってくれば自分の問題を親に知られたくない程度の葛藤が親子間で生まれてくるのは、当たり前でむしろ健全なことだし、長らく困難な状況にさらされてきた子どもたちの多くは、周囲のおとなに迷惑をかけているような感覚を持ち、これ以上迷惑をかけたくないと思う傾向がある。もちろん年齢によって限界は一定程度あるとしても、少なくとも相談開始時に親を介さず相談をすることができるというのは子どもたちにとって大事なことだろう。またアウトリーチはさまざまな理由で相談室へ来られない子どもたちのアクセス保障を想定していたが、現在は相談室での相談では限界のある支援、例えば一緒に買い物に行く等、子どもにとって必要だなと感じる支援を積極的に取り入れていくのにも役立っている。お金のことは言うまでもないだろう。

分の相談の内容をここではどう解釈されるのだろう、変なやつだと思われるのではないか、信じてもらえるだろうか、自分がやっぱり間違っているのではないか、また、相談したら何か大変なことになってしまうのではないか」というような、一種の恐怖を抱えている。こういった思いについて相談者が小学生の場合には、不機嫌そうな態度等で明示的に表現されることもあるが、保護者や中高生くらいになると、この恐怖はうまくカモフラージュされ、初めから明確にこちらに示されることはほとんどない。しかしその分心のとても深いところにあって、場合によってはその人の生きづらさの根幹をなしているように感じる場合もある。たとえば保護者の場合を考えてみると、発達特性を持っている子どもへのいじめのケースなどでは、「本当はうちの子も悪いのではないか、悪いと言われてしまうのではないか、特性があることを理由に不当な扱いを受けることも我慢しなければならないのではないか、もしも障がいがあるって言われてしまったらどうしよう、ひいては、やっぱり私が悪いのかしら、私も子どもも社会から差別されるのではないか」といった恐怖の方が、表面に現れる「いじめを受けています」という相談よりも実際には相談者が感じている葛藤の根幹につながっていることも少なくない。

救済につながる相談のいくつかの段階

　子どもの人権救済に関わる「相談」が一定の解決に至るまでにはいくつかの段階がある。基本的にはこれまで「エンパワメント」と言われてきたことであるが、長く続いたしんどい状況や権利侵害によって力を奪われた状況にある子どもが、だんだんと力を取り戻していく過程。もし語りに置き換えるとしたら、しんどいからなんとかしたいと思いつつも、「どうせダメだ（他者との関係）」「自分には無理だ（自己との関係）」といった思いがあったところから、「それはダメなことも無理なこともあるんだけど、そこも含めて自分はなんだかんだうまくやっていける気がする」と社会と自己への信頼感を一定回復し、多少イヤな事ツラい事があっても、そこから立ち直ってこ

れる柔軟さ（レジリエンス）を回復した状況と言えるかもしれない。そしてそこから、相談につながったときの「問題」「悩み」について、おとなによって問題を「解決」してもらうのでも、ただあきらめるのでもなく、問題解決の主体としてだんだんと乗り越えていく過程。そして時には、もともとは自分自身の、ごく個人的な問題だと思って悩んでいたことが、実は伝統的な子ども観のように差別や抑圧といった社会の構造上の問題をはらむものだったのだと捉えなおされ、場合によっては何らかのムーブメントにつながっていく過程などがある*5。3つ目の段階については（現状できていないと上述したが）子どもの人権擁護機関がその任として担う場合もある。

　実際の相談ではこの第一段階に多くのエネルギーを注ぐこととなる。特に思春期以降の相談ではそれが顕著で、相談者が上述した「恐怖」と向き合い、そういったことも含めて自分の存在そのものを肯定的に受け止めていく過程にじっくりと寄り添っていくことが必要であり（むしろ対人関係や心身の悩みについてはそれ自体が相談の本丸で）、そこの整理が一定ついて第二段階に入り始めたくらいで終了する（または大学や就職といった第二段階への旅に子どもたちを送り出す*6）というようなイメージを持っている。

　第三段階までいくようなケースが、もしかしたら人権擁護機関としては一つの醍醐味的なケースなのかもしれない。子どもの人権擁

----

*5　もちろん言うまでもないが、これは相談に限ったことではない。国分寺市の公民館で「幼い子を持つ親のための講座」という保育付き・10回連続の講座をここ数年担当させていただいている。そこでは、参加者の関心の高い「子どもの発達」や「ストレスマネージメント」といったテーマの中でも、「子どもの権利」「女性の権利」等、人権の視点をできるかぎり入れながら話合い学習を行っている。この中で、初め「私幸せになっていいんでしょうか？」「子育てがつらい」「孤独」と言っていたお母さんたちが、気が付くと地域の子どもたちのためにと市議会に傍聴に行っていたり、自分たちで市民向けの講座を主催されたりするようになっていく様子に立ち会わせていただいた。市民ってすごいな、人権ってすごいパワーがあるんだなと心底実感させてもらった体験である。

護機関のミッションやすでにさまざまな相談機関が存在することを合わせ考えると、みずからの固有の役割をきちんと果たしていくために、相談の内容に合わせた役割分担をきちんと考えていかなければならないのだろうなという葛藤も正直ある。ただ現代の子どもたちがおかれている状況はなかなかに厳しく、特に発達特性や、愛着形成の不安定さに伴う傷つきや生きづらさを抱える子どもたちにとって、この第一段階に丁寧によりそい、伴走していくことの意義の大きさも強く感じている。「まぁ、自分はこれで（が）いいんだ」と自己視点でも他者視点でも自らの人生を無条件に受け入れていく作業は人権の主体となっていくうえで、その行使を支えるまさに基礎となる。彼らの人生は続く、もしかしたら私のどこか知らないところで彼らが新しいムーブメントを作っていくかもしれない。

　また、相談を通して培われた「人は誰でも大切にされる権利を持っている」という実感は、彼らが子育てをしたり、子どもを支える仕事に就いたときに、思想として次の世代に連鎖していくかもしれない。派手さはないが、貴重な場に立ち会わせてもらっているなという実感はあって、「相談」は権利回復の営みの結構重要なものだよなとこっそり考えたりもしている。よって、今回あえて、実際にはゆるやかな時間をかけて内的な恐怖と向き合い「今ここにある自分を認めていく過程」によりそう相談について、思春期時期の生きづらさを抱えた子どもたちの相談を参考に考えてみたい。

<hr />

＊6　ちなみに世田谷区の「子ども条例」には相談終結後の「見守り相談」が明示されている。18歳がまじかに迫ると相談者はみんな不安になる（それまでに何とかしたいと受験生なのに毎週相談に来ようとする子まで出現するほどである）。こういった時に専門員の自己判断ではなく「高校卒業後も困ったらいつでも相談しておいで、制度上も本当にそうなっているから大丈夫だよ！」と太鼓判を押すことができる。この文言は今後条例をつくられる自治体の方にはぜひおすすめしたい。

5 思春期の子どもたちの支援

　「せたホッと」の相談者全体を見ると小学生の相談者数が圧倒的に多くなっているが、数年といったロングスパンで関わっていく相談者には思春期時期の子（または当時小学生でも経年の結果そうなった子）が多い。そもそも思春期とは、児童期を終え、通常であれば社会的にも心理的にも親の庇護から抜け出すことを目指す時期であり、「まわりの社会集団に受け入れられるか、自分はまわりに承認されるか、言い換えれば社会にone of them として安全に溶け込めるのかという課題にぶつかる」時期である。それと同時に、「自律的な『個』としての自己、only oneとしての自分を確立していけるのかという課題」に出会う時期だと言われている。どちらの作業も多くの子どもたちにとってなかなかしんどいものである（滝川 pp. 379-448）。

　特に家庭内での葛藤を抱えながら育った子ども達や、何らかの発達特性のある子ども達にとってはことさらに厳しい。家庭での傷つきも、学校での集団生活の上手くいかなさによって重ねてきた傷つきも、子どもたちの自己肯定感を低下させてしまい、この低い自己肯定感は、社会にone of them として溶け込もうとする際にも、only oneとしての自分を確立していく際にも大きな足かせとなる。そのなかで経験されるつまずきや悩みは時に人と関わることへの恐怖へと変わっていき、その「悩み」が精神科領域の「疾病」につながっていくリスクも非常に高い時期である。

自信のなさが「申し訳なさ」に

　具体的に言うと、子どもたちの語りの中では、「友だちはいるけれどもちゃんと話せているか不安。本当は相手が合わせてくれているだけで、無理させているのではないか。」「いじめられているわけではないけど、友だちと話すのが怖い、時に苦痛に感じる。」「前は普通に喋れていたのにだんだんと友達との話し方が分からなくなってしまっ

た。」「自分の話し方が変だと感じる。人と話せない。」こういった言葉がよく聞かれる。自己存在への自信の無さは、対人関係において時に「申し訳なさ」という形をとり、いずれそんな私が必要なくなってしまうのではないかという「心配」へと変わる。「心配」は時に友人との関係性に影響を及ぼし、またはそのように本人が感じることで「心配」は現実のものとなってしまう場合もある。例えば、「こんな話しても面白くないかな?」「今の返答変だったかな?」「本当は次の授業の準備をしたいけど、トイレ行くの断れないなぁ」とすべてに遠慮がちなコミュニケーションを繰り出していると、友達の方もえもいえぬ違和感(場合によっては私と話すの嫌なのかな、無理させているかなという感覚)を覚えるようになる。それによる居心地の悪さは互いの「遠慮」を増長し、会話がぎこちなくなったり、友人の側に悪気がなくても気が付くと気の置けない他の人と過ごす時間が増え、自然に疎遠になってしまうというパターンは珍しいことではない。人との距離感をより早く詰めるテクニックの一つとして、丁寧な振る舞いにあえて少しの「ため口」を混ぜるといったものがあるが、ようは適度な「馴れ馴れしさ」は親密さの表現として関係性を近づける効果があり、過度な「遠慮」は疎遠さを演出して心理的な距離を広げてしまうということなのである。そしてその結果、悩みは深まり学校に行くのが苦しくなってしまうケースも多い。

孤独・寂しさをうけとめる

　また、発達特性を持つ子どもたちに関しては、また別の「不安」や「独特の孤独や寂しさ」もそこに加わってくる。滝川は知的障がいや発達障がいの子どもたちの体験世界を説明する中で、「広く一般論で言えば、発達に遅れが大きいほど、その子どもたちは、そうでない子どもたちに比べて不安や緊張の大きな世界を生きている。認識の発達のおくれがあれば、自分ではよく分からない世界のなかにおかれる。どうとらえたらいいかわからないこと、どうしたらいいかわからないことでいっぱいの世界となるからである」という。そしてこういっ

た認識や関係発達の遅れは子どもたちが抱える「独特の孤独や寂しさ」につながり、発達障がいの子どもたちの問題行動等の背景に「この孤独の問題」があることを指摘している (滝川 pp. 187-196)。

　ここでは上記した2つの障がい類型について触れられているが、ADHDのようなほかの発達障がいをもつ子どもたちにもこの「孤独」はあるように感じている。むしろ、認識や関係性に関わる苦手さがない分「ずっと、なんか私はみんなと違うなという気がしていた」と本人が明確に意識していることも多い。ある子は本人の発達特性について話合っていた時に「やっと理由が分かった。ずっと私は他の人と違うなって思ってたんです。ずっと私だけ友だちとは何か違う世界にいて、自分とみんなの世界に決して通り抜けることができない見えない壁があるような感覚があった」と言っていた。その話を聞いたときに、これまで彼女が歩いてきた道のりを思い、本当によく頑張ってきたねと心から思ったものである。

　子どもたちが思春期後の人生をよりよく生きていくためには、こういった「傷つき」について、これまでの自分の苦労や頑張りを大いに認めながら、肯定的な自己の一部としてだんだんと位置づけなおしていく作業が必要になる (小学生の相談者とは、全くないわけではないとしてもここのところが圧倒的に違うなと感じる)。この道のりはもちろん長く容易ではないが、人によって受けた傷は人によって癒すことができ、一緒に話しているうちに、悩みはゼロにはならないけど、来た時よりも少し自分自身のことを愛おしく思えるようにはなってくるように思う。

　ではいったいどういったことをしているのですか、と聞かれたら、大したことは何もできないが、とにかく「よく来たね、来てくれて嬉しい、会いたかったよ」というこちらの思いをきちんと「伝える」ことだけは意識している。「伝わる」ことを期待するのではなく、いかに明示的に暗示的に「伝える」のかを工夫する。だいたいは温かいお茶を入れ、一緒に飲みながら話をしている。

"しっくり感"を求めて

　子どもたちの話に耳を傾け、時には本人の悩みに合わせてちょっと心理療法のようなこともするし、困り感を軽減したり、自己理解を深めたり、コミュニケーションを円滑に進めていくための勉強を一緒にしたりもすることもある。また、これまでわからなくて不安だったことについて、一緒に考えていくと、不安にふりまわされることは、少なくなっていく。ちなみに技法と言えるようなものではないが、私は子どもたちに対し「なんだかキミのことが大好きだ」と言語非言語のコミュニケーションのなかで伝えていくことについては、人よりもわりと得意な方なのではないかとこっそり自負していて、相談の中で大いに利用している。もちろん嘘偽りなくそう思っているからできるわけだし、それがなに？と言われたら若干返答に困るが、そうしている間にだんだんと相談の時間が「安全な場」として子どもとの間に立ち上がって、なんだか互いの関係が「しっくりしてくる」のを感じるから不思議である。そして（「せたホッと」につながる子どもたちが、病院等とは違い基本的には一定程度ヘルシーな子どもたちだからというのはあるが）、この「しっくり感」が出てくると、時を追うごとに、子どもたちは明らかに元気になってくる。これを子どもの側から分析すると「自分の意思や考えを尊重されていると子どもが実感し『意味ある他者』として私たちが認知される」（荒牧他 p.32）とか、「子どもは気持ちを聞いてくれて秘密を守ってくれる人間を信じるということである。その信頼と安心から『自分のことをもっと知ってほしい。自分の体験を分かち合ってほしい』という対話が生まれ、その対話の中から問題解決に向かおうとする子どものパワーが生まれる」（同 p.41）ということになるのかもしれない。

　上述した相談者の子も、出会ってから1年くらい経過したころだろうか「本当にいろいろなことに悩んでいたけど、まぁ、私は私だなっていつからか思えて、そこからすっと楽になったんですよねー」と言い、今は世間話をしに来たりしている。自分は今のままで、もしもちょっと苦手なことがあったとしても、そこも含めてありなんだと思

えること、この営みはまさに人権獲得の道のりそのものではないだろうか。もちろん、この変化は子どもたちが自分の生活の場で多大な努力をし、そのもともと持てる力によって引き起こされ、ある意味「勝手に成長した」部分が殆どである。支援者にできることは多くはない。でも思春期の子どもたちは、すでに家からは片足ぐらいを残すのみでほとんど体が出てしまっているような状況である。これではつらい時でも親に甘えたりすることはなかなかできないし、そもそもなんでかそんなことはしたくない。でも、ずっと同年齢集団の中で頑張るにはおのずと限界があるので、家と世界の中間ぐらいにある「居場所」に時々立ち寄ることで、世界とつながることにチャレンジしたり、いい塩梅な自分探しにも取り組んでいくことが可能になるのではないだろうか。ちなみにこれについては、「せたホッと」ってみんなにとってどんな存在なんだろうねって話をしていた時に、相談者の子が言ってくれたことの受け売りである。その子は「せたホッと」のことを、「学校で疲れた時に逃げ込める『亜空間の駅』みたいな場所」と言っていた。

　「みんなちがってみんないい」とよく言われるが、学校を中心とした多くの子どもたちの生活世界は残念ながらそういう環境にはなっていない。小・中・高と同質性を求められる集団生活の中で対人スキルを磨き、周りの子どもたちとの些細なずれや齟齬にも繊細に神経をとがらせなければならない環境は、国際調査の中でしばしばみられる、日本の子どもの自己肯定感の低さをはぐくむ土壌の一つになっていることは間違いないだろう。でも1人として同じ遺伝子の人間はいないし、機械が子育てをしているわけでもないのだから、全ての子どもたちが同じスピードで似たように成長するわけがないのだが、同様に現代社会を生きてきた我々おとなたちも、ついつい子どもたちに対しみんなと同じであることを求め期待してしまう。そしてそんな中、少しばかり子どもがつまずくと、どうにかして早急に「あるべき場所」に戻さないと、という思いを募らせる。でももしも通常の物理法則が通用しない想像上の空間である「亜空間」に「せ

たホッと」があるのだとすれば、心置きなく「だいじょうぶだから、ゆっくり自分のペースでそのままおいで」と子どもたちに声をかけることができるだろう。そして、こういう場として相談が機能すれば、相談はきっと子どもたちの自己の回復、人権の取りもどしを支えることができる。

6 子どもの人権擁護機関が持続的に役割をはたしていくために

　この6年間で機関内での人の入れ代わりを何度も経験した、その中で、たとえ誰かが抜けたとしても持続可能な組織の持ち方について検討する必要性を危機感とともに強く感じている。「せたホッと」だけではなく殆どの子どもの人権擁護機関は、相談できる内容に限定が殆どないため、虐待や子育て相談のような福祉分野から、発達障がい、不登校、自傷行為や対人不安等の心身の悩み、自分や家族の疾病に関する相談や相談者の疾病自体が相談の背景となっているもの、体罰やいじめ、学校事故のような学校問題から進路相談まで、本当に広範な分野の相談が寄せられる。

　さらには子どもの置かれている社会的・経済的な状況や子どもの所属の変化に合わせて他機関と連携する場合のために、現存する社会資源の把握も必要であり、相談にあたる人に求められる知識の幅が非常に広い傾向がある（もちろん専門領域を異にする専門職が一緒に働いているため、ケースについて相談をしていく中で自然と色々な知識がついてくるし、困ったときには聞くことができる）。

　人口の多い首都圏では、幸いなことに、福祉・心理・教育等の高い専門性を有している職員を確保すること自体には現状そこまでの難しさはない。しかし「1 はじめに」のところに少し書いたが、機関自体の知名度の問題もあり、もともと「子どもの権利擁護機関」の職員

になりたいと初めから思って探していた人はまずいない。もちろん大学で「憲法」や「子どもの権利条約」等について少しは学んだはずである。しかしおそらくは、メインとなる専門科目にひっそりと埋もれて、殆ど記憶に残っていない人の方が多いのではないだろうか。

　しかし主に相談者からの相談を受けるのは専門員である以上、子どもの権利を基盤とした相談活動を維持していくためにも、また人権擁護委員と必要な情報の共有を行い、個別の相談の中から見えてきた制度上の問題を改善すべく子どもの声を自治体の背策へと反映させていくためにも、当然子どもの人権擁護機関の意義や役割、子どもの権利自体についての知見が必要となる。

　組織の人間は当然どんどん入れ代わっていく、時には一気に入れ代わることだって十分ありうる。今はいいとしても何十年も続いていけば、いい時も悪い時もでてくるだろう。先進自治体としてずっと子どもの人権擁護機関の制度をけん引してきた川西市のオンブズパーソンである羽下氏は、「川西市子どもオンブズパーソン」制度が有効に機能するための条件として、一番初めに「定期的な合議」をあげている。これは「研究協議」と呼ばれ、「オンブズパーソン3人、相談員4人、事務局一人が固定メンバーで、事案の内容によっては専門員（退任した元オンブズパーソン）が臨時に参加する」（カッコ内筆者）会であり、「すべての事案を1件1件検討していく。週1回半日あまりをかけて協議」されるとのことである。また同書籍では、川西では新旧メンバーの自由参加で年1回1泊の勉強会を実施していると記されている。勉強会を通して、これまでの「知見とアイディアと試み」と、現在のメンバーからの発信を混ぜ合わせるとのことであるが、退任オンブズにその後も必要に応じて関わってもらうことのできる「専門員制度」しかり、まずこういった実践の「連続性」を担保していくためのシステムをきちんと用意していくことの必要性は非常に高いと感じている（荒牧他 pp. 35-37）。こういった個々の事例の検討を越えて、子どもの人権擁護機関の実践を先に進めていこうという意気込みに世田谷も学んでいく必要があるだろう。

ただ同時に、それぞれの子どもの人権擁護機関の規模や体制等によって、同様の実践がどこでもできるわけではないというのが実情ではないだろうか。そのため、自分のところだけで頑張るというのには限界がある。この制度が全国の自治体に少しずつながらも確実に広っている今、私としては、個人情報の問題はあるにしても、近接した地域の人権擁護機関が連携し、研修や研究を一緒に行っていくことなどを通して、互いに高め合っていけるようなシステムを作っていくことが、喫緊の課題であると感じている。

　最後に話は変わるが、日本財団が2019年11月に発表した18歳第意識調査「第20回―社会や国に対する意識調査―」の結果をみて、正直に、相談を受けているばかりではいけないなとしみじみ感じたところである。その声がきちんと政治に反映されていくということを子どもたちが実感できるような社会を実現していくために、例えば、地域で子どもの問題を解決するために奮闘しているNPOなどの団体と連携し、子どもの状況に関わる情報の収集を行うなど、これまでの相談を中心とした制度改善の活動のみならず、欧米のオンブズ制度に近い活動の在り方を模索していく必要もあるのかもしれない。今後さらに子どもの人権擁護機関が多くの自治体に作られていく中で、この機関がさらなる発展をとげ、少しでも多くの方がこの仕事に興味を抱き、目指してくれることを願っている。

第2章　竹内麻子

参考文献
土居健郎『新訂　方法としての面接』医学書院、1992年
喜多明人、吉田恒雄、荒牧重人、黒岩哲彦編『子どもオンブズパーソン―子どものSOSを受け止めて』日本評論社、2001年
吉永省三『子どものエンパワメントと子どもオンブズパーソン』明石書店、2003年
荒牧重人、吉永省三、吉田恒雄、半田勝久編『子ども支援の相談・救済』日本評論社、2008年
山登敬之『子どものミカタ』日本評論社、2014年
滝川一廣『子どものための精神医学』医学書院、2017年

第**3**章
スクールソーシャルワーカーと子ども相談
守秘義務と参加の権利に着目して

1 はじめに

> 子どもA「実は、○○があってとても嫌だったんだ」
> 支援者B「そっか…。それはとても嫌だったね…」
> （次の日）
> 支援者C「A君、○○があったんだって？大変だったね…」
> 子どもA「う、うん…（なんで知ってるんだろう…？）」

　という経験は、子ども期、あるいは大人になってからでもあるのではないだろうか。子どもであれば、学校、家庭、友達間など。大人であれば、交友関係、職場、親戚など。こうしたことは、子ども支援の現場に関わらず、わりとよく見られる。誰かに話したことが、なぜか他の人に伝わっている。そして、自分に話しかけられる。日常においてもありがちなこの問題は、相談支援の現場において重要な問題を考えさせてくれる契機になる。この章では、スクールソーシャルワーカー（以下SSWr）を対象に子ども相談の独自性、特に守秘義務をめぐる問題を通して、子ども参加について考えていきたい。なぜならSSWrは機関連携を推進する役割を求められており、情報共有の関係で守秘義務がとても身近な問題にあるからである。最初に子

どもをめぐる現状を確認し、子どもが専門職へ相談する意識を見ながら、どのようにして相談職は子どもに関わり、子どもの安心して相談する権利を保障するのかについて検討していきたい。なお、筆者は子ども相談の現場に勤務していたことや大学での教育経験などがあり、そうした経験談も交えて話を進める。

2 相談における権利保障とは？ 子ども相談における独自性

❶ 子どもをめぐる現状

　不登校件数は164,528件、いじめの認知件数は543,933件と増加傾向が続いている[*1]。家庭に目を移せば、児童虐待の相談対応件数が過去最高の159,890件となっている[*2]。子どもの生活領域である学校と家庭は、非常に厳しい状況にあると言ってよいだろう。
　こうした問題の影響は様々あるが、筆者として、一番大きな問題は自己肯定感が低くなることだと考えている。不登校の子どもが学校に行っていないことに負い目を感じて自己肯定感が下がることや、虐待という受容拒否を受け続けて自己肯定感が低くなることは、想像に難くない。さらに、こうした状況にない子どもまで自己肯定感が低い傾向にある。

＊1　文部科学省 (2019)「平成30年度　児童生徒の問題行動・不登校等生徒指導上の諸課題に関する調査結果について」https://www.mext.go.jp/component/a_menu/education/detail/__icsFiles/afieldfile/2019/10/25/1412082-30.pdf（2019年12月22日閲覧）
＊2　厚生労働省 (2019)「平成30年度児童相談所での児童虐待相談対応件数〈速報値〉」https://www.mhlw.go.jp/content/11901000/000533886.pdf（2019年9月5日閲覧）

内閣府の意識調査によれば、日本の子どもは諸外国と比較して自己肯定感が低い。「自分自身に満足している」という問いに対して、肯定的な回答をした者の割合は日本45.8%に対して、アメリカ86.0%、イギリス83.1%、韓国71.5%となっている。自己肯定感が低いこと以外にも、意欲や社会参加の意識が低い、ゆううつである者の割合が高いことも指摘されている[*3]。このように、自己肯定感が低くなれば、自身で何か行動を起こそうと考えることは少なくなり、ひいては相談に行く可能性も低くなっていくと考えられる。最近の調査では、親から体罰を受けた際の相談先として専門機関は約1%に過ぎず、「誰にも相談しなかった」が多数を占めていた[*4]。

❷ 何が問題なのか？　なぜ相談しないのか？

　上述のように、子どもは様々な困難に晒されながら、相談機関に赴いていない。それではなぜ、子どもは相談しないのだろうか。ここでは、いくつか仮説を考えてみたい。筆者は上記の通り、子ども相談の経験や大学での講義の経験があり、それらから考えたものである。

① 見知らぬ人に相談するのは抵抗がある

　授業でこのテーマを扱う際によく聞かれる意見である。精神科医、スクールカウンセラー、SSWrなどが例にあがるが、専門職以前に見知らぬ人に相談するのは抵抗がある、という意見である。これは自分自身が相談する側になるとよく理解できる。実際に先の調査[*5]でも、相談した先の内訳を見ると、家族（親・兄弟含む）、友

---

*3　内閣府 (2014)「平成26年度版　子ども・若者白書」https://www8.cao.go.jp/youth/whitepaper/h26gaiyou/tokushu.html（2019年9月5日閲覧）
*4　喜多明人ら (2019)「若者を対象とした子ども期の家庭における体罰等の実態・意識調査報告書」詳しくは第2部第1章参照。なお性的なものに関しては、他の4種と別の傾向が見られる。
*5　喜多明人ら (2019) 同上

人、教師の順番で割合が高い。特にこうした課題を抱える子ども
にとって、相談内容が一般の相談内容よりも人に話をしにくい内
容であるため、より相談を行うことが難しいように感じられる。

② 専門家への信頼がゆらいでいる

これも授業で扱うと聞かれる意見である。教師の不祥事や児童相
談所での対応の遅れなどが、メディアでよく取り上げられるよう
になったことが影響しているのかもしれない。不祥事などにより、
専門家への信頼がなくなっているという意見である。またこれら
に関連して、専門家に相談してもどうせ何も解決しない、といっ
たあきらめの言葉も聞かれる。これらは、専門家というより大人
への期待のなさがあるように感じられる。

③ 専門家との良い経験がない

これは②と共通している部分があるのだが、過去に専門機関で相
談した経験があり、その時の印象が良くなかったという意見であ
る。親に無理やり連れて行かれた、専門家が話をきちんときいてく
れない等のネガティブな経験があると、より専門家に相談しようと
する傾向は少なくなると考えられる。

冒頭の事例でも、大人同士の情報交換が行われており、子どもの
個人情報に対する守秘義務が問われていた。このような大人のや
り取りに問題を感じない子どもはいいが、違和感や不信感を覚える
こともあるだろう。そうなれば、専門家へ相談に行くことが少なく
なるだろう。

④ 自己肯定感が低いことから主体的に動きにくい

これは上記の調査結果からも読み取れるが、自己肯定感が低いが
故に主体的に動きにくく、相談にも赴きにくい。

⑤ 大人と子どもではそもそも権力構造がある

これは相談現場に限らず、大人と子どもの間に権力関係があるた
めに、子ども側から相談をしにくい、ということである。相談に
限らず、何か話をする、何かを頼むという段階で躊躇する子ども
も少なくないだろう。

以上、様々な視点から子どもが相談しない理由について考えてみた。子どもが相談しやすい環境を整えるにはこれらの課題を乗り越えていく必要があると考える。①に関しては、子どもが相談しやすいように、普段からコミュニケーションをとって信頼関係を築いておく必要がある。また①に関連するが、相談方法も検討が必要だと考えられる。相談機関の電話番号が宣伝されるのをよく目にするが、果たしてそれは相談しやすい方法なのだろうか。チャイルドライン*6や公的機関の電話相談もかなり件数が多いと聞くが、それでも電話をしている子どもはかなり限られた子どもではないだろうか。多くの子どもにとって、専門機関に電話して相談するというのは相当ハードルが高いことではないだろうか。

　実際には電話以外の相談方法というのは難しいかもしれないが、LINE、メール、掲示板など、子どもが相談しやすそうな方法が増えていると聞く。今後はこうした方法を検討していく必要性があると考えている。

　しかしSNSなどを活用しても、相談相手が誰か分からないという状況はあまり変わっていない。このような状況を改善するためにも、相談者がどのような人間かを子どもたちに分かるような機会を設けることが必要だと考える。例えば、プロフィールを作成したり、定期的に学校で相談機関の説明をしたりすることなどが考えられるのではないだろうか。

　②と③に関しては、共通の問題であるため、同時に考えたい。例えば、勇気をだして相談したのに、話を聞いてもらえなかった、雑に扱われたというのは聞く話である。これは仕事が多すぎて丁寧に対応できなかったなどの問題もあるのだろうが、養成段階での子ど

＊6　チャイルドラインは、以下のような原則がある。
　　・秘密を守る
　　・匿名相談可能
　　・子どもがイヤなら切ることが出来る

もに対する価値観の教育や教育内容の見直しや充実が考えられる。

　今まで述べてきたように、子どもと大人、相談する者と相談される者の間に権力関係がある。さらに、子どもの話をきちんと聞くという教育を受けている専門職が少ないのではないだろうか。確かに様々な専門職養成の中で、カウンセリングマインドや権利擁護などを学ぶ機会は多いが、それらがどれだけ身についているのかは自身を含めてわからない部分があると感じている。価値観が身についているかどうかの判断はとても難しいが、子ども尊重の価値観である、子どもの権利条約に基づいた価値観が醸成されるように教育内容や教育方法を検討する必要性があると考えている。

　④に関しては、普段から子どもの自己肯定感が向上するような働きかけをしていくことや相談職から子どもへアプローチしていくことが求められる。その際には、アプローチの仕方に十分注意しないといけない。⑤に関しても、子どもと接するときに権力を背景にした関わり方にならないように十分に注意する必要がある。これらの段階を超えて、初めて子どもは相談職に相談することになる。しかし支援が始まっても、冒頭の通り、様々な問題があると考えられる。

　ではこうした姿勢を念頭に、実際にどのように支援を行っていけばよいのかについて検討していきたい。

❸ 相談職に求められるもの　SSWrを事例として

　❶で述べたように子どもをめぐる状況は非常に厳しい。そうした中で様々な相談職が導入されている。例えば、SSWrは2008年度に子どもの環境への働きかけ、関係機関との連携促進などが期待されて導入された。当時のSSWrの資格としては、教育と福祉の両面に関して専門的な知識・技術を有するとともに、過去に教育や福祉の分野において活動実績等がある者となっていた。

　職務内容としては

1. 問題を抱える児童生徒が置かれた環境への働き掛け
2. 関係機関等とのネットワーク構築、連携・調整
3. 学校内におけるチーム体制の構築、支援
4. 保護者、教職員等に対する支援・相談・情報提供
5. 教職員等への研修活動　等

となっている。その後SSWrは様々な文脈で登場する。例えば、いじめ防止対策推進法では関係機関の連携が推奨されており[*7]、SSWrもこのような活動を担うものと考えられる。他にも「子供の貧困対策に関する大綱について」では、学校を窓口とした機関連携を求められている[*8]。不登校支援においても普通教育機会確保法（義務教育の段階における普通教育に相当する教育の機会の確保等に関する法律）の中で、心理職、福祉職、教員で連携することが求められており、SSWrもそのような役割を担うことが期待されていると考えられる[*9]。児童虐待に関しても、学校での早期発見のために、SSWrの配置拡充が言われている[*10]。なお、2008年当初の資格要件では広い範囲の人材が想定されていたが、現在では厳しくなり、国家資格が前提となっている[*11]。

＊7　文部科学省 (2013)「別添3　いじめ防止対策推進法 (平成25年法律第71号)」
　　　http://www.mext.go.jp/a_menu/shotou/seitoshidou/1337278.htm
　　　(2019年9月23日閲覧)
＊8　内閣府 (2014)「子供の貧困対策に関する大綱について」
　　　https://www8.cao.go.jp/kodomonohinkon/pdf/taikou.pdf (2019年9月23日閲覧)
＊9　文部科学省 (2016)「義務教育の段階における普通教育に相当する教育の機会の確保等に関する法律 (平成28年法律第105号)」
　　　http://www.mext.go.jp/a_menu/shotou/seitoshidou/1380960.htm
　　　(2019年9月23日閲覧)
＊10　文部科学省 (2018)「平成30年『児童虐待防止月間』の実施について」
　　　http://www.pref.osaka.lg.jp/attach/6686/00308113/monka_tuuti_2931.pdf (2019年9月23日閲覧)
＊11　文部科学省 (2016)「スクールソーシャルワーカー活用事業実施要領」
　　　http://www.mext.go.jp/a_menu/shotou/seitoshidou/__icsFiles/afieldfile/2016/10/13/1378055_05.pdf (2019年9月23日閲覧)

❹ SSWrをめぐる守秘義務の状況

　ここからはSSWrを取り巻く守秘義務に関する現状をみていきたい。現在のSSWrを取り巻く環境には、中央教育審議会から出された「チームとしての学校の在り方と今後の改善方策について」(以下「チーム学校」)*12 の考え方や文部科学省から出された「児童生徒の教育相談の充実について〜学校の教育力を高める組織的な教育相談体制づくり〜(報告)」(以下教育相談報告書)*13 が大きな影響を与えていると考えられる。

　「チーム学校」では、学校が他職種も含めたチームで対応することが述べられている。その他職種の中にSSWrも含まれており、今後、「チーム学校」で活動することが求められると考えられる。「チーム学校」の登場により、事業として実施されてきたSSWrが政策的に位置づけられてきたとも考えられる。その一方で、「チーム学校」の考え方は、あくまでも教師主体であり、SSWrが学校の一員として飲み込まれる可能性も否定できない。

　また教育相談報告書の中では、SSWrの職務内容やガイドラインが示されている。それらの中に守秘義務についての記述がある。そこではSSWrが知りえた情報の中で、児童生徒への指導や支援を行うことに必要な情報は、学校全体で管理することが基本である、とされている。そのため、学校への報告を求められている。SSWrには守秘義務があるにも関わらず、学校に報告しなければならない状況が生まれる可能性がある。冒頭で述べた状況というのは、こうしたこ

---

*12　文部科学省 (2015)「チームとしての学校の在り方と今後の改善方策について (答申) (中教審第185号)」http://www.mext.go.jp/b_menu/shingi/chukyo/chukyo0/toushin/1365657.htm (2019年9月25日閲覧)

*13　教育相談に関する調査研究協力者会議 (2017)「児童生徒の教育相談の充実について〜学校の教育力を高める組織的な教育相談体制づくり〜」https://www.pref.shimane.lg.jp/izumo_kyoiku/index.data/jidouseitonokyouikusoudannjyuujitu.pdf (2019年9月25日閲覧)

とからもあり得る状況である。特に学校に配置されているSSWrは、人事評価なども校長が行う可能性が高く、学校にとって都合のいいSSWrばかりが残る可能性も出てくる。例えば、学校と保護者が対立状況になったときに、本来であればSSWrは両者を仲介する役割を果たさなければいけないが、そうした役割を果たせなくなる可能性も出てくる。子どもにとって、守秘義務があってこそ、安心して相談できる環境が整うと考えられる。このように守秘義務と独立性をめぐる点も今後は検討していく必要性があると考えている。

　上記で述べてきたように、学校や他職種間だけで情報共有が進むと、当事者に不信感や困惑を覚えさせ、支援が逆に停滞することも考えられる。ではこうした状況を解決するには、どうしたらよいのだろうか。問題を解決するにあたって、2つの課題があると考えている。1つは、連携そのものをめぐる課題、もう1つは当事者の参加についてである。まずは、連携そのものをめぐる課題について述べたい。

❺ なぜ連携がうまくいかないのか？

　上記の通り、SSWrは機関連携を促進する役割を求められている。しかし、各機関の連携不足が指摘されており、特に死亡事件が起きるたび、問題提起はされている。では、なぜ連携ができない、あるいはうまくいかないのだろうか。そこで連携がうまくいかない理由について考えたい。

① 連携の概念があやふや
　そもそも「連携」という言葉の定義は明確ではなく、各専門機関、個人が違うイメージを抱いている場合もある。例えば、ある人は週に1回連絡をして、連携していると考えるかもしれない。ある人は、ある事例の中で各機関が役割分担して支援にあたることを連携と思うかもしれない。連携という単語の他にも、連絡、調整、協働、分担などの言葉があるが、明確な使い分けはされていない。例えば、

文部科学省の報告書でも「連携・分担」「連携・協働」と併記されている部分もある*14。

② 各機関の意識の違い

①と関係するが、各機関の支援に対する意識の違いもある。例えばある機関は、子どもが生存しているだけで問題がないと考えるかもしれない。ある機関では様々な権利の保障の観点から、不足しているものを補おうと考えるかもしれない。同様に専門職は、自分の専門に焦点を当てる傾向があると考えられる。逆に言えば、自分の専門外のことは焦点が当りにくい可能性がある。

連携がうまくいかない理由は他にも様々あると思うが、筆者はこの2点が大きな問題だと考えている。こうした問題を解決するにはどうしたらよいだろうか。各機関の専門職が共通認識を持てるように、調整役が必要かもしれない。そして、その役割をSSWrが期待されている部分もあると考えられる。しかし、調整を専門職のみで行うのは非常に難しい。なぜなら専門職の価値観というのは、専門的な教育を受け、独自に形成されるものだからである。それらは各専門職のアイデンティティを成すものであり、それらの認識を変えることは容易ではない。

そこで、このような問題を解決するために視点を変えてみることも重要だと考える。例えば、当事者の参加という視点である。各専門職が連携するのは、当事者のためである。当事者のために行動するという理念が一致していれば、当事者の参加によって各機関の認識も共通化を図ることができるかもしれない。その結果、様々なニーズが見え、専門外の課題に気づけるかもしれない。

しかし当事者は子どもであると考えた場合に、上記の報告書など

＊14　中央教育審議会 (2015)「チームとしての学校の在り方と今後の改善方策について (答申)」p11
http://www.mext.go.jp/b_menu/shingi/chukyo/chukyo0/toushin/__icsFiles/afieldfile/2016/02/05/1365657_00.pdf (2019年9月23日閲覧)

を見る限り、子どもの参加という視点はあまり見られない。特に日本においては、前述の❷でみてきたように子どもと相談職の間に信頼関係、相談しやすい環境があるわけではない。現状を踏まえると、子ども支援において子どもの参加が必要だという認識を持つことが重要だと考えられる。特に、情報共有すること自体が重要視され、当事者不在の連携や情報共有は、冒頭のような状況を生み出す可能性があり、当事者から不信感を生む可能性がある。そうなると支援の展開も難しくなっていくと考えられる。

　当事者参加の視点にたって考えれば、機関の連携促進を期待されているSSWrは、子どもの参加を進めていく立場にあるとも考えられる。そこで次からはSSWrが子ども参加を促すにあたって、どのような役割が必要かについて検討していきたい。

3 スクールソーシャルワーカーと 子ども参加

❶ 子ども参加の現状を考える

　以上のように子どもを取り巻く環境改善のために、様々な相談職が配置されている。しかしSSWrを例にとってみても、守秘義務や連携において課題があることが分かる。そこでこうした問題の解決策として、子どもの参加を考えていきたい。

　子どもの参加には、いくつかの段階がある。ロジャー・ハートは「参加のはしご」という考え方を提唱し、子どもの参加には8段階あり、参加度が低い順に「1 操りの参加」「2 お飾りの参加」「3 形だけの参加」「4 子どもは仕事を割り当てられるが、情報は与えられている（社会的動員）」「5 子どもが大人から意見を求められ、情報を与えられる」「6 大人がしかけ、子どもと一緒に決定する」「7 子どもが主体的に取

りかかり、子どもが指揮する」「8 子どもが主体的に取りかかり、大人と一緒に決定する」であると述べている。このうち、1段階から3段階までは、子どもは実質的に参加しているとは見なされない[15]。

　これをSSWrに置き換えて考えると、次のように考えられる。1から3の段階は、子どもに情報が与えられずに支援が展開されていく場合である。冒頭のような場面も十分に起こりうる。4と5については、子どもに情報が与えられつつ、支援が行われていく段階である。6以降は子どもが決定に関わっていく段階であると考えられる。

　現在の日本において子どもの参加がどのような段階にあるのかを考えるのは非常に難しい。上記のような段階があると言われているが、仮に上記の段階を知っていたとしても自身の実践がどの段階にあたるのかを判断するのは容易ではない。そこで子ども自身がどのように感じているのかを検討することも大事だと考えられる。

　そして参加の度合いを検討しようにも、データ等はあまりにも少ない。そもそもこうしたデータ等が少ないのは、子ども参加の少なさを表しているようにも考えられる。加えて筆者の経験や周りにいる相談職に話を聞いても、子どもの参加が達成されているとは考えにくい。

　海外には具体的な報告などもあるので、少し目を海外に移してみたい。イギリスの児童養護を経験した子どもたちの声を翻訳した本がある[16]。この本は、児童虐待から保護された子どもが、様々な分野について意見を述べたものである。例えば情報を知るという部分について、児童は何歳であっても、なぜ措置されるのか？ということを知らされるべきだと思う、という声が紹介されている[17]。

....

[15]　ロジャー・ハート著　木下勇・田中治彦・南博文監修　IPA日本支部訳『子どもの参画：コミュニティづくりと身近な環境ケアへの参画のための理論と実際』萌文社 (2000)、p41-46
　　　なお、注に上げた本では、訳語を主体的な関わりの度合いによって「参画」と「参加」を使い分けているが、ここでは「参加」という言葉に統一した。
[16]　レイサ・ペイジ、ジョージ・A・クラーク著　津崎哲雄監修・著訳『養護児童の声　社会的養護とエンパワメント』福村出版 (2010)

また職員は、きちんと子どもに職員のことを説明するべきだという声も紹介されている。例えば虐待から保護された子どもたちの措置を決定するときに、職員（大人）は子どもに関する情報を持っているが、子どもが職員（大人）に関する情報を持っていないことに関して怒りを覚えるという声もある。こうした事態の解決のために、措置決定のときには顔見知りの信頼できる人に担当してほしいと述べられている[18]。

　日本が全く同様の状況であるかは分からないが、様々な場面で起こり得ると考えられる。多くの場合において、子どもと大人では持っている情報量が圧倒的に違う。まずその状況を考え、子どもに情報を提供していくことから、子どもの参加は始まるのだと考えている。

　こうした検討の際に、厚生労働省が発表した児童虐待の対策に関する指針が1つの検討資料になる。2019年3月に厚生労働省から「児童虐待の防止対策の抜本的強化について」という資料が発表された[19]。ここでは子どもの権利擁護のために、子どもの意見表明権を保障する仕組みについて、児童福祉法の改正などをめどに検討を行うとしている。ここに書かれているように、SSWrも支援に関わる際には、子どもの意見表明を確保するような仕組みを作っていく必要がある。例えば、ケース会議に当事者の参加を義務付ける等の明文化された規則を作る必要があると考えている。

　このように、子どもの意見表明をはじめとする子どもの参加は、今後求められていくことになると考える。しかしながら、子どもの参加は今まで一般的ではなかったために課題もあると考えられる。そこで次からは、実際にどのようにして子どもの参加を促すのかについて検討したい。

＊17　前掲　レイサ・ペイジ、ジョージ・A・クラーク、p99
＊18　同上、p127
＊19　厚生労働省（2019）「児童虐待防止対策の抜本的強化について」
　　　https://www.mhlw.go.jp/content/000496811.pdf（2019年9月25日閲覧）

❷ 実際の参加方法

　ここからは上記の検討を踏まえて、相談職が子どもと相談する際の具体的な方法について考えてみたい。なお相談職というのは、SSWrを中心に議論を進める。上記の議論をまとめると以下のような段階があると考えられる。

　1) 信頼関係構築、2) 情報提供、3) 意思表明（決定）支援があると考えた。以下、各項目ごとに考えていく。

1) 信頼関係構築

　1-❷でも述べたが、信頼関係がないとそもそも相談が始まらない。しかしSSWrをはじめ、多くの相談職がこの問題にあたる。なぜなら相談職が身近な存在であることは珍しく、何か困ったことが起きてから相談することが多いからである。そして子ども側が、相談職をもともと信頼している場合はかなり珍しいと考えられるからである。

　なおSSWrの配置形態によっては、子どもと信頼関係を構築できることもある。SSWrには大別して配置型と派遣型の2種類がある。配置型というのは、各学校に配置される形態を指す。派遣型は教育委員会など学校外部に配置され、そこから学校に派遣される形態を指す。配置型であれば、普段から子どもに接する機会があり、信頼関係構築の機会があるかもしれない。しかし、これも業務量や勤務日数によっては難しいことがある。派遣型の場合は、教育委員会に配置されているため、子どもをはじめ教員とも接する機会がもともと少ないと考えられる。

　以上の理由によりSSWrは、支援の依頼を受けてから信頼関係構築が始まることが多いと考えられる。そうした状況では、何かしらの課題が発生していることが多く、事後対応になることが多い。こうした状況では当事者はすでにかなり傷つき体験があり、十分注意して信頼関係を構築する必要性がある。その際には、子どもの権利条

約に基づいた対応が必要であると考えられる。具体的には、今まで述べてきたように丁寧に話を聞く姿勢が必要である。

2) 情報提供

1) の段階を経て情報提供を行う。ここで難しいのは、当事者のニーズをよく理解することである。当事者のニーズに合わない情報提供を行っても、それはほとんど意味を成さない。例えば進学する意思がないのに進学の話をしても、本人にとっては迷惑かもしれない。この段階では、どこまで信頼関係が構築されているかによって話の内容が変わってくるために、1) の段階はとても重要である。各機関が関わっている場合は、様々な情報が共有されていることも多く、共有の際には本人の了解を得ることが重要である。どの段階でも大切なことだが、当事者自身が支援に参加しているという実感を持てることが大切である。

3) 意思表明（決定）支援

ここからは支援の方針に関わる話になる。上記のように情報を知らされていれば、多くの場合、当事者は何らかの意思を表明すると考えられる。そうした場合に課題となるのは、それらの意思をどのように周りに伝えるのかということになる。SSWrは当事者の代わりに意見を伝えることも出てくると考えられる。

こうしたときに重要なのは、当事者が直接意見を表明できる機会があるかどうかである。同じ意見を表明するにしても、当事者から見れば、参加の度合いがかなり違う。自身で意見を述べる機会があれば、自身で支援に参加しているという気持ちは強くなるだろうし、支援者間でも意見の相違というのは発生しにくいと考える。そして支援者と当事者で考え方の違いが起こった場合でも、調整がされやすい。しかし自身で意思を表明する機会がない場合には、どこかで行き違いが発生する可能性が高くなり、当事者自身も支援に対して自ら関わっているという意識を抱きにくいと考えられる。

このように当事者の参加を促すことで、冒頭のような事態も起きにくくなるのではないかと考えられる。繰り返しになるが、冒頭のような状況が発生する原因には、支援者と当事者の間で信頼関係の構築があまり進んでいないことも原因だと考えられる。当事者参加が進んでいくことで、支援者と当事者の信頼関係が構築されれば、情報共有にまつわる課題も減少していくのではないかと考えている。

　そして当事者参加が進んでいけば、最終的に相談職の養成課程の発展にもつながるのではないかと考えている。当事者が自身の意見表明をできるようになれば、相談職が行っている支援についても当事者からフィードバックが生まれるかもしれない。そうすれば、今まで相談職だけでは気がつかなかったことも出てくると考えられる。そうした内容を養成課程に反映していければ、より充実した支援が期待できる。現在、子どもと大人の権力構造以外にも、専門家と相談者という権力構造も発生している。そうした関係を超えていくためにも、当事者参加というのは重要だと考えている。

❸ 終わりに　子ども参加を取り巻く課題

　以上、子ども相談における守秘義務と参加についてSSWrを中心に検討してきた。最後に子ども参加が進んでいない原因を考えて終わりにしたいと思う。子どもの参加が進まない背景には大別して以下の2つの意見があると考えられる。

　　1　子どもは未熟だから物事を正しく考え、判断する力はない

　　2　子どもに決定権を与えて自由にさせるとわがままになる

というものである。これは子どもの参加に限った話ではなく、子どもの権利を認めるかどうかの際によく論点にあがる。

　1に関しては、子どもは未熟だからという意見は子どもの権利条約一般に関する議論で聞かれ、児童福祉の分野では、「傷つき体験」が多いために、そうした参加は難しいという意見も聞く。前者も後者

も言いたいことはよく分かる。しかし、どんな子どもであっても子どもは自身の考えを持っている。子どもの最善の利益を目指して活動する以上、子どもの意思表明というのは非常に重要である。そしてこうした議論を聞いて常に考えているのが、何をもって「力」あるいは「未熟でない」と言えるのだろうか？ということである。そして、成熟しているというのはどういうことなのだろうかと考えてしまう。おそらくここには、成熟しているかどうかという問題はおいておかれ、子どもは未熟な存在なのだという先入観があるように思える。これらは、福祉において子どもへの保護観、教育において指導的な価値観が根付いているために、こうした価値観が強いと考えられるが、それらも含めて考えていかないといけないのではないだろうか。

　2つ目の子どもがわがままになる、というのも、子どもの権利をめぐる全体の議論でよく聞かれる話題である。ここで考えたいのが、果たして本当にわがままになるのだろうか？ということである。子どもの権利を認めて、本人が希望するとおりに行動しても、その通りにならないことは多々ある。そうした中で、むしろ「傷つき体験」を覚えることも少なくないと思う。どちらかというと様々な機会に参加していくことで、現実との折り合いをつけていく力が伸びていくように考えている。

　最後にSSWrの今後の課題についてまとめると、大別して2つの方向性が必要だと考えている。1つは、子ども自身や相談職などの大人が、子どもの権利についてよく知ることを促すことである。前述したように、大人が持っている価値観についても、それらが本当に適切かどうかを吟味し、提案していくことも必要だと考える。

　2つ目は、子どもが権利について学んだことが活用できるような実践の機会を、制度・システム的に構築することである。特にソーシャルワークがマクロ対応も求められていることから、日々のミクロ、メゾ実践に加えて、子どもが参加できるようなシステム作りに関わっていくことが求められると考えている。このようにして、今後も子どもの権利を実現する相談職について考えていきたい。

第3章　高石啓人

終章

子どもの権利条約と
日本の学校の行く末

1 問題の設定

　子どもの権利条約28条では、子どもの教育への権利保障を明記し、無償教育、教育・職業上の情報へのアクセス、就学奨励などを規定した。そのうえで、29条（教育目的）で、子どもの全面的な発達、人権及び基本的自由の尊重、子ども及び親の文化的アイデンティティの尊重、諸人民間等の理解、平和、寛容、性の平等などのもとで、「自由な社会において責任ある生活を送れる」こと、自然環境の尊重などをうたった。

　このような"子どもの権利としての教育"を実現していくためには、学校、教職員の主体的、専門的な力量が不可欠である。

　では、今まで、日本の学校、教職員は、条約が示すような子どもの権利保障のために主体的、専門的力量を発揮してきたであろうか。第一には「子どもの人権」問題への対応力である。日本の学校は戦後教育改革のシンボル的存在であり、その絶対的存在を維持してきたが、1980年代の管理教育の台頭とともに変容し始める。

　第二には、子どもの権利の観点からの教師、学校の役割、あり方のとらえ直しである。その先例として韓国の教育の教育権憲章、学校自治条例などを参考にしたい。

以上のような問題意識をもって、まず子どもの権利条約採択（1989年11月）前後から、日本の学校と子どもの権利の歩みを見ておきたい。

2 日本の学校の分岐点
「子どもの人権」問題への対応から

❶「子どもの人権」問題の噴出

条約が登場する直前の時期、1980年代に入ると、70年代に学校現場を揺るがした大学紛争・高校紛争、それに続く中学校「校内暴力」問題に対抗して、日本の学校は「管理教育」強化に舵を切る。それは、一面、日本の民主主義の未成熟さを顕わすものであり、欧米社会が学園紛争期に生徒参加の制度化へと進んでいったこととは対照的に、日本の学校は、権力的に生徒の行動を規制し封じ込める対応に走った[*1]。

この1980年代の"管理教育全盛"期には、水戸五中事件を皮切りとして教師による体罰死事件が相次ぎ、さらに1986年には東京・中野区富士見中学校のいじめ自死事件が発生した。さらに、中学校・高校の秩序維持からの校則強化、高校「自主退学」処分の乱発など、子ども・生徒の人権侵害が表面化した。

1985年には、日弁連が第28回人権擁護大会シンポジウムにおいて、これらの問題を「学校生活における子どもの人権」問題[*2]であると社会問題化させるなどして、それまでの日本の学校自治、教師の

---

*1　欧米では、子ども、生徒の社会行動に対して、参加制度をつくって、彼らの要求を受けとめつつ、社会維持のための「安全弁」とした。そこに欧米民主主義の「したたかさ」を感じる。なお、ドイツの「学校参加法」など、詳しくは、拙著『新世紀の子どもと学校』エイデル研究所、1995年、参照。

教育権と子どもの権利との予定調和的な関係 (子どもの学習権を保障する学校像、教師像) が徐々に崩れ始めていったといえる。その後、弁護士を中心として「子どもの人権」研究会 (事務局 吉峯康博) が発足し、現在まで活動を継続している。日本教育法学界においても、教師の体罰問題を重視して、「体罰と子どもの人権」研究会が活動を開始した。子どもの人権侵害に対して危機感をもった日教組も1986年に「子どもの人権連」を設置し活動を開始し、翌年1987年には「子どもの権利宣言87」(ブックレット・草土文化) を公表した。

　当時、子どもの人権論が展開されたのは、主に教育裁判を通してであり、体罰裁判、校則裁判、いじめ裁判、学校事故裁判など、全国で、「子どもの人権裁判」が始まり、そこでは共通して学校が矢面に立たされることになった。

❷ 分岐点に立つ教師、学校

　もちろん、学校の管理教育によって、子どもたちの主体性、自立性、そして自治が衰退していくことに危機感を感じた現場教師たちも少なからずいた。

　そこで現に生き、苦しんでいる不登校の子どもを放置できない (奥地圭子ら)、と学校外に子どもが求める居場所と学びの場を創る動きが始まった (フリースクール、フリースペース等) *3。(第1部参照)

　もちろん、学校にとどまり続けて、管理教育、「子どもの人権」侵害の問題に向き合い、子どもたちが生き生きと生き、学べる学校を

＊2　日本弁護士連合会第28回人権擁護大会シンポジウム第一分科会、実行委員会編『第28回人権擁護大会シンポジウム第一分科会基調報告書　学校生活と子どもの人権—校則、体罰、警察への依存をめぐって』(1985年度) より。
＊3　詳しくは、奥地圭子『明るい不登校：創造性は「学校」外でひらく』NHK出版、2019年。

目指して、子ども参加を軸とした学校づくり実践も始まっていく＊4。

そこでは、学校や教師が潜在的にもつ権威主義、権力主義が問い直されて、本来あるべき「子どもの権利としての学校づくり、教師の教育権」の再構築への一歩が踏み出されようとしていたのである。

1989年に子どもの権利条約が国連採択され、1994年に日本批准されるようになると、いじめなどの問題対応とかかわって、学校現場では、生徒会などを中心として、子ども・生徒自身が「問題解決の主体」であるとして子ども参加による解決が模索されるなど一定の前進は見られた。

しかしながら、学校の大勢は、世論の批判の矢面に立たされた学校、教師の「子どもの人権」対抗意識を背景とした「子どもの権利」アレルギーが充満していく。そこでは、本来、子どもの人権と子どもの権利との概念上の違いや社会的役割について、厳密な議論が必要であった＊5。しかし、両者の違いについてはさしたる検討なしに、結局は、学校現場は「子どもの権利」規制を強めていくことになった。

1994年に子どもの権利条約が日本で批准された年の暮れには、愛知県西尾市東部中学校で「いじめ自死」事件が起き、重大事件として社会問題となるなど、日本での子どもの権利条約の門出は前途多難なものであった。

その後、1997年の神戸須磨の中学生(14歳)による「小学生連続殺傷事件」や2000年の高校生「バスジャック殺傷」事件が起きるころになると、アメリカ生まれのゼロ・トレランス(＝寛容ゼロの厳罰主義)が日本にも影響を与えはじめ、刑事処分可能な年齢を16歳以上から14歳以上に引き下げた2000年の少年法改正、学校現場に毅然たる姿勢を求めた2006年教育再生会議「いじめ緊急提言」、2007年2月5

＊4　和田真也、伊藤義明ら、十勝の教師たちの動きが注目された。喜多ほか編『子どもとともに創る学校』日本評論社、2006年。
＊5　喜多明人「子どもの権利と教育法の展望」『季刊教育法200号』、2019年、参照。

日文科省通知、そして2013年6月「いじめ防止対策推進法」の制定などをへて、学校の厳罰主義的対応（法禁体罰以外の「体罰（有形力行使）」容認、停学・退学処分、警察連携等）が常態化されるに至った。

3 学校のゼロ・トレランスに抗して
—「指導死」問題を考える

❶ 過剰叱責、暴言、精神的暴力と子どもの人権

　このような学校の厳罰主義的対応の流れのなかで、福井県池田町の中学2年生男子生徒「自死」事件（2017年3月、10月15日調査委員会報告で発覚）が起きる。この事件は、過度の叱責による「指導死」問題として大きく取り上げられた（朝日新聞、2017年10月19日付）。

　2000年代の学校、教師に毅然たる姿勢を求めるゼロ・トレランス（寛容なき厳罰主義）政策の進行の中で、大阪市桜宮高校体罰自死事件（2013年1月）、女性柔道家たちがスポーツ暴力一掃に動いた全柔連事件などが起き、これを契機として、3月13日の文科省通知をもって、それまでの体罰容認姿勢（2007年2月5日通知）を一転させて、「体罰一律禁止」政策に舵を切った。その背景には、オリンピック東京招致があったと思われる。結果として、学校現場では、一律禁止となった体罰の自制を余儀なくされつつ、「毅然たる姿勢」を示すために、いきおい「言葉の暴力」を伴う過度の叱責等に走る傾向を強めることになったといえるのではないか。この"ゼロトレ"風潮を背景とした「過剰叱責による生徒自死」問題は、重大な子どもの権利侵害問題として看過できない段階に至っている。その意味では、大貫隆志さんら被害者家族が、「指導死」という言葉を掲げて社会問題として訴えていくことには十分に理由があったと言える。

　ただしそのなかで、被害者家族を支える側、法曹界や学会、市民

団体が被害者の思いを直接うけて、「指導死」という言葉を鵜呑みにしてそのまま問題化させてきていることについては、「日本の学校の行く末」を按じる私の立場から、警鐘を鳴らさざるを得ない。

「指導死」という言葉は、「生徒指導をきっかけ、あるいは原因とした子どもの自殺」[*6]という定義のもとで、教師個人の生徒指導上の過失責任を問う言葉である。この「指導死」という言葉を使った訴訟では、教師の個人責任を柱とする裁判の展開が見られる傾向が強まっている。

❷ 「指導死」問題についての三つの疑問

この「指導死」の社会問題化について、大きく三つの疑問がある。

第一には、「指導死」という言葉では、本来問われなければならない問題があいまいにされるなど、対象範囲が広すぎるのではないか、という疑問である。これまで散見される「指導死」訴訟に関しては、そのほとんどが、体罰死を含む「懲戒死」（学校教育法11条に示された懲戒、「叱られて」など叱責、注意、詰問等の事実上の懲戒を原因とした「自死」）に当たるものであるとみられる。

今日、2019年1月に起きた野田市の10歳女子虐待死事件を契機として、児童虐待防止法、児童福祉法が改正されて、親権者の「しつけによる体罰」が禁止されたが、現在法制審議会において「懲戒権」の廃止について議論が進行中である。この「懲戒」行為は、子どもの権利条約上は、「精神的な暴力」（19条＝虐待からの保護）に当たるものであり、家庭内の虐待だけでなく、「学校内の虐待」（国連・子どもの権利委員会「総括所見」2019年2月）も問われることになる。「懲戒」という言葉は、戦前日本の学校法令の残滓的な存在の一つであり、

＊6　大貫隆志編著『指導死』高文研、2013年、1-2ページ。

「『こらしめ』の要素を本来的に含む懲戒は、教育の本来のあり方からすればあい容れないのではないか、という根本的な問題がある」といえる（この点については、「叱らない、叩かない学校づくり」を進めている台湾・森林小学校＝本書第1部第3章の安論文の事例が参考となろう）。

　したがって、過剰叱責、暴言等は、精神的暴力としての本質を有し、保護者による「教育虐待」（親の子に対する行き過ぎた教育やしつけ）と同様に、教師による「指導虐待」と称して、福井の暴言自死ケースなども「学校内（指導）虐待死」として問題対象化する方法もあると思われる。

　第二には、そのようなあいまいさを残して教育活動全般に対象を広げた「指導死」という言葉が教育界に与える影響である。その影響が考慮されていないのではないか、という疑問である。生徒指導全体が教師個人の過失責任（賠償法制上）の対象となるという主張は、学校現場の教職員、さらにはこれから教職をめざす学生たちにとって、「萎縮」状況を生み出しかねない。

　現在、教員の大幅削減（財務省）、教員養成課程の縮小（文科省）の時代にあり、保護者等の「クレーマー」問題や「免許更新制」（10年で免許失効、講習、更新試験義務づけ）問題などから、大学では、教職志望の学生が激減し、もしくは教職から離反する学生が増加している。さらにはこのような学生状況を受けて、再課程認定の2019年は、私立大学などで「教職課程撤退」傾向が見られる。そのような中での「指導死」という言葉での社会問題化は、日本の教育界にとっては、優秀な人材確保がますます困難になり、現職ですら人材流出（中途退職）しかねない状況といえる。

　そのような結果をまねくことは、本来被害者家族が求めてきたもの、願い、思いとも異なるのではないだろうか。「指導死」という言葉は、被害者家族の中から生まれ、被害者家族の間に広がった言葉であり、その思いや願いは正面から受け止める必要がある。しかし、被害者家族に寄り添い、支援する法曹界、市民団体、学界等の立場

にあっては、あらためて「子どもの最善の利益」（子どもの権利条約3条）の原点に立ち戻って、遺族、被害者の思い、訴えを受けとめ直していく努力が求められていると思う。

第三には、「指導死」訴訟という形で、教師の個人責任の追及を積み重ねることによって、本来的に事件や事故の再発を防止できるのか、という疑問である。一つは、後述する通り、裁判による教師個人の過失責任追及という方向性自体についての疑問である。被害者・遺族による損害賠償請求訴訟などによって、教師個人の責任追及に向けられる傾向が強まったことから、学校、教育委員会では"自己防衛的な裁判対策"が進んでいる。個人過失を問う傾向に乗じて保険会社、共済組織等が商業的介入を企て、損害賠償保険や訴訟保険に教師を個人加入させる傾向が広がる現状にある（朝日新聞、2015年8月14日付）。また、こうした学校現場、教育委員会の「裁判対策」意識の反映として、学校の重大事故が発生した際には、原因究明や事実解明が同僚の過失責任を立証してしまう恐れもあることから、いきおい原因究明があいまいにされ、あるいは事実が隠蔽されたりして、遺族、被害者家族の不信感を買ってきた[*7]。

こうした学校現場の混迷した状況がある中で、果たして「生徒指導の可視化や研修」（大貫隆志、前掲朝日新聞、10月19日付）などが進むのかどうか。少なくとも指導上の過失責任追及（賠償責任）をバックとした「生徒指導改善」要請だけでは、日本の学校現場は動かないと思われる。むしろ教師の内発的な実践的要求を呼び起こす教育専門的な安全責任（後述）の果たし方と連動する問題提起が必要である。教師の自主研修権を前提として、科学的な根拠をもった安全研修の計画が立てられてほしい（後述）。

[*7] 詳しくは、喜多ほか編『みんなの学校安全―いのちを大事にする社会へ』エイデル研究所、2016年、参照。

❸ 被害者救済の取組の前進と問題点

　以上に述べた「指導死」の問題化について、そのような動きが出て
きた背景をみておきたい。

　今日、学校事故の被害者救済の取り組みが相当に進展しているこ
とは事実である。近年では、学校事故の被害者団体（「全国学校事故・
事件を語る会」等）の活動がメディア等で報道されることが多くな
り、そのような被害者をサポートする市民団体（たとえば「ジェント
ルハートプロジェクト」等）、市民グループ、研究者、市民個人にも
広がりを見せている。

　法曹界もこれらの動きをふまえて、2013年に「学校事件・事故被
害者全国弁護団」が結成され、2017年9月など、全国一斉電話相談
を全国展開して、被害者の相談・救済に取り組んできた。

　こうした取り組みが前進する中で、かつて孤立を余儀なくされて
いた被害者家族に対しては、学校設置者の情報提供義務（いじめ防
止対策推進法28条−2）をはじめ、被害者家族への寄り添い、調査に
対する遺族の意思の尊重等（同法「基本方針」、付属文書等）そして学
校調査が不十分な場合の第三者調査委員会の設置などが国レベルで
提示されてきた。ただし、その流れのなかで、学校事故裁判が多く
取り組まれ、学校教職員への賠償責任＝過失責任の追及が拡大の一
途をたどっている。

　これを受け止めるべき学校やとりまく環境も急激に変化してきた。
2006年12月の「06教育基本法」制定以降の学校教職員管理政策（副
校長、主幹教諭、指導教諭制度の導入、免許更新制等）の展開、そ
れによる「同僚性」の崩壊など内部矛盾が広がりつつ、子どもの貧困、
家庭内虐待、不登校問題など学校内外の問題「噴出」状況の中で、学
校はその限界点をこえて様々なトラブルが発生し、教職員の疲弊は極
に達し、学校事故問題に対しても本来の対応力が失われてきている。

　とくに決定的な出来事は、2012年7月の大津「いじめ自死」事件で
あり、この事件発覚以降、学校、教職員に対する社会的な批判、バッ

シング世論が広く形成されることになった。現在、学校紛争を知る
団塊の世代が教壇から去り、教職員層の世代交代も進み、学校批判
を背に受けて、無定量的勤務で休職、挫折したり自死したりする若
手教員も後を絶たない状況にある。「過剰叱責による生徒自死」問題
が起きた福井県でも、全国で学力トップを競う県下の学校現場の深
刻な労働状況の中で、月160時間をこえる時間外労働など長時間過
重労働により精神疾患を発症した教員（若狭町上中中学校、27歳）が、
2014年10月自殺し、公務災害と認定されている。

4 日本の学校、教師を守る

❶ 無過失責任主義の学災法制定運動に学ぶ
—学校への配慮の視点から

　このような近年の学校、教師の疲弊状況の中で、果たして、学校
事故の裁判運動によって、これ以上教師の個人責任を追及すること
でよいのだろうか？
　かつては、学校、教師の安全配慮義務を争う場面では教師の過失
を問いつつも、当該教師の個人的な過失賠償責任は問わないで、あ
くまで組織過失としての学校設置者責任に限定し、学校教職員と
ともに裁判運動を進めた遺族・被災者家族の取り組みも見られた
（1994年福島県立高校柔道熱中症死亡事故事件など）*8。
　また、学校事故の被害者救済運動（「学校災害から子どもを守る全

＊8　成田幸子「わが子をなくした保護者から―被災家族・遺族と教職員が共に手
　　を携えて」喜多明人・浅見洋子編『みんなの学校安全―いのちを大事にする
　　社会へ』エイデル研究所、2016年所収。

国連絡会」(略称「学災連」、1979年発足) としても、学校災害補償法の制定運動の中で、教師の個人過失責任を問わない、いわゆる「無過失責任」主義を掲げるなど、「教育活動を萎縮させない」配慮の視点があった。

日本教育法学会 (学校事故問題研究特別委員会) では、「学校災害100万件」時代をむかえた1977年3月に、無過失責任、国費主体、迅速十全補償を掲げた「学校災害補償法」要綱案を提言した。それと同時に、学校・教育委員会による裁判対策が教育の萎縮を生じさせている現実を直視し、1977年3月、「学校事故損害賠償法」要綱案を公表し、①教師個人が賠償責任を負わないこと (第3条2項)、②教師使用者たる学校設置者の「無過失賠償責任」を法制化すること (法案第3条1項)、③そのために学校設置者は国による財政的支援をうけること (第4条2項) などを提案した*9。

同法案は、今日の時点においても、①「指導死」など教師個人の過失責任を問う風潮があること、②個人過失責任は認められなくとも、組織過失責任として学校設置者に対する損害賠償責任の請求があるなど実質的な裁判対策が残されていることから、現実的な必要性が残されている、と考えられる。もちろん、海外 (ニュージーランド等) のように、国による無過失賠償法制を整えていくことが本来的な方向性であるといえるが、少なくとも現代日本の学校が裁判におびえ、萎縮している状況を考えた場合には、せめて学校現場が直接的に過失責任主義に基づく賠償法制がかぶらないような、学校特有の無過失賠償法制が目指されてよいと思われる。

---

*9　兼子仁「学校事故救済の立法論―学校災害補償法および学校事故損害賠償法の提案」『日本教育法学会年報7号』有斐閣、1978年。

❷ 教師個人の過失・賠償責任は 負わないのが国際条理

　国際社会では以前より、本論文冒頭に掲げたように、「教員個人への損害賠償責任追及からの保護」の原則を掲げてきた。

　　「教員は、生徒を事故から守るため最大の注意を払わねばならないが、教員の使用者は、校内または校外における学校活動の中で生じた生徒の傷害のさいに教員に損害賠償が課せられる危険から教員を守らねばならない。」
　　（「教員の地位に関する勧告」69項、1969年9月21日―10月5日・ユネスコにおける特別政府間会議）

　日本国内でも、裁判所では教職員（教育公務員）個人の損害賠償責任を認めない「最高裁判例」（昭和47年3月21日）が確定している。しかし、現実は、この判例を変更させるべく「指導死」訴訟を含めて、被害者・遺族による損害賠償請求訴訟が、教師個人の責任追及に向けられる傾向が強まっている。その意味では、すでに最高裁レベルで判例法として確定しているはずの原則、すなわち〈教師個人は、子どもの事故の損害賠償責任を負わない〉原則の教育条例的意義を再認識していくとともに、教師の個人過失責任をあおる保険会社、共済組織の商業的介入行為を規制するとともに、他方、学校・教育委員会が過剰な裁判対策に走らないように体質の改善をはかることが重要であろう。

　教育における無過失責任の考え方は、学校における重大事故の事実解明、原因究明において、特に重要になっている。近年の航空機重大事故の調査に当たっては、賠償責任など責任追及を前提とした調査では、事実の解明、原因の究明が進まないとの共通認識のもとで、「免責」という手法を取り入れた調査がとられることで、実際に事故再発防止に寄与することが多くなった。学校災害分野においても、事故の解明にあたっては、責任追及型の調査手法ではなく、再

発防止自体を最優先とした免責型調査手法を取り入れることを検討する時期に来ていると思われる*10。

❸ 再発防止に欠かせない教師の教育専門的な安全責任の確立

　ところで教育における無過失（賠償）責任主義の原則が、教育活動の萎縮への歯止めとなり、教育の自主的、主体的活動の促進につながるとはいえ、教育活動中に、子どもに対して重大被害を及ぼした場合には、当該教職員の「責任」問題を検討することが、再発防止の観点からも重要であることはいうまでもない。

　ただし、その責任の負い方は、本来、民事訴訟としての損害賠償責任や行政法上の責任、刑事責任とは区別された教育専門的な安全責任が本筋とならなければならない。教師にとって重大事故の事後対応としては、その基本は、あくまでも再発防止とかかわる教育活動の改善にあり、事故に至った教育活動の原因究明と再発防止への実践的な研修と指針・憲章づくりなど、教師の教育専門職としての専門的な安全責任を果たすことが求められているといえる。

　とくにスポーツ系部活顧問教員、その他の指導員は、そのスポーツ指導に特有な安全専門性を獲得できる研修および養成システムの整備が必要である*11。2017年3月、栃木県那須町で、登山講習中の

----

*10　「学校事故対応に関する調査・研究」有識者会議あて、学校安全全国ネットワーク意見書『学校の重大事故の事後対応のあり方、とくに第三者調査委員会の設置について』2015年11月9日、（前掲『みんなの学校安全─いのちを大事にする社会へ』所収、参照。被害者救済と学校支援との両立への一歩として、5年前にNPO「学校安全全国ネットワーク」（http://gakouanzen-network.com/）が設立された。この会は、被害者団体「学校災害から子どもを守る全国連絡会」が発展的に解消されたのちに、その精神を受け継ぐべく結成されたものである。

高校生7人と教師1人が雪崩事故で死亡した。これを例にとれば、山岳部、スキー部顧問教師の研修制度はどうなっているのか、改めて検討する必要がある。また、柔道事故などスポーツ系の部活動、体育時における、人間の生理や意識の限界を無視した非科学的指導から発生した重大事故、死亡事故については、教師の安全研修活動が必須といえる。こうした安全研修の必要性については、2007（平成19）年5月に、「『学校安全指針』モデル案の提案」をした日本教育法学会学校事故問題研究特別委員会でも言及されており、安全学習指針、体育授業安全指針、運動部活動安全指針などを公表してきた。また、さらには教育安全指針づくりの努力を、当該スポーツ競技団体にも勧めており、これを宣言してゆくことをサポートしていくことも重要であろう*12。

❹ 学校支援と子どもの権利救済
―両立の可能性をさぐる

　被害者家族の立場からすれば、これまで学校事故問題の解決は、裁判所という第三者の司法機関による原因究明、再発防止しかない、という追い詰められた思いがあった。学校、教育委員会側からは、だからこそ裁判対策が優先されて、訴訟を起こす被害者家族には極力不利になる情報や行為を見せないこと、可能な限り被害者家族と接することを避けることなどして、結果的には多くの学校重大事故について、学校、教育委員会と被害者家族との間に抜き差しならぬ

＊11　三浦孝啓「学校体育・スポーツ指導者養成の問題―山岳部指導者研修を中心に」永井憲一監修・学校災害から子どもを守る全国連絡会・学校安全研究会編『学校安全への提言』東研出版、1981年。
＊12　喜多明人・橋本恭宏・船木正文・森浩寿編『解説学校安全基準』不磨書房、2008年、参照。

不信感が生じていくことになる。そして遺族・被害者家族は、この「不信感」から裁判を起こさざるを得ないという悪循環が生まれていた。しかし遺族・被災者家族にとっては、個人的に起こす訴訟は、弁護料負担など私的な負担が大きく、また裁判自体への親族等の反対も強く、被害者家族にとって大変なプレッシャーとなっていたことも事実である。

　こうした悪循環を絶ち、被災者救済と学校支援との両立をはかっていくためには、現時点では三つの論点を追究していく道があるように思われる。

　一つは、前記したように、学校の重大事故に対する完全かつ迅速な無過失補償制度(学校災害補償法、当面は現行の日本スポーツ振興センターの改善)、無過失賠償責任法制(学校事故損害賠償法)の整備である。かつては、これらの制度化には、厚生省(当時)の「横並び論」(兼子仁：学校のみの突出した福祉的経済支援はできない)が壁になっていたが、今日のように自治体による小中学生の医療無償制が進展してきている時代になっては、むしろ学校事故の無過失補償、賠償を全面に出した法制化が可能になってきているのではないか。

　二つには、遺族・被害者家族の負担を考えたときは、可能な限り裁判所に委ねず、裁判に代わる"非司法的な第三者"の立場からの事実解明、原因究明、再発防止にむけた第三者調査・救済制度を開拓していくことである。この取り組みは、裁判助長の市民運動の見直しをともなう活動となる(後述)。

　三つは、学校、教師が教育専門的な安全責任を果たしていく基本条件として、教員養成カリキュラムの改善および学校安全研修制度の充実等をはかっていくことが求められよう。

　以下、分量上の制約もあり、第二の非司法的な第三者機関のあり方に絞って論じておきたい。

❺ 非司法の第三者調査委員会の改善と課題

　学校事故、いじめや体罰など、広く子どもに向けられた暴力事件を含む、子どもの権利侵害に対して、これを救済する取り組みと学校現場、教職員の支援とを両立させる方法を考えたい。その点で、裁判以外の解決手段である「第三者調査委員会」による調査制度が注目され、その効果が有効であると認識されてきた。

　ただし、従前の「第三者調査委員会」は、教育委員会による「幕引き」的な役割を担わされてきた感を否めず、被害者・遺族側は、この手法（委員名および委員会審議の非公開など）に納得できないことが多く、その制度としての未熟性は明らかであった。

　そのような中で、大津市「いじめ自死」事件において、学校・教育委員会調査を不十分として、2012年8月に設置された第三者調査委員会は、遺族推薦の委員を含む構成をとり、教育委員会調査結果の検証、被害者・遺族への聴き取りと寄り添い、独自の客観的調査（弁護士グループを軸に）の実施、学校・教職員支援的な政策提言など、調査委員会として新しい方向性を示してきた。

　さらにこれを後押ししたのが、文科省指針である。2016年3月31日、文部科学省（初等中等教育局長・小松親次郎名）が、各都道府県教育委員会教育長ほかあてに通知した「『学校事故対応に関する指針』の公表について」がそれである。この文科省指針では、第三者調査委員会を設置（基本調査から詳細調査への移行）する判断基準として、1)「被害児童生徒等の保護者の要望がある場合」あるいは、2)「教育活動自体に事故の要因があると考えられる場合」を掲げ、第三者調査委員会の目的は、責任追及型の調査ではなく、1) 再発防止のほか、2) 児童生徒等と保護者の「事実に向き合いたいなどの希望に応えるため」であるとした（資料7参照）。

　また、同指針では、遺族・被害者家族への対応についても詳細に記述し、遺族・被害者家族との連絡・情報共有、信頼関係の構築、信頼できる第三者の準備、遺族・被害者家族の意向・気持ちへの寄

り添いと調査の実施などについて具体的に指示した。この指針には、本来、①自治体・教委の行政規則、要綱にすべきもの、②条例化すべきもの、③法律にすべき―現行学校保健安全法に盛り込む―もの、などが混在しており、その整理、とくに②、③をめざしていく必要がある。少なくとも、第三者調査委員会の設置（10の指針）については、立法化することが望ましい。

　なお、これらを契機として、学校安全全国ネットワーク（代表：喜多）などにおいて、非司法的な第三者調査委員会を軸とした事実解明、原因究明と再発防止（事後対応の改善を含めて）の提言等のシステムのあり方に関して、本格的な検討が始まっている。

　その際、すでに述べたように、一方で非司法的な第三者調査機関での事実解明、原因分析を発展させていく取り組みを進めながら、他方で被害者の要求があるからといって、ひたすら裁判運動を強化していく市民運動が進められるとしたら、両者は共存できない。現実に、「寄り添わぬ第三者委」「事実解明が不十分」（2019年11月9日付毎日新聞）という批判が起きている。

　第三者調査委員会での事実解明、原因究明を進めていくためには、それが責任追及型の裁判に利用されないという確証が必要である。そこでは、個別救済としての裁判と第三者委の制度的発展との両立、調整が不可欠になっている。

❻ 子どもオンブズパーソン ＝第三者権利擁護機関との連携

　また、非司法的な立場からの調査権をもつ第三者相談・救済機関としては、子どもに寄り添い、子どもを代弁する第三者機関「子どもオンブズパーソン」制度（以下「子どもオンブズ」という）がある。その出発は、1998年12月に制定された川西市「子どもの人権オンブズパーソン条例」に依拠した第三者相談救済機関（子どもオンブズ）

である。子どもオンブズは、子どもが安心して相談でき、当事者間では解決できない問題の調整活動、中立で公平な調査活動、そして結果をふまえての勧告・是正要請、意見表明、その結果についての公表の機能を有していた。現在、子どもオンブズの仕組みを持つ自治体は、川西市をはじめ29自治体にのぼる*13。このオンブズ制度は、裁判によらない調査、救済機関として被災者・遺族にとっても大いに期待されてきたといえる。

　第三者調査委員会は、多くの場合、学校の重大事故の発生時に教育委員会内に設置される場合が多い（いじめ防止対策推進法）。しかし、調査結果を踏まえての勧告・是正要請まで踏み込めるか、踏み込んでもその実効性をどう担保するのか、などの点で限界も指摘されてきた。その点では、常設型の子どもオンブズの調査権行使による第三者調査委員会活動の方が、上記の課題をクリアできるし、かつ政策提言としての再発防止策、学校事故の予防的な施策の遂行についてまで踏み入れることが可能である。

　ただし、子どもオンブズが、常設的にオンブズ機能を満たしつつ、突発的に生じる重大事故までカバーすることの困難性はある。そのような突発事件を想定して、オンブズの調査権限の延長として、重大事故に限定した第三者調査委員（専門委員）を選考、推薦していく権限が付与されることで解決し得るように思われる（長野県子ども支援条例制定時にそのような議論があった）。

＊13　半田勝久「子ども条例に基づく公的第三者機関の歩みと課題」荒牧重人・半田勝久・吉永省三編『子どもの相談・救済と子ども支援』日本評論社、2016年。

5 日本の学校の未来
—地域の学校共同体の形成へ

❶ イニシアティブを手放せない教師、教育界

　子どもの権利条約が日本で批准され、また196か国が批准（2019年現在）し、子どもの権利がグローバルスタンダード化している今日の時代において、日本の学校には依然として〈子どもの権利が入っていかない現実〉があることをどう考えたらよいのか。これまでの説明ではなお不十分である。

　そこでは、率直に言って日本の教師の「子どもの権利」認識が問われると思われる。教師の生命線である「教育の専門性」の内実に子どもの権利が十分位置付けられなければ、教師も学校も変わるまい。

　実際には、子どもの権利とかかわる問題に関連して、学校現場では「教育の専門性」を揺るがす事態が続いてきた。

　子どもの自己肯定感の低下と能動的な活動意欲の喪失の問題、子どもの生きる意欲、学ぶ意欲、意見表明・参加する意欲、人とかかわろうとする意欲の低下、喪失とかかわる問題、その顕れとしての青少年自殺、不登校、ニート・ひきこもりの問題、いじめ・体罰問題、学校災害の多発の問題等々、これらの実践的な課題は、どれをとってみても、子どもの権利の視点からしか解決しえない教育問題であった。しかしながら、教師はあえて「子どもの権利」には目をふさぐことで、これらの問題を放置してきた感がある。

　では、なぜ、教師は子どもの権利の視点に立ちえないか。子どもにとって権利＝ライツとは、子どもにとって当たり前の人間としての意思や力、要求を社会的に承認することを指す。

　したがって、子どもの権利としての参加は、意思決定への参加を本質としている。この点が、教師の教育専門性、教育権論と「衝突」しているように思われる。従来の教師の教育専門性は、あくまでイニシ

アティブ（主導性）が教師にあり、子どもの参加や自治活動が教師の指導の枠内（「指導の目当て」という）にあってこそ実践的に有効であると考えられてきた。逆に言えば、教師は、指導の枠をこえた子どもの自治活動に対して、「無力」であり、その想定外の「恐怖」を感じていたからこそ、極力そうならないように抑え込む体質があった。

1）教師が一歩を踏み出す勇気をもって―指導から支援へ

「お釈迦様の手のひら」論（藤井幹夫氏＝神奈川県立高校元校長の言葉）と現場から問題提起されてきたように、「手のひら」＝指導の枠組みをこえて、孫悟空（＝子ども）が飛び出すことを恐れ、抑え込むことでよいのか？

日本の教育（学）界、とくに教師には、子どもにイニシアティブを渡し、彼らが能動的に動き出すこと、それを肯定できる教育観―指導から支援へ、と一歩を踏み出す勇気が試されてきたともいえる。すでにそこへ踏み出している学校現場もある。

大田堯はこう述べている。

> 「Education（エデュケーション）は本来「（潜在能力を）引き出す」という意味であったのに、「教育」（教え、育てる）という字を当てて、本来ない「教える」という意味を含めてしまいました。そのことによって、教育が「引き出す」ことよりも、「教えること」、そして、それをそのまま「教わること」に力点が置かれるようになってしまった[14]。

大田堯がいうように、そもそもエデュケーションとは、その子に内在する力を引き出すという意味であり、その子どもの生来的な育とうとする力、生命力、自己形成力を引き出すことが、本来の「教育」

＊14　子どもの権利条約ネットワーク編『ニュースレター』117号、2015年9月、2ページ。

のあるべき姿であったはずである。

　しかし、日本では、教育＝「教えて育てる」という言葉が一人歩きして、教師や親がいだく理想的人間像に子どもを近づけ、指導し、仕立て上げる、という指導万能観が大変強くなってしまった。それゆえ、このような「教育」のもつ伝統的な理解を払しょくしていくために、私たちは、あえて子ども一人ひとりの力を引き出す行為＝「子ども支援」という言葉を使うことにした。

　1990年代に入って、日本でも子どもの権利条約が批准され、子どもの権利条約時代となったが、学校現場では、上記のような教師と「子どもの権利」との間の"緊張関係"がつづくことになる。1994年5月20日に出された文部事務次官通知もあり、教育判例も背景にして、「子どもの権利（条約）に対する"学校の教育裁量権の優位"」認識が助長された。子どもの権利条約については、学校にとっての「外圧」観が支配し、「子どもの権利、校門を入らず」という状況が常態化された。

2) 動き出した子ども、市民たち

　これに対して、一部ではあるが、日本の子ども・生徒は、条約批准をうけて、様々な権利行使、学校参加に取り組み始めた。埼玉県立吹上高校生徒の「体罰抵抗法」の取り組み、千葉生徒会連盟生徒の人権プロジェクトの「生徒人権宣言」などである[15]。

　しかし、そのような子どもたちの活動も、2000年代に広がったゼロ・トレランス（厳罰主義の子ども政策）の中でかき消されていく。なおこの時期は、「子どもの権利」「人権」擁護に熱心であった労働界＝職能団体（教職員組合等）の運動の分裂期と重なったことも不幸なことであった。

---

[15]　子どもの権利条約総合研究所編『子どもの権利条約ガイドブック』日本評論社、2011年、参照。

子どもの権利普及の立場からは、当時は、市民NPOの立場で子どもの権利普及に臨むことが求められていた。1991年には、子どもの権利条約ネットワークが設立され、同年、子ども虐待防止センターも立ち上がった。1992年には、国際子ども権利センター（現在のシーライツ）が設立され、1993年からは、市民、子どもNPOの実践交流を目的として「子どもの権利条約フォーラム」が開始された。その展開については、**別表**を参照されたい。

3)「教師の教育権」論の対内的権利性の追究

すでにのべたように、1980年代の管理教育時代をへて、子どもの権利（学習権）と教師の教育権との予定調和的な関係が崩れ始めた。もともと教師の教育権は、〈対国家の教育権〉との対抗関係の中で、主に裁判規範として理論化されてきた国民の教育権論の一翼を担うものであった。子どもの学習権はもっぱら教師の教育権、国民の教育権の説明概念として用いられる傾向が顕著であり、実体の薄い子どもの権利であった。当時の教師の教育権論は、教師の立場からみれば、もっぱら対国家、対教育行政としての対外的な権利性の追究が主としてなされており、教科書裁判や学力テスト裁判などにおいてその権利性が争われ、そこでの立論は教育法解釈学[16]に依拠していた。これに対して、1980年代以降、教師の教育権を〈対保護者、子ども、地域住民の権利〉と突き合せていく、いわば対内的な権利性の追究が始まった[17]。今橋は、親の教育権に実体がないことを指摘し、欧米で形成されてきた「学校協議会」を念頭において、学校の中で共同の決定主体となりうる父母（保護者）の教育権を主張した。

それは、子ども・生徒も同様の立場にある。イギリスを除き、欧米の学校参加制度には、保護者・住民とともに子ども・生徒を登場

---

*16　兼子仁『教育法新版』有斐閣、1978年。
*17　今橋盛勝『教育法と法社会学』三省堂、1983年。

別表　子どもの権利条約フォーラム開催一覧（林大介氏作成のものを加筆修正）

フォーラム名称	開催日程	開催地	＊掲載誌
1：条約フォーラム'93	1993年11月20日・21日	（千代田区）	10号
2：条約フォーラム'94	1994年11月5日・6日	（渋谷区）	17号
3：条約フォーラム'95	1995年11月18日・19日	（渋谷区）	23号
4：条約フォーラム'96	1996年11月9日・10日	（大阪市）	29号
5：条約フォーラム'97 in 神奈川	1997年11月2日・3日	（川崎市）	35号
6：条約フォーラム'98 in ふくおか	1998年11月14日・15日	（春日市）	41号
7：条約フォーラム'99	1999年11月27日・28日	（渋谷区）	47号
8：条約フォーラム2000 in 群馬	2000年11月25日・26日	（高崎市）	53号
9：条約フォーラム2001 in あおもり	2001年11月24日・25日	（青森市）	59号
10：条約フォーラム2002 in ちば	2002年12月7日・8日	（千葉市）	65号
11：条約フォーラム2003 in かわにし	2003年12月6日・7日	（川西市）	71号
12：条約フォーラム2004 in いばらき	2004年11月20日・21日	（取手市）	77号
13：条約フォーラム2005 in しが	2005年12月3日・4日	（近江八幡市）	82号
14：条約フォーラム2006 in くまもと	2006年11月11日・12日	（熊本市）	86号
15：条約フォーラム2007 in ながの	2007年11月17日・18日	（諏訪市）	90号
16：条約フォーラム2008 in みえ	2008年11月23日・24日	（津市）	94号
17：条約フォーラム2009 in とやま	2009年11月14日・15日	（富山市）	98号
18：条約フォーラム2010 in みやぎ	2010年11月13日・14日	（仙台市）	102号
19：条約フォーラム2011 in 広島	2011年11月12日・13日	（広島市）	106号
20：条約フォーラム2012 in あいち	2012年11月24日・25日	（名古屋市）	110号
21：条約フォーラム2013	2013年11月16日・17日	（渋谷区）	114号
22：条約フォーラム2014	2014年11月16日	（新宿区）	118号
23：条約フォーラム2015 in 石巻	2015年11月21日・22日	（石巻市）	122号
24：条約フォーラム2016 in 関西	2016年12月10日・11日	（大阪市）	126号
25：条約フォーラム2017 in 信州	2017年12月2日・3日	（茅野市）	130号
26：条約フォーラム2018 in とちぎ	2018年11月3日・4日	（足利市）	134号
27：条約フォーラム2019 in 東京	2019年11月16日・17日	（文京区）	138号

＊子どもの権利条約ネットワーク機関誌『子どもの権利条約ニュースレター』

させた。それは欧米流の学園紛争の解決方法であった。

　こうしたパートナーシップ型学校運営（日本も子ども参加を加えれば、学校の四者協議組織が形成されつつある）においては、教師の教育権を裏付ける専門性として、コーディネート的な専門性が求められていくことになろう。

　さらにいえば、教師を含む教職員、子ども・生徒、保護者、地域住民（市民）の四者からなる地域学校共同体とスクールデモクラシー（四者の合議による共同決定、共同責任制）の確立への向かうことが求められていくだろう。

❷ 地域学校共同体の土台を形成する 学校自治条例の登場

　韓国では、すでに、この地域学校共同体の土台を形成する学校自治条例が登場している。

　光州広域市では、前朴政権下で裁判闘争を経て、ようやく2019年1月1日に、「学校自治に関する条例」（以下、光州市条例という、資料8参照）を制定し、3月1日に施行した（全羅北道でも、2016年1月4日に学校自治条例を制定施行している）。今後、日本の学校においてもしかるべき時に、地域学校共同体の形成を図っていくための先例資料として、この光州市の条例を見ておきたい。

　光州市条例の第1条（目的）では、「児童生徒、保護者、教職員が学校運営に参加する権利を保障し民主的な学校コミュニティを実現し、意思の疎通や学びと成長のある学校文化をつくることを目的とする。」と規定された。そのうえで、第3条（学校運営の原則）では、「①光州広域市教育監（以下「教育監」という）と光州広域市教育庁管内の学校の校長と院長（以下「学校長」という）は、「教育基本法」第9条第3項に規定している学校教育の方法と目標を遵守し、学校を運営しなければならない。」とされている。

ここで注意しなければならないことは、韓国と日本との教育行政の仕組みの根本的な違いである。韓国では、光州広域市を含めて、すべての自治体の教育行政の長（教育監）を住民公選制で選出してきた。これに対して、日本では、任命制教育委員会のもとで、実質的には首長の任命による教育長が実権をにぎってきた。韓国では、一般行政の長である知事、市長と教育監との二元的な行政を進めてきており、ともに住民の直接選挙で選ばれたということで、教育行政（教育権）の独立性を堅持してきた。現政権下では、国政においても教育行政の独立性を保持するために「国家教育委員会」法案が国会に上程される段階にある。

　では、地域住民の意思で選出された教育監は、学校運営にどう関与しようとしているのか。

　第3条の2項の1では以下のように規定された。

　　1　教育監と学校長は、法令の範囲内で教師が判断し決定した教育の内容、方法、および評価等に関する事項を尊重しなければならない。

　「法令の範囲内で」という枠内ではあるが、「教師が判断し決定した教育の内容、方法、および評価等に関する事項を尊重しなければならない。」と、教師の教育権（韓国では「教権」というが、日本の教師の教育権と同趣旨であることから、以下日本語訳としても、「教育権」という）の尊重がうたわれている。

　さらに第3条2項の2〜5で以下のように述べている。

　　2　教育監と学校長は、児童生徒、保護者、教師および職員が学校の意思決定プロセスに参加することを保障しなければならず、性別、宗教、年齢、身体条件、経済的条件、学業成績などの理由で差別してはならない。

　　3　教育監と学校長は、児童生徒と教師の教授学習活動を支援しなければならず、そのために教授学習活動のための予算を配分しなければならない。

4　児童生徒は、学校運営全般に関して学校に意見を表明することができ、教育監と学校長は、その意見を尊重しなければならない。

5　保護者は、児童生徒の教育に関して学校に意見を表明することができ、教育監と学校長は、その意見を尊重しなければならない。

　そして、「児童生徒、保護者、教職員が学校運営に参加する際には、民主的な学校コミュニティの実現のために、互いに信頼し、尊重しなければならない。」(第3条3項)との基本的な約束のもとで、各主体の「自治機構」(第4条)が定められ、「自治機構の自治権」を前提として、児童生徒会 (第5条)、保護者会 (第6条)、教職員会 (第7条) が定められ、各自治機構の意見の調整役として「学校自治会会議」(第8条) が定められた。

　これらの学校運営組織に関しては、従来は慣例的に行われていた学校自治活動を条例化した側面が強い。

　とくに、子どもと教師との関係性としては、教育監と学校長は、「児童生徒と教師の教授学習活動を支援」すべきとうたわれていることに注目したい。そこには、子どもと教師が、共に生き、支え合い、学び合うようなパートナーシップ関係による子ども支援実践への期待感が込められているといえる[18]。

＊18　共に授業を創る実践については、喜多ほか『子どもの参加の権利』三省堂など参照。山田洋次監督の映画「学校」にも、そうした授業風景が垣間見られる。

❸ 学校共同体の一員としての教師の　教育権の再構築

　上記のような子どもの権利＝意見表明・参加の権利や保護者の意見表明・参加の権利を実体化していくためには、これをしっかり受け止めることができ、パートナーとして支え合うことのできるような教師の法的地位が不可欠である。権限のないところには参加はありえない。教師がしっかりした教育権限を法的に承認されてこそ、子どもや保護者の実質的な権利保障も進むのである。当初は、その権限が「権威的性格」を有していることで、「閉鎖的な専門性」に陥る時期、危険性はあったとしても、教師や学校に権限、力があればこそ、子どもや保護者も参加権を行使できるのである。

　韓国では、「児童・生徒人権条例」と「教師の教育権条例」をもつ光州広域市においては、8年前から「生徒の人権と教師の教権」論争が起きている。それは、相互の法的な地位が確立しているからこそ争えるテーマともいえる。

　人口1200万人以上、韓国の人口の4分の一を占める京畿道においても、いち早く2010年9月に「生徒人権条例」を制定した。日本の川崎市子どもの権利条例を参考にしつつ、主に学校の子どもの権利実現を目的にした子どもの権利条例であった。同様の条例が、ソウル特別市（人口1000万人）、光州広域市、全羅北道などにある。教師の教育権については、同じく京畿道には、2010年4月21日に制定・公布された「京畿（キョンギ）教育権の保護憲章」がある。教師の教育権を、1200万都市で「憲章」で定めている意味は大きいといえる。

　この憲章には、解説がついており、「京畿（キョンギ）教育権保護憲章案内」には、その「制定理由」として、「教育主体相互間の権利が尊重される健康で幸せな学校共同体を構成すること」によって、「国民の教育権を保護し、併せて公教育機関の教育力を向上するのに必要な教員の権利及び権威の保障のため、実質的な方案を設けようとする」とある。

この文末の「権威の保障」というところが、今後、生徒人権条例、保護者支援条例のもとで、より高次の教育権への質的なレベルアップが求められるところであろう。

それはともかくも、教師の教育権の公的な保護が、「憲章」として担保されていることは、日本とは比較にならない。とくに、憲章第2章の第2節〜第4節の教師のとらえ方は圧巻であり、今後の教師の教育権の再構築にとって有益な情報となるように思う。

教師は、①「教育者」であり、②「専門職従事者」であり、③「人間」であるということ。主な論点を示そう。

① **教育者としての権利（第2節）**
　　○ 教育における学問の自由の享受
　　○ 教育内容選択、教育方法の決定、評価及び児童・生徒指導
　　　　―専門家としての識見と倫理意識に立って自由に専門性を発揮
　　○ 研究者として、新しい教育課程及び教育資料の開発参加
　　○ 学校共同体の重要な一員として、学校共同事務への意見表明・参加

② **専門職従事者としての権利（第3節）**
　　○ 教師の身分保障（私立学校教員含む）、職業的安定確保
　　○ 各種専門的団体の組織化、教職専門性の啓発
　　○ 教育活動に関連した不当な要求からの自由
　　　　―学校管理職は、教師が不当な要求を受けないようにする努力義務
　　○ 教師への懲戒措置の明文化、教員懲戒における適正手続き（①〜⑤）
　　○ 教育行政当局による教師の健康維持・増進の努力義務
　　○ 女教師に対する差別禁止、女教師の育児と教育活動の両立配慮義務

③ 人間としての権利（第4節）
- ○ 憲法上の人間としての基本的権利の尊重（制限禁止）
- ○ 教育における人間としての尊厳と幸福を追求する権利の保障

　①は、日本の教育法学上は、学問の自由を基盤とした教師の教育の自由説（宗像誠也）と教育の職務権限独立説（兼子仁）を合体させた教育権論といえるが、これに学校共同体の一員としての教師の教育権という現代的な学校改革（京畿道の革新学校政策）としての側面が加わっているところに特徴がある。

　②は、日本でいえば、教師＝教育労働者の側面を明文化しており、教師が教育労働権を行使していく存在であることが強調されている。ただ「女教師の育児」への配慮は、韓国的といえようか。

　③は、人間＝教師として、基本的人権の享受、それに、教育における「人間としての尊厳と幸福を追求する権利」の保障がうたわれている。教師の仕事は天職として生きがい、幸福追求権の行使に当たるとしているところは、日本の教師像としても共有しておきたいところである。

　このほか、教師の責務（第2章）でうたわれている「児童・生徒人権保護への努力」、「保護者の意見尊重への努力」、「教育権教育」（第3章24項〜26項）、「教育権保護制度」（第4章27項〜31項）なども学ぶべき点が多い。とくに「教師支援センター」の設置と権利を侵害された教師への支援、救済措置は、日本でもほしい仕組みである。

❹ 教師の教育権と子どもの権利＝人権との新たな関係を創る

　生徒人権条例によって保障されている子どもの権利（生徒の人権）が、この憲章と「衝突」しそうな場面は、例えば以下のような問題への対処であろう。

生徒人権条例は、子どもの権利を保障し、これを規制しようとする学校に対して、逆に学校を規律する規範を設定した。

　条例では、以下の権利制限を進める学校・教職員に対して、これを規制する条文を設定した。

　　＜学校が規制することを禁じた「指導」行為＞
　　○校内外行事の出席強制(8条2)
　　○夜間学習・補充授業強要 (9条2)
　　○正規教科外活動の強要と休息権侵害(10条2)
　　○服装・頭髪規制 (11条2、3)
　　○所持品検査(12条2)
　　○子どもの個人的記録物検査(12条3)
　　○携帯電話所持禁止 (12条4)
　　○名札付け強要 (13条)
　　○子どもの個人情報の公開 (13条4)
　　○良心に反する反省・誓約の陳述強要
　　○宗教科目の受講強要
　　○表現の自由への干渉・制限 (16条2)
　　○生徒自治組織の構成員資格制限 (17条2)

　「学校は、児童・生徒の携帯電話の保持を禁止してはならない」(12条4)とあることは、日本の教育界にとっても衝撃的ではある。また「学校は頭髪の長さを規制してはならない」(11条2)といった規定は、教師の教育権、憲章で明文化された「生活指導」権との関係が問われるだろう。しかも、頭髪等の規制禁止の根拠として、いわゆる表現の自由とは区別された、子どもの「個性を実現する権利」の保障を謳っている点が注目される。そこには、一般人権とは区別された教育的な人権論が反映されている。

　こうした生活指導面の教育権との調整は今後の実践的な課題といえるが、すでに、教師の体罰問題で、韓国教育界が揺れていることは確かである。京畿道は、教師の体罰の規制に乗り出し、処分も出したが、

これに対して教師の教育権の侵害ではないか、と問う世論もある。

　いずれにしても、子どもの権利、教師の教育権は公的に保護を受けたうえでの、〈子どもの権利からの教育権見直し〉が現実的に進められていることに、いつか日本でも、「その日」がきてほしい、と願うばかりである。

6 まず、おとなが幸せでいてください
―教師と保護者の権利宣言

　いま、日本では、「それどころではない」という状況下にある。学校も、教師も疲弊し、「権利」を唱えるようなパワーが喪失している。教職のブラック化や「免許更新制」による有限免許 (10年で失効) 化によって、学生の「教師離れ」は深刻化し、教員採用も定員割れしかねない状況下にある。学校現場は、教師不足が深刻化し、再任用後の60代後半、70代、そして80代教員OBにまで頼らなければならない状況にもある。

　こうした状況下で学校の再生を図ることは容易なことではあるまい。

　「まず、おとなが幸せでいてください。

　おとなが幸せでないのに、子どもだけ幸せになれません。・・・・

　まず、家庭や地域の中で、おとな同士が幸せでいてほしいのです。

　子どもはそういうなかで安心して生きていくことができます」*19

　この子どもたちの願い、これを学校に置き換えれば、「まず、先生たちが幸せでいてください。先生が幸せではないのに、子どもだけ

....
*19　かわさきし子どもの権利条例　子どもたちからおとなへのメッセージ＜平成13年 (2001年) 3月 子どもの権利条例子ども委員会のまとめ＞

幸せにはなれません・・・」

　子どもだけが権利を保障されることはありえない。おとなの権利、教職員や保護者の権利が守られてこそ、子どもの権利が保障されえる。その意味では、日本でも、「教師と保護者の権利宣言」「教師の人権憲章」などがあってよいのではないか。

　真に子どもの権利の視点に立ったとき、あるいは子どもたちのイニシアティブが尊重され、きちんと受け止められて支えあっていくような共同体、コミュニティが形成されたときにこそ、学校は元気をとりもどし、本来の学校のあり方に戻っていくのではないか。子どもはだんだん人間になるのではない、今すでに人間なのだ（ヤヌシュ・コルチャック）、子どもの人間としての意思と教職員、保護者、地域住民の意思との共有にもとづく市民的パートナーシップと共同体が形成されたときに、日本の学校の再生の道が拓けていけると確信する。

　　　　　　　　　　　　　　　　　終章　喜多明人

資料編

大田堯先生ビデオメッセージ　　　2012年7月8日

オルタナティブ教育法を実現する会設立総会に寄せて

　きょうは、オルタナティブ教育法を実現する会の設立総会ということですが、わが国の教育は、フォーマルな教育というか、学校教育というものが、そしてその制度が圧倒的な支配として教育をあたかも独占しているかのごとき状態にあるという現実があります。そのなかで、オルタナティブな教育のあり方を探究するということの意味は、このフォーマルな教育のもっているいろいろな問題点を突破するカギになるものとして非常に大きな問題提起があるものだと私は考えています。

　教育というものは、そもそもひとり一人の子どもなり、おとななりが自分の内面にもっているDNAというか、一種のダイナミックな設計図、しかも、その人にユニークな設計図というものを、私たちの内面が天から与えられて、その設計図をユニークに拓いていく、そして、自分らしい自分を創り上げて社会貢献をする、そういう筋道でそれぞれが成長していくわけです

　しかし、それぞれ、人が持っているユニークな設計図に対応するには、フォーマルな形だけでできるわけではなく、かえってフォーマルなためにいろいろな犠牲を子どもたちが求められるようなことが起き、現に起きていることから、わが国の学校教育制度のほかに、オルタナティブな教育、多様な選択肢を持った教育の場が用意されなければならないと思います。それは、いわば人間としての生存権の一部として保障されなければならないことです。

　いま、生存権の一部と申し上げましたが、学習というものによって、あらゆる動物は、外界から何かを取り入れて、そしてそれを自分のものとすると同時に、必要なものをエネルギーに変えながら、いらないものを排除していく、そのような循環のシステムのなかに学習があると思います。それは丁度食事をしてエネルギーを得て成長するのと同じように、情報を獲得して、これを知的エネルギーに変えて、いらないものは忘れ去り、成長していくのですから、生まれたときから学習活動は始まる性質を持つものです。

　そうであれば、学習するということは、生まれたときから死ぬまで、社会的文化的な対話という、大きな社会の中で随所、随時に行われるべき性質を持つものであり、人びとはそのなかで育っていく、ひとり一人違うユニークな設計図を生かしながら自分らしさを実現していく、そのように多様な学習の場を用意する義務がこの社会にあると確信します。

　しかしながら、それは容易な問題ではありません。が、「かすかな光」として、それを展望しながら、一歩一歩、多様性豊かな社会を創りだしていくという大きな仕事に貢献されるということで、心からこの企てを支えたいと考えます。

子どもの権利条約フォーラム　メッセージ(大田堯)

2018年11月3日
『子どもの権利条約フォーラム2018 in とちぎ報告集』2頁より

生きものの生存は学びとともにある

　「生きることは学ぶこと」「学ぶことは生きること」。バクテリアのような単細胞の生きものでさえ、まわりの環境に学んで生きているといわれています。学ぶことは即生きること。生きものは、学びとともに生きつづけてきた38億年の歴史をもっているのです。

　同じ生きものである人間も、誰もが実にたくさんの人類の学びの財産を蓄えて生まれ出て、自分というものの外にある人間や物、自然などさまざまなものに触れ合い、学びを重ねて、かわりつづけ、死に及んでいくのです。

　ここで大事なことは、一人ひとりに備えられた人類の財産はそれぞれみなちがっていて、その子その子なりに与えられているということです。つまり一人の人間として生まれた子どもは、みな「ちがっている」のです。そうした子どもたちは、物や自然とのつきあい、遊びや労働、学校教育などをとおして、自分自身の豊かな学びの財産と重ねあわせながら、自らかわって、それぞれが自分流儀の「ひと」になっていくのです。

　そういうちがった一人ひとりが互いにかかわりあって暮らしているのが、人のつくっている社会なのです。その中では、みな「ちがった」生き様をしていますので、議論をして意見のぶつかりあいで互いに対立することもありますが、そのかかわりの中にこそ、予想もしなかった新しい考え方が生まれるということも大いにあり、そこから新しい社会・文化が生まれるということが今日まで繰り返しあったのです。「ちがうこと」「かかわりあうこと」は、互いに「新しい生き方を生み出すこと」。

　特に核を含むあらゆる武器を捨てて、人民主体の社会が据えられ、維持される。私は心から皆さんの未来社会が、そうあることを祈ります。

2018年10月8日
大田 堯

普通教育機会確保法　全文

（正式名称「義務教育の段階における普通教育に相当する教育の
機会の確保等に関する法律」2016年12月制定、2017年2月施行）

第一章　　総則

（目的）

第一条　この法律は、教育基本法（平成十八年法律第百二十号）及び児童の権利に関す
る条約等の教育に関する条約の趣旨にのっとり、教育機会の確保等に関する
施策に関し、基本理念を定め、並びに国及び地方公共団体の責務を明らかに
するとともに、基本指針の策定その他の必要な事項を定めることにより、教
育機会の確保等に関する施策を総合的に推進することを目的とする。

（定義）

第二条　この法律において、次の各号に掲げる用語の意義は、それぞれ当該各号に定
めるところによる。

　一　**学校**　学校教育法（昭和二十二年法律第二十六号）第一条に規定する小学
　　校、中学校、義務教育学校、中等教育学校の前期課程又は特別支援学校
　　の小学部若しくは中学部をいう。

　二　**児童生徒**　学校教育法第十八条に規定する学齢児童又は学齢生徒をいう。

　三　**不登校児童生徒**　相当の期間学校を欠席する児童生徒であって、学校に
　　おける集団の生活に関する心理的な負担その他の事由のために就学が困
　　難である状況として文部科学大臣が定める状況にあると認められるもの
　　をいう。

　四　**教育機会の確保等**　不登校児童生徒に対する教育の機会の確保、夜間そ
　　の他特別な時間において授業を行う学校における就学の機会の提供その
　　他の義務教育の段階における普通教育に相当する教育の機会の確保及び
　　当該教育を十分に受けていない者に対する支援をいう。

（基本理念）

第三条　教育機会の確保等に関する施策は、次に掲げる事項を基本理念として行われ
なければならない。

　一　全ての児童生徒が豊かな学校生活を送り、安心して教育を受けられるよ
　　う、学校における環境の確保が図られるようにすること。

　二　不登校児童生徒が行う多様な学習活動の実情を踏まえ、個々の不登校児
　　童生徒の状況に応じた必要な支援が行われるようにすること。

　三　不登校児童生徒が安心して教育を十分に受けられるよう、学校における
　　環境の整備が図られるようにすること。

　四　義務教育の段階における普通教育に相当する教育を十分に受けていない
　　者の意思を十分に尊重しつつ、その年齢又は国籍その他の置かれている

事情にかかわりなく、その能力に応じた教育を受ける機会が確保される
ようにするとともに、その者が　その教育を通じて、社会において自立
的に生きる基礎を培い、豊かな人生を送ることができるよう、その教育
水準の維持向上が図られるようにすること。

五　国、地方公共団体、教育機会の確保等に関する活動を行う民間の団体そ
の他の関係者の相互の密接な連携の下に行われるようにすること。

（国の責務）

第四条　国は、前条の基本理念にのっとり、教育機会の確保等に関する施策を総合的
に策定し、及び実施する責務を有する。

（地方公共団体の責務）

第五条　地方公共団体は、第三条の基本理念にのっとり、教育機会の確保等に関する
施策について、国と協力しつつ、当該地域の状況に応じた施策を策定し、及
び実施する責務を有する。

（財政上の措置等）

第六条　国及び地方公共団体は、教育機会の確保等に関する施策を実施するため必要
な財政上の措置その他の措置を講ずるよう努めるものとする。

第二章　基本指針

第七条　文部科学大臣は、教育機会の確保等に関する施策を総合的に推進するための
基本的な指針（以下この条において「基本指針」という。）を定めるものとする。

2　基本指針においては、次に掲げる事項を定めるものとする。

一　教育機会の確保等に関する基本的事項

二　不登校児童生徒等に対する教育機会の確保等に関する事項

三　夜間その他特別な時間において授業を行う学校における就学の機会の提
供等に関する事項

四　その他教育機会の確保等に関する施策を総合的に推進するために必要な
事項

3　文部科学大臣は、基本指針を作成し、又はこれを変更しようとするときは、あ
らかじめ、地方公共団体及び教育機会の確保等に関する活動を行う民間の団
体その他の関係者の意見を反映させるために必要な措置を講ずるものとする。

4　文部科学大臣は、基本指針を定め、又はこれを変更したときは、遅滞なく、
これを公表しなければならない。

第三章　不登校児童生徒等に対する教育機会の確保等

（学校における取組への支援）

第八条　国及び地方公共団体は、全ての児童生徒が豊かな学校生活を送り、安心して
教育を受けられるよう、児童生徒と学校の教職員との信頼関係及び児童生徒
相互の良好な関係の構築を図るための取組、児童生徒の置かれている環境そ

の他の事情及びその意思を把握するための取組、学校生活上の困難を有する個々の児童生徒の状況に応じた支援その他の学校における取組を支援するために必要な措置を講ずるよう努めるものとする。

（支援の状況等に係る情報の共有の促進等）

第九条　国及び地方公共団体は、不登校児童生徒に対する適切な支援が組織的かつ継続的に行われることとなるよう、不登校児童生徒の状況及び不登校児童生徒に対する支援の状況に係る情報を学校の教職員、心理、福祉等に関する専門的知識を有する者その他の関係者間で共有することを促進するために必要な措置その他の措置を講ずるものとする。

（特別の教育課程に基づく教育を行う学校の整備等）

第十条　国及び地方公共団体は、不登校児童生徒に対しその実態に配慮して特別に編成された教育課程に基づく教育を行う学校の整備及び当該教育を行う学校における教育の充実のために必要な措置を講ずるよう努めるものとする。

（学習支援を行う教育施設の整備等）

第十一条　国及び地方公共団体は、不登校児童生徒の学習活動に対する支援を行う公立の教育施設の整備及び当該支援を行う公立の教育施設における教育の充実のために必要な措置を講ずるよう努めるものとする。

（学校以外の場における学習活動の状況等の継続的な把握）

第十二条　国及び地方公共団体は、不登校児童生徒が学校以外の場において行う学習活動の状況、不登校児童生徒の心身の状況その他の不登校児童生徒の状況を継続的に把握するために必要な措置を講ずるものとする

（学校以外の場における学習活動等を行う不登校児童生徒に対する支援）

第十三条　国及び地方公共団体は、不登校児童生徒が学校以外の場において行う多様で適切な学習活動の重要性に鑑み、個々の不登校児童生徒の休養の必要性を踏まえ、当該不登校児童生徒の状況に応じた学習活動が行われることとなるよう、当該不登校児童生徒及びその保護者（学校教育法第十六条に規定する保護者をいう。）に対する必要な情報の提供、助言その他の支援を行うために必要な措置を講ずるものとする。

第四章　夜間その他特別な時間において授業を行う学校における就学の機会の提供等

（就学の機会の提供等）

第十四条　地方公共団体は、学齢期を経過した者（その者の満六歳に達した日の翌日以後における最初の学年の初めから満十五歳に達した日の属する学年の終わりまでの期間を経過した者をいう。次条第二項第三号において同じ。）であって学校における就学の機会が提供されなかったもののうちにその機会の提供を希望する者が多く存在することを踏まえ、夜間その他特別な時間において授業を行う学校における就学の機会の提供その他の必要な措置を講ずるものとする。

（協議会）

第十五条　都道府県及び当該都道府県の区域内の市町村は、前条に規定する就学の機会の提供その他の必要な措置に係る事務についての当該都道府県及び当該市町村の役割分担に関する事項の協議並び当該事務の実施に係る連絡調整を行うための協議会（以下この条において「協議会」という。）を組織することができる。

　　2　協議会は、次に掲げる者をもって構成する。

　　　一　都道府県の知事及び教育委員会

　　　二　当該都道府県の区域内の市町村の長及び教育委員会

　　　三　学齢期を経過した者であって学校における就学の機会が提供されなかったもののうちその機会の提供を希望する者に対する支援活動を行う民間の団体その他の当該都道府県及び当該市町村が必要と認める者

　　3　協議会において協議が調った事項については、協議会の構成員は、その協議の結果を尊重しなければならない。

　　4　前三項に定めるもののほか、協議会の運営に関し必要な事項は、協議会が定める。

第五章　教育機会の確保等に関するその他の施策

（調査研究等）

第十六条　国は、義務教育の段階における普通教育に相当する教育を十分に受けていない者の実態の把握に努めるとともに、その者の学習活動に対する支援の方法に関する調査研究並びにこれに関する情報の収集、整理、分析及び提供を行うものとする。

（国民の理解の増進）

第十七条　国及び地方公共団体は、広報活動等を通じて、教育機会の確保等に関する国民の理解を深めるよう必要な措置を講ずるよう努めるものとする。

（人材の確保等）

第十八条　国及び地方公共団体は、教育機会の確保等が専門的知識に基づき適切に行われるよう、学校の教職員その他の教育機会の確保等に携わる者の養成及び研修の充実を通じたこれらの者の資質の向上、教育機会の確保等に係る体制等の充実のための学校の教職員の配置、心理、福祉等に関する専門的知識を有する者であって教育相談に応じるものの確保その他の必要な措置を講ずるよう努めるものとする。

（教材の提供その他の学習の支援）

第十九条　国及び地方公共団体は、義務教育の段階における普通教育に相当する教育を十分に受けていない者のうち中学校を卒業した者と同等以上の学力を修得することを希望する者に対して、教材の提供（通信の方法によるものを含む。）その他の学習の支援のために必要な措置を講ずるよう努めるものとする。

（相談体制の整備）

第二十条　国及び地方公共団体は、義務教育の段階における普通教育に相当する教育を

十分に受けていない者及びこれらの者以外の者であって学校生活上の困難を
有する児童生徒であるもの並びにこれらの者の家族からの教育及び福祉に関
する相談をはじめとする各種の相談に総合的に応ずることができるようにす
るため、関係省庁相互間その他関係機関、学校及び民間の団体の間の連携の
強化その他必要な体制の整備に努めるものとする。

附則

（施行期日）

1 この法律は、公布の日から起算して二月を経過した日から施行する。ただし、
第四章の規定は、公布の日から施行する。

（検討）

2 政府は、速やかに、教育機会の確保等のために必要な経済的支援の在り方に
ついて検討を加え、その結果に基づいて必要な措置を講ずるものとする。

3 政府は、義務教育の段階における普通教育に相当する教育を十分に受けてい
ない者が行う多様な学習活動の実情を踏まえ、この法律の施行後三年以内に
この法律の施行の状況について検討を加え、その結果に基づき、教育機会の
確保等の在り方の見直しを含め、必要な措置を講ずるものとする。

不登校の子どもの権利宣言

2009年8月23日全国子ども交流合宿「ぱおぱお」参加者一同

前文　　私たち子どもはひとりひとりが個性を持った人間です。

しかし、不登校をしている私たちの多くが、学校に行くことが当たり前という社会の価値観の中で、私たちの悩みや思いを、十分に理解できない人たちから心無い言葉を言われ、傷つけられることを経験しています。

不登校の私たちの権利を伝えるため、すべてのおとなたちに向けて私たちは声をあげます。

おとなたち、特に保護者や教師は、子どもの声に耳を傾け、私たちの考えや個々の価値観と、子どもの最善の利益を尊重してください。そして共に生きやすい社会をつくっていきませんか。

多くの不登校の子どもや、苦しみながら学校に行き続けている子どもが、一人でも自身に合った生き方や学び方を選べる世の中になるように、今日この大会で次のことを宣言します。

一、　　**教育への権利**

私たちには、教育への権利がある。学校へ行く・行かないを自身で決める権利がある。義務教育とは、国や保護者が、すべての子どもに教育を受けられるようにする義務である。子どもが学校に行くことは義務ではない。

二、　　**学ぶ権利**

私たちには、学びたいことを自身に合った方法で学ぶ権利がある。学びとは、私たちの意思で知ることであり他者から強制されるものではない。私たちは、生きていく中で多くのことを学んでいる。

三、　　**学び・育ちのあり方を選ぶ権利**

私たちには、学校、フリースクール、フリースペース、ホームエデュケーション（家で過ごし・学ぶ）など、どのように学び・育つかを選ぶ権利がある。おとなは、学校に行くことが当たり前だという考えを子どもに押し付けないでほしい。

四、　　**安心して休む権利**

私たちには、安心して休む権利がある。おとなは、学校やそのほかの通うべきとされたところに、本人の気持ちに反して行かせるのではなく、家などの安心できる環境で、ゆっくり過ごすことを保障してほしい。

五、　**ありのままに生きる権利**

私たちは、ひとりひとり違う人間である。おとなは子どもに対して競争に追い
たてたり、比較して優劣をつけてはならない。歩む速度や歩む道は自身で決
める。

六、　**差別を受けない権利**

不登校、障がい、成績、能力、年齢、性別、性格、容姿、国籍、家庭事情な
どを理由とする差別をしてはならない。

例えばおとなは、不登校の子どもと遊ぶと自分の子どもまでもが不登校にな
るという偏見から、子ども同士の関係に制限を付けないでほしい。

七、　**公的な費用による保障を受ける権利**

学校外の学び・育ちを選んだ私たちにも、学校に行っている子どもと同じよ
うに公的な費用による保障を受ける権利がある。

例えば、フリースクール・フリースペースに所属している、小・中学生と高校
生は通学定期券が保障されているが、高校に在籍していない子どもたちには
保障されていない。すべての子どもが平等に公的費用を受けられる社会にし
てほしい。

八、　**暴力から守られ安心して育つ権利**

私たちには、不登校を理由にした暴力から守られ、安心して育つ権利がある。
おとなは、子どもに対し体罰、虐待、暴力的な入所・入院などのあらゆる暴
力をしてはならない。

九、　**プライバシーの権利**

おとなは私たちのプライバシーを侵害してはならない。

例えば、学校に行くよう説得するために、教師が家に勝手に押しかけてくる
ことや、時間に関係なく何度も電話をかけてくること、親が教師に家での様
子を話すこともプライバシーの侵害である。私たち自身に関することは、必
ず意見を聞いてほしい。

十、　**対等な人格として認められる権利**

学校や社会、生活の中で子どもの権利が活かされるように、おとなは私たち
を対等な人格として認め、いっしょに考えなければならない。子どもが自身
の考えや気持ちをありのままに伝えることができる関係、環境が必要である。

十一、　**不登校をしている私たちの生き方の権利**

おとなは、不登校をしている私たちの生き方を認めてほしい。私たちと向き合
うことから不登校を理解してほしい。それなしに、私たちの幸せはうまれない。

十二、　　他者の権利の尊重
　　　　　私たちは，他者の権利や自由も尊重します。

十三、　　子どもの権利を知る権利
　　　　　私たちには、子どもの権利を知る権利がある。国やおとなは子どもに対し、
　　　　　子どもの権利を知る機会を保障しなければならない。子どもの権利が守られ
　　　　　ているかどうかは、子ども自身が決める。

2009年8月23日全国子ども交流合宿「ぱおぱお」参加者一同

A町子どもの学ぶ権利に関する条例（仮称・案）

2018（平成30）年7月18日A町教育委員会検討資料

前文　　　子どもにとって大切なことは、どこで学ぶかではなく、何を学ぶかです。

子どもは、生まれながらに成長する力があり、自ら環境に働きかけ、学んでいく存在です。

すべての子どもは、いのちと健康が守られ、学びを通して生きる力を育んでいきます。

すべての子どもは、失敗から学ぶ権利があります。何かしらの理由で失敗したり間違っても繰り返し挑戦できます。

すべての子どもは、子どもにとって最も良いことは何かを第一に考慮されます。

そのような子どもの学ぶ意思を尊重し、自己成長力が発揮できるように支えていくために、学校内外の学びの場を支援していくことが、大人の責任です。

豊かな自然に恵まれたA町には、子どもの育ちを支える地域のつながりがあり、A町を愛する人たちがいます。

このような背景をふまえ、日本国憲法や児童の権利に関する条約、及び義務教育の段階における普通教育に相当する教育の機会の確保等に関する法律の趣旨をふまえ、子どもの学ぶ権利を保障し、子どもたちを応援していくため、ここにA町子どもの学びの権利に関する条例を制定します。

第1章　　総則

（目的）

第1条　　この条例は、子どもの健やかな育ちを支援し、子どもの学ぶ権利を実現していくために、まち全体が学ぶ場となるように、子どもにかかわるすべての大人が連携し、協働し、学校内外の環境を整えていくことを目的とします。

（定義）

第2条　　この条例において、次の各号に掲げる用語の意義は、それぞれ当該各号に定めるとおりです。

　　　　　　(1) **子ども**　A町内に居住し、通勤し、又は通学する18歳未満の者その他これらの者と等しく権利を認めることが適当である者をいいます。

　　　　　　(2) **保護者**　親及び児童福祉法（昭和22年法律第164号）に規定する里親その他の親に代わり子どもを養育する人をいいます。

　　　　　　(3) **学ぶ施設**　児童福祉法に規定する児童福祉施設、学校教育法（昭和22年法律第26号）に規定する学校、専修学校及び各種学校その他の施設のうち、子どもが育び、学び、活動することを目的として利用する施設をいいます。

（責務）

第3条 町、保護者、学ぶ施設の設置者、管理者及び職員（以下「施設関係者」という。）、町民並びに事業者（以下「町等」という。）は、子どもの学ぶ権利を尊重し、子どもにとって最も良いことは何かを第一に考え、お互いに連携し、協働して子どもの学びを支援します。

    2 町は、国、県その他の地方公共団体、民間団体などと協力して子どもの学びに関する施策を実施するとともに、保護者、施設関係者、町民並びに事業者がその役割を果たせるよう必要な支援に努めます。

    3 町は、前項の施策を実施するため必要な財政措置を講じるよう努めます。

第2章　学ぶ権利の普及

（子どもの学ぶ権利の普及と学びへの支援）

第4条 町は、子どもの学ぶ権利について、子どもにもわかりやすくその普及に努めます。

    2 町は、家庭、学ぶ施設及び地域において、子どもが学ぶ権利を正しく理解し、お互いの学ぶ権利を尊重し合うことができるよう必要な支援に努めます。

    3 町は、施設関係者並びに事業者その他子どもに関わる人に対して子どもの学ぶ権利についての理解を深めることができるよう研修の機会の提供などに努めます。

    4 町は、町民が子どもの学ぶ権利について学び、理解することができるよう支援に努めます。

第3章　子どもの生活の場における学ぶ権利の保障

（子どもの安心して学ぶ権利と相談救済）

第5条 子どもは、あらゆる差別や虐待、いじめなどを受けることなく、生命が守られ、平和で安全な環境のもとで、安心して学ぶ権利が保障されます。

    2 町等は、子どもの思いを受け止め、これにこたえ、子どもが安心して相談できる生活環境と学ぶ環境を整えるよう努めます。

    3 町等は、連携し、協働して差別や虐待、いじめなどの早期発見、適切な救済、回復のための支援に努めます。

（家庭内で安全に学び、養育をうける権利と支援）

第6条 子どもは、家庭において、安心して学び、かつ安全に養育をうける権利があります。町は、保護者が、その役割を認識し、家庭において安心して子育てをし、子どもの権利を保障していくために必要な支援を行います。

    2 町等は、お互いに連携して、保護者が安心して子育てをすることができるよう必要な支援に努めます。

（学校内における学ぶ権利の保障と支援）

第7条 子どもはあらゆる状況において学校内で学ぶ権利が保障されます。

2　　町等は、すべての子どもが学校内で学ぶ権利を保障されるよう必要な支援に努めます。

3　　学校の設置者、管理者及び職員（以下「学校関係者」という。）は、学校内において心理職や福祉職（スクールカウンセラーやスクールソーシャルワーカー）との協働を促進し、その専門性を学校づくりに生かしつつ、子どもが安心できる居場所の確保に努めます。

4　　学校関係者は、学校外の居場所とも連携しつつ、学校内において子どもが安心して学ぶ権利を保障していくために必要な支援を受けることができます。

5　　町及び学校の管理者並びに設置者（以下「学校管理者等」という。」は、その役割を認識し、学校の職員が専門性を生かし合い、適切な子どもの支援ができるよう努めます。

6　　学校管理者等は、保護者や町民に対して学校の運営などの情報提供を行い、お互いに連携し、協働して学校運営するよう努めます。

（学校外における学ぶ権利の保障と支援）
第8条　子どもは、あらゆる状況において学校外で学ぶ権利が保障されます。

2　　町は、不登校の子どもの学ぶ権利、遊ぶ権利、生きる権利を保障する場として、子どもが安心できる居場所を設置します。

3　　町等は、A町フリースペースHが、不登校の児童生徒の表面的な学校復帰を前提とせず、自立心を培いながら学ぶことを通して、子どもが安心して自分を取り戻し、自ら学んで過ごせる場となるよう支援に努めます。

4　　町は、第2項に規定する居場所に、子どもの活動を見守り、寄り添い、自制心をもってその力の発揮を支えていく子ども支援職員を配置し、適切な待遇のもと、職務の遂行に必要な研修が受けられるよう努めます。

5　　町は、民間団体等と協力して子どもの学ぶ権利を保障するための学校外の学びの場を確保する施策を実施するとともに、学校、町などと連携、協力して必要な支援に努めます。

（地域における学ぶ権利の保障と支援）
第9条　町等は、地域において子どもの学ぶ権利を保障していくため、子どもが安全に安心して過ごすことができる地域づくり、居場所づくりに努めます。

2　　町は、前項に規定する地域づくり、居場所づくりに対して必要な支援を行います。

第4章　　子どもの学びの権利に関する施策の推進と検証

（施策の推進）
第10条　町は、子どもの学びの権利に関する施策を推進します。

2　　町は、施策を推進するために必要な体制を整備します。

（推進計画）
第11条　町は、施策を推進するにあたり、子どもの状況を把握し、現状認識を共通にし、町等が連携し、協働できるよう子どもに関する資料をまとめ、検証するととも

に、子どもの学びの権利の保障を総合的かつ継続的に推進するため、子どもの学びの権利に関する推進計画（以下「推進計画」という。）を策定します。

2　町は、推進計画をつくるときには、子どもをはじめ町民の意見を聴くこととします。

3　町は、推進計画及びその進行状況について、広く町民に公表します。

（子どもの学ぶ権利委員会）

第12条　町は、子どもの学ぶ権利を総合的、継続的、かつ効果的に推進するとともに、推進計画に基づく施策の実施状況を検証するため、A町子どもの学ぶ権利委員会（以下「委員会」という。）を置きます。

2　委員会の委員は、5人以内とします。

3　委員は、人権、健康、福祉、教育などの子どもの学ぶ権利にかかわる分野において学識のある者や町民のなかから町長が委嘱します。

4　委員の任期は、2年とします。ただし、補欠の委員の任期は、前任者の残りの期間とします。ただし、再任は妨げないものとします。

（委員会の職務）

第13条　委員会は、町長の諮問を受けて、または委員会の判断で、次の各号に掲げる事項について調査や審議を行います。

（1）推進計画に関すること。

（2）子どもの学ぶ権利に関する施策の実施状況に関すること。

（3）その他、子どもの学ぶ権利の推進および検証に関すること。

2　委員会は、調査や審議を行うにあたって、必要に応じて子どもをはじめ町民から意見を求めることができます。

（提言やその尊重）

第14条　委員会は、調査や審議の結果を町長その他執行機関に報告し、提言します。

2　町長その他執行機関は、委員会からの報告や提言を尊重し、必要な措置を講じるよう努めます。

第5章　雑則

（委任）

第15条　この条例で定めるもののほか、必要な事項は、町長が別に定めます。

附則

この条例は、平成31年4月1日から施行します。

資料6

若者を対象とした
子ども期の家庭の体罰等に関する実態・意識調査
インターネット調査質問票

2019年1月 早稲田大学大学院体罰調査プロジェクトチーム作成

調査1

問1　あなたが日常生活をすごしている性別を教えてください
　　　1. 男性　　2. 女性　　3. その他

問2　あなたの年齢を教えてください
　　　（　　　　　）歳

問3　あなたは学生ですか
　　　1. 大学院生　　2. 大学生　　3. 短大生　　4. 専門学校生
　　　5. その他の学校　　6. 学生ではない

問4　あなたは、子ども時代（0歳〜18歳）、主にどのような環境で育ちましたか
　　　1. 実親家庭　　2. 親戚・祖父母の家庭　　3. 継父・継母のいる家庭
　　　4. 里親家庭　　5. 児童養護施設　　6. その他

問5　子ども時代（0歳から18歳）を振りかえって、あなたの感じたままでお答えください。
　　　あなたは子ども時代の暮らしぶりについてどのように感じていましたか
　　　1. とても裕福であった　　2. やや裕福であった
　　　3. やや貧しかった　　　4. とても貧しかった

問6　子ども時代（0歳から18歳）を振りかえって、あなたの感じたままでお答えください。
　　　あなたは子ども時代の家庭での暮らしぶりについてどのように感じますか

6-1　家庭で安全に成長できた
　　　1. とても感じる　　2. やや感じる　　3. あまり感じない　　4. まったく感じない
6-1　家庭で安全に成長できた
　　　1. とても感じる　　2. やや感じる　　3. あまり感じない　　4. まったく感じない

問7　あなたは家庭で養育者^(注1)から体罰等をうけたことがありますか
　　　注1：養育者とは、親、親がわりの大人、同居している大人など
　　　1. 日常的にうけていた　　2. 時々うけていた
　　　3. 1、2回うけたことがある　　4. 一度もうけたことがない

258　　資料編

問8　あなたは一般論として子育てで体罰等を使用することをどう考えますか

　　　1. 積極的に使用する　　2. 状況により使用する

　　　3. それしか方法がない場合のみ使用する　　4. 使用するべきでない

調査2

問1　あなたは子ども時代、養育者から、げんこつ、殴られる、蹴られる
　　　といった行為をされたことがありますか

　　　1. 日常的にうけていた　　2. 時々うけていた

　　　3. 1、2回うけたことがある　　4. 一度もうけたことがない

問2　あなたは子ども時代、養育者からの
　　　『げんこつ、殴られる、蹴られるといった行為』をどのように感じましたか

　　　【肯定的な感情をもった】

　　　1. 自分が悪いからしかたない　　2. 愛情を感じた　　3. 信頼感が増した

　　　4. 感謝している　　5. その他の肯定的な感情

　　　【否定的な感情をもった】

　　　6. 理不尽と感じた　　7. 怖かった　　8. 不信感をもった

　　　9. 腹がたった　　10. その他の否定的な感情

問3　あなたは子ども時代、養育者から、小突かれる、頭やおしりを軽く叩かれる
　　　などの行為をされたことがありますか

　　　1. 日常的にうけていた　　2. 時々うけていた

　　　3. 1、2回うけたことがある　　4. 一度もうけたことがない

問4　あなたは子ども時代、養育者からの
　　　『小突かれる、頭やおしりを軽く叩かれるなどの行為』をどのように感じましたか

　　　【肯定的な感情をもった】

　　　1. 自分が悪いからしかたない　　2. 愛情を感じた　　3. 信頼感が増した

　　　4. 感謝している　　5. その他の肯定的な感情

　　　【否定的な感情をもった】

　　　6. 理不尽と感じた　　7. 怖かった　　8. 不信感をもった

　　　9. 腹がたった　　10. その他の否定的な感情

問5　あなたは子ども時代、養育者から、長時間正座させられる、部屋に閉じ込められる
　　　といった行為をされたことがありますか

　　　1. 日常的にうけていた　　2. 時々うけていた

　　　3. 1、2回うけたことがある　　4. 一度もうけたことがない

問6　あなたは子ども時代、養育者からの
　　　『長時間正座させられる、部屋に閉じ込められるといった行為』を
　　　どのように感じましたか

【肯定的な感情をもった】
1. 自分が悪いからしかたない　2. 愛情を感じた　3. 信頼感が増した
4. 感謝している　5. その他の肯定的な感情
【否定的な感情をもった】
6. 理不尽と感じた　7. 怖かった　8. 不信感をもった
9. 腹がたった　10. その他の否定的な感情

問7　あなたは子ども時代、養育者から、怒鳴られる、脅される、暴言をうける
　　　といった行為をされたことがありますか
1. 日常的にうけていた　2. 時々うけていた
3. 1、2回うけたことがある　4. 一度もうけたことがない

問8　あなたは子ども時代、養育者からの
　　　『怒鳴られる、脅される、暴言をうけるといった行為』をどのように感じましたか
【肯定的な感情をもった】
1. 自分が悪いからしかたない　2. 愛情を感じた　3. 信頼感が増した
4. 感謝している　5. その他の肯定的な感情
【否定的な感情をもった】
6. 理不尽と感じた　7. 怖かった　8. 不信感をもった
9. 腹がたった　10. その他の否定的な感情

問9　あなたは子ども時代、養育者から、相手にされない、にらまれる、馬鹿にされる
　　　といった行為をされたことがありますか
1. 日常的にうけていた　2. 時々うけていた
3. 1、2回うけたことがある　4. 一度もうけたことがない

問10　あなたは子ども時代、養育者からの
　　　『相手にされない、にらまれる、馬鹿にされるといった行為』を
　　　どのように感じましたか

【肯定的な感情をもった】
1. 自分が悪いからしかたない　2. 愛情を感じた　3. 信頼感が増した
4. 感謝している　5. その他の肯定的な感情
【否定的な感情をもった】
6. 理不尽と感じた　7. 怖かった　8. 不信感をもった
9. 腹がたった　10. その他の否定的な感情

問11 あなたは子ども時代、養育者から、何日も連続して身の回りのこと
（食事の準備、洗濯や掃除、入浴など）をしてもらえないことがありましたか

　　1. 日常的にうけていた　　2. 時々うけていた
　　3. 1、2回うけたことがある　　4. 一度もうけたことがない

問12 あなたは子ども時代、養育者からの『何日も連続して身の回りのこと
（食事の準備、洗濯や掃除、入浴など）をしてもらえないこと』を
どのように感じましたか

　　【肯定的な感情をもった】
　　1. 自分が悪いからしかたない　　2. 愛情を感じた　　3. 信頼感が増した
　　4. 感謝している　　5. その他の肯定的な感情
　　【否定的な感情をもった】
　　6. 理不尽と感じた　　7. 怖かった　　8. 不信感をもった
　　9. 腹がたった　　10. その他の否定的な感情

問13 あなたは子ども時代、養育者から、性的に嫌なこと、性的暴力
といった行為をされたことがありますか

　　1. 日常的にうけていた　　2. 時々うけていた
　　3. 1、2回うけたことがある　　4. 一度もうけたことがない

問14 あなたは子ども時代、養育者からの『性的に嫌なこと、性的暴力といった行為』を
どのように感じましたか

　　【肯定的な感情をもった】
　　1. 自分が悪いからしかたない　　2. 愛情を感じた　　3. 信頼感が増した
　　4. 感謝している　　5. その他の肯定的な感情
　　【否定的な感情をもった】
　　6. 理不尽と感じた　　7. 怖かった　　8. 不信感をもった
　　9. 腹がたった　　10. その他の否定的な感情

問15 あなたは、"しつけ"のために子どもに以下の行為を行うことを
許されない行為と思いますか

15-1 ゲンコツで殴る、蹴るなどの行為
　　1. とてもそう思う　　2. そう思う　　3. そう思わない　　4. まったくそう思わない
15-2 軽くおしりを叩く、小突くなどの行為
　　1. とてもそう思う　　2. そう思う　　3. そう思わない　　4. まったくそう思わない
15-3 怒鳴る、大声で注意する
　　1. とてもそう思う　　2. そう思う　　3. そう思わない　　4. まったくそう思わない
15-4 無視する、馬鹿にする
　　1. とてもそう思う　　2. そう思う　　3. そう思わない　　4. まったくそう思わない

15-5　身の回りの世話をしない

    1. とてもそう思う　**2.** そう思う　**3.** そう思わない　**4.** まったくそう思わない

問16　あなたは養育者から以下の行為をうけた時に誰に相談しましたか（複数回答可）

    ※問1、3、5、7、9、11、13で体罰等の行為をうけた経験を持つものしか相談先が提示されない。

16-1　身体的暴力

    1. 親・他の家族　**2.** 兄弟姉妹　**3.** 友人　**4.** 教師

    5. 相談機関（児童相談所、チャイルドラインなど）

    6. 居場所関係（児童館、プレーパークなど）

    7. その他　**8.** 誰にも相談しなかった

16-2　心理的暴力（無視する、馬鹿にするなど）

    1. 親・他の家族　**2.** 兄弟姉妹　**3.** 友人　**4.** 教師

    5. 相談機関（児童相談所、チャイルドラインなど）

    6. 居場所関係（児童館、プレーパークなど）

    7. その他　**8.** 誰にも相談しなかった

16-3　暴言・脅し

    1. 親・他の家族　**2.** 兄弟姉妹　**3.** 友人　**4.** 教師

    5. 相談機関（児童相談所、チャイルドラインなど）

    6. 居場所関係（児童館、プレーパークなど）

    7. その他　**8.** 誰にも相談しなかった

16-4　ネグレクト（身の回りの世話をされないなど）

    1. 親・他の家族　**2.** 兄弟姉妹　**3.** 友人　**4.** 教師

    5. 相談機関（児童相談所、チャイルドラインなど）

    6. 居場所関係（児童館、プレーパークなど）

    7. その他　**8.** 誰にも相談しなかった

16-5　性的暴力、性的に嫌なこと

    1. 親・他の家族　**2.** 兄弟姉妹　**3.** 友人　**4.** 教師

    5. 相談機関（児童相談所、チャイルドラインなど）

    6. 居場所関係（児童館、プレーパークなど）

    7. その他　**8.** 誰にも相談しなかった

問17　あなたは、将来の自分の子育てにおいて "しつけ" のために
体罰等を使用することをどう考えますか

    1. 積極的に使用する　**2.** 状況により使用する

    3. それしか方法がない場合のみ使用する　**4.** 使用するべきでない

問18　子育てで体罰を使用することにご意見ありましたら、ご自由に記入してください

指針ガイド20
学校事故対応に関する文科省指針

2016年7月31日学校安全全国ネットワーク作成

はしがき

　2016年3月31日、文部科学省（初等中等教育局長・小松親次郎名）は、各都道府県教育委員会教育長あてほかに、『「学校事故対応に関する指針」の公表について』を通知しました。

　この文科省「学校事故対応に関する指針」（以下、文科省指針という）について、基本的な指針部分20を取り出して、指針ガイドとして以下のとおり、4つの柱で再編集したのが、この『指針ガイド20』です。

　この文科省指針については、以下のような活用方法があると考えられます。

　一つは、全国各地で、地域の実情、子どもや学校の状況に応じて、地域版の「学校事故対応マニュアル」として作成し、活用してもらうことです。既存の危機管理マニュアルを改訂していく方法もあります。その場合も教育委員会が要綱として作成することが望ましいと考えますが、PTAや地域の団体で作成しておくこともいいでしょう。

　二つには、不幸にして学校の重大事故が発生した際に、学校や教育委員会などの対応についての検証作業、とくに評価基準、点検基準として活用することも考えられます。

　三つには、この指針をより有効に活用していくために、その内容上、①要綱、規則にしておくもの、②条例にしておくもの、③法律にしておくものに分類して、教育委員会・自治体や国への働きかけの材料とすることです。たとえば、遺族との信頼関係を構築していくためのコーディネーターの設置などは、条例で設置していくことが望ましいでしょう。

2016年7月31日

学校安全全国ネットワーク　代表　喜多明人

目次

事故発生直後・初期対応の基本的な指針（3つの指針）

指針ガイド ① 応急手当（AED・エピペン等）と救急車要請

■ **応急手当の実施**
○ 事故発生時に優先すべきことは，事故にあった児童生徒等（以下「被害児童生徒等」という。）の生命と健康である。事故直後は，まずは被害児童生徒等の医学的対応（応急手当）を行う。
○ 事故が発生した場合には，第一発見者は，被害児童生徒等の症状を確認し，近くにいる管理職や教職員，児童生徒等に応援の要請を行うとともに，被害児童生徒等の症状に応じて，速やかに止血，心肺蘇生などの応急手当を行い，症状が重篤にならないようにする（【参考資料3】参照）。
○ 指揮命令者（近くにいる管理職又は教職員）は，応援に駆けつけた教職員に対して役割分担を指示し，速やかに救急車の要請やAEDの手配，アナフィラキシー症状が見られる場合にはエピペン® の手配等，対応に当たる。　　　　　　　　　　　　　　　　　　　　**指針2-1-(1)**

指針ガイド ② 被害児童生徒の保護者への連絡（第1報・第2報）

○ 被害児童生徒等の保護者に対し，事故の発生（第1報）を可能な限り早く連絡する。なお，その際には，事故の概況，けがの程度など，最低限必要とする情報を整理した上で行う。
○ 被害の詳細や搬送先の医療機関名等，ある程度の情報が整理できた段階で，第2報の連絡を行う。以後，正確かつ迅速な連絡に努め，情報の共有を図る。　　　　　　　　**指針2-1-(2)**

指針ガイド ③ 事後後3日以内の聞き取り調査

○ 基本調査において，学校の教職員や児童生徒等に聴き取りを行う際には，聴き取りの目的を明らかにした上で，以下の事前説明を行うなどして，聴き取り対象者の負担を軽減するよう努める。　　　　　　　　　　　　　　　　　　　　　　　　　　　　　　　**指針3-1-(3)**
＜関係する全教職員からの聴き取り＞
○ 原則として3日以内を目途に，関係する全ての教職員から聴き取りを実施する。
○ 事故後速やかに，関係する全ての教職員に記録用紙を配布し，事故に関する事実を記録する（【参考資料6】参照）。なお，事故発生直後にメモ等の記録を残していた教職員は，記録用紙を提出する際に，メモ等の記録も併せて提出する。　　　　　　　　　　**指針3-1-(3)**

被災者家族・遺族対応の基本的な指針（5つの指針）

指針ガイド ❶ 被災者家族・遺族への連絡・情報共有

■ 事故発生後の被害児童生徒等の保護者への連絡
○ 被害児童生徒等の保護者に対し，事故の発生（第1報）を可能な限り早く連絡する。なお，その際には，事故の概況，けがの程度など，最低限必要とする情報を整理した上で行う。
○ 被害の詳細や搬送先の医療機関名等，ある程度の情報が整理できた段階で，第2報の連絡を行う。以後，正確かつ迅速な連絡に努め，情報の共有を図る。　　　　**指針2-1-(2)**
○ 応急手当等，事故発生直後の対応終了後は，できる限り迅速かつ確実に事実確認を行い，学校側が知り得た事実は，被害児童生徒等の保護者に対し正確に伝える等，責任のある対応を行う。　　　　**指針2-2-(2)**

■ 基本調査
○ 学校及び学校の設置者は，上記（4）で取りまとめられた基本調査の経過及び整理した情報等について適切に被害児童生徒等の保護者に説明する。
○ 事実関係の整理に時間を要することもあり得るが，必要に応じて適時適切な方法で経過説明があることが望ましく，最初の説明は，調査着手からできるだけ1週間以内を目安に行う。
○ この時点で得られている情報は断片的である可能性があり，断定的な説明はできないことに留意する。
○ 説明に矛盾が生じないよう，全教職員で事故に関する情報を共有した上で，原則として，被害児童生徒等の保護者への説明窓口は一本化する。被害児童生徒等の保護者への情報提供を行う際は正確な情報の伝達を心がけ伝達した情報に誤りがあった場合にはすぐに修正するよう心がける。　　　　**指針3-2-(5)**

■ 詳細調査─計画と見通し
○ 調査委員会において，詳細調査の計画と見通しを立て，調査の実施主体との間で共通理解を図る。具体的には，調査の趣旨等の確認と，調査方法や期間，被害児童生徒等の保護者への説明時期（経過説明を含む），調査後の児童生徒等・保護者などへの説明の見通し等を検討する。

■ 非公開委員会の情報共有
○ 委員会を非公開とした際には，調査委員会の内容については，報告を受けた学校の設置者が被害児童生徒等の保護者に適切に情報共有を行うものとする。　　　　**指針3-4-(3)**

■ 被害児童生徒等の保護者への適切な情報提供

○ 調査委員会での調査結果について，調査委員会又は学校の設置者が被害児童生徒等の保護者に説明する。なお，調査の経過についても適宜適切な情報提供を行うとともに，被害児童生徒等の保護者の意向を確認する。 指針3-4-(6)

指針ガイド ❷ 被災者家族・遺族との信頼関係の構築

○ 学校は，被害児童生徒等の保護者に寄り添い，信頼関係にたって事態への対処ができるよう，対応の責任者を決め，常に情報の共有化を図る。 指針2-2-(2)

■ 基本調査

○ 被害児童生徒等の保護者との関わりについては，事故発生（認知）直後から無理に状況確認をするのではなく，被害児童生徒等の保護者の意向を丁寧に確認し，今後の接触を可能とするような関係性を構築する。 指針3-2-(5)

■ 被害児童生徒等の保護者からの聴き取りにおける留意事項

○ 被害児童生徒等の保護者に調査への協力を求める場合は，信頼関係の醸成と配慮が必要であり，必要に応じて，被害児童生徒等の保護者の心情を理解し，被害児童生徒等の保護者，調査委員会，学校や学校の設置者をつなぐ役割を担うコーディネーターを確保する。
○ 客観性を保つ意味から，複数で聴き取りを行う。 指針3-4-(4)

指針ガイド ❸ 被災者家族・遺族への支援、信頼できる第三者の準備

○ 学校は、被害児童生徒等の保護者の要望や状況に応じて，信頼できる第三者（スクールカウンセラーやスクールソーシャルワーカー等）を紹介し，相談・支援が受けられるようにする。 指針2-2-(2)

■ 被害児童生徒等の保護者からの聴き取りにおける留意事項

○ 被害児童生徒等の保護者に調査への協力を求める場合は，信頼関係の醸成と配慮が必要であり，必要に応じて，被害児童生徒等の保護者の心情を理解し，被害児童生徒等の保護者，調査委員会，学校や学校の設置者をつなぐ役割を担うコーディネーターを確保する。
○ 客観性を保つ意味から，複数で聴き取りを行う。 指針3-4-(4)

■ 被害児童生徒等の保護者への支援

1 被害児童生徒等の保護者への関わり
2 児童生徒等の心のケア
3 災害共済給付の請求
4 コーディネーターによる事故対応支援

○ 被害児童生徒等の保護者への対応においては, 学校に連絡窓口となる教職員を置き, 窓口を一元化することにより, 学校と被害児童生徒等の保護者間の連絡を円滑にできるようにすることが望ましい。

○ 他方, 学校の設置者等は, 被害児童生徒等の保護者と学校の二者間ではコミュニケーションがうまく図れず, 関係がこじれてしまうおそれがあると判断したときは, 被害児童生徒等の保護者と学校, 双方にコミュニケーションを取ることができ, 中立の立場で現場対応を支援するコーディネーターを派遣することも考えられる。

○ コーディネーターは, 被害児童生徒等の保護者と学校では立場が異なることを理解した上で, 中立的な視点で被害児童生徒等の保護者と教職員双方の話を丁寧に聴き, 情報を整理し, 当事者間の合意形成を促す等, 常に公平な態度で双方の支援を行うことで, 両者が良好な関係を築けるよう促すことを主な役割とする。

○ コーディネーターは, 事故対応の知見を有する都道府県又は市区町村の職員が想定される。また、地域の実情によっては, 学校の設置者が事故対応に精通した学識経験者 (大学教授・元教員その他これらに準ずる者) にコーディネーター役を委嘱する等も考えられる。

○ 人口規模の小さな地方公共団体や, 都道府県等担当課において, コーディネーター役に適した者を選定することが難しい場合, 都道府県教育委員会は, 市区町村教育委員会や都道府県等担当課の求めに応じ、コーディネーター役に適した者を推薦する等、支援を行うことが望まれる。

○ コーディネーターは, 独立行政法人日本スポーツ振興センターの「学校事故事例検索データベース」等を活用するなど, 過去の事故事例を参照しながら事故対応の知見を広めるよう努める。

指針5-(1)〜(4)

指針ガイド ❹ 被災者家族・遺族の意向・気持ち(意思)の尊重と原因究明の調査

■ 保護者説明会・記者会見などへの意向確認・承諾

○ 保護者説明会の開催等, 被害児童生徒等以外の保護者への説明の際には, あらかじめ被害児童生徒等の保護者の意向を確認し, 説明の内容について承諾を得た上で行う。

指針2-2-(4)

○ 記者会見を含む情報の公表の際には, あらかじめ被害児童生徒等の保護者の意向を確認し, 説明の内容について承諾を得た上で行う。

指針2-2-(5)

■ 基本調査から詳細調査への移行
― 被害者家族・遺族の要望による第三者調査委員会の設置

○ 調査は, 事実関係を整理する「基本調査」と得られた情報に基づく, 事故に至る過程や原因の分析を行う「詳細調査」で構成されるものであり, その「目的」は事故の状況によって異なる可能性もあるが, 下記のことなどが挙げられる。

・日頃の安全管理の在り方等, 事故の原因と考えられることを広く集めて検証し, 今後の事故防止に生かすため

・被害児童生徒等の保護者や児童生徒等及びその保護者の事実に向き合いたいなどの希望に応えるため　　　　　　　　　　　　　　　　　　　　　　指針3-1-(1)

○ 調査対象は，登下校中を含めた学校の管理下において発生した死亡事故及び2-2 (3) の報告対象となる死亡以外の事故のうち，被害児童生徒等の保護者の意向も踏まえ，学校の設置者が必要と判断した事故とする。　　　　　　　　　　　指針3-2-(1)

○ 今後の調査についての学校及び学校の設置者の考えを被害児童生徒等の保護者に伝えて，被害児童生徒等の保護者の意向を確認する。　　　　　　　　指針3-2-(5)

○ 詳細調査の移行の判断に当たっては，学校の設置者は被害児童生徒等の保護者の意向に十分配慮する。　　　　　　　　　　　　　　　　　　　　　指針3-3-(1)

○ 詳細調査に移行すべき事案の考え方
　原則全ての事案について詳細調査を行うことが望ましいが，これが難しい場合は，少なくとも次の場合に，詳細調査に移行する。
　　ア）教育活動自体に事故の要因があると考えられる場合
　　イ）被害児童生徒等の保護者の要望がある場合
　　ウ）その他必要な場合　　　　　　　　　　　　　　　　　　　　指針3-3-(2)

○ 学校又は学校の設置者は，報告書の提言を受けて，被害児童生徒等の保護者の意見も聴取するなどして，より具体的、実践的な再発防止策を策定し，それを実践するよう努める。
　　　　　　　　　　　　　　　　　　　　　　　　　　　　　　　　指針4-(1)

■ 報告書の公表
○ 報告書の公表は，調査の実施主体が行うこととする。
○ 報告書を公表する段階においては，被害児童生徒等の保護者や児童生徒等など関係者へ配慮して公表内容、方法及び範囲を決める。
○ 先行して報道がなされている場合など，状況に応じ，報道機関への説明についても検討する（報告書のうち報道機関に提供する範囲については，被害児童生徒等の保護者の了解をとる。）。
○ 報道機関に対して報告書を公表する場合，被害児童生徒等の保護者への配慮のみならず，児童生徒等への配慮も必要であり，例えば個人が特定できないような措置をとるなど公表する範囲についても留意する。　　　　　　　　　　　　　指針3-4-(6)

指針ガイド ❺　被災者家族・遺族への聞き取り調査

■ 実施の手順
○ 調査委員会においては，以下のような手順で情報収集・整理を進めることが想定される。
　　① 基本調査の確認
　　② 学校以外の関係機関への聴き取り
　　③ 状況に応じ，事故が発生した場所等における実地調査 (安全点検)
　　④ 被害児童生徒等の保護者からの聴き取り　　　　　　　　　　指針3-4-(3)

■ **報告書の公表**

< 被害児童生徒等の保護者からの聴き取りにおける留意事項 >

○ 被害児童生徒等の保護者に調査への協力を求める場合は, 信頼関係の醸成と配慮が必要であり, 必要に応じて, 被害児童生徒等の保護者の心情を理解し, 被害児童生徒等の保護者, 調査委員会, 学校や学校の設置者をつなぐ役割を担うコーディネーターを確保する。

○ 客観性を保つ意味から, 複数で聴き取りを行う。　　　　　　　　　　　　　**指針3-4-(4)**

第三者調査委員会に関する基本的な指針（10の指針）

指針ガイド ❶　第三者調査委員会の設置（基本調査から詳細調査への移行）の判断基準

○ 判断主体である学校設置者は、
　　1)「被害児童生徒等の保護者の要望がある場合」あるいは
　　2)「教育活動自体に事故の要因があると考えられる場合」には、
　　「詳細調査」（第三者調査委員会に相当）を行い、原因究明に当たること、**指針3-3-(2)**

< 判断主体 >

○ 詳細調査への移行の判断は, 基本調査の報告を受けた学校の設置者が行う。その際, 私立・株式会社立学校については, 必要に応じて, 都道府県等担当課が支援・助言を行うこととする。

< 手続き的配慮 >

○「外部専門家等の意見を求めたり」、「被害児童生徒等の保護者の意向に十分配慮」
　　　　　　　　　　　　　　　　　　　　　　　　　　　　　　　　　　　　指針3-3-(1)

指針ガイド ❷　第三者調査委員会の目的　< 責任追及型の調査ではないこと >

○ 調査の目的は、
　　1) 再発防止のほか、
　　2) 児童生徒等と保護者の「事実に向き合いたいなどの希望に応えるため」
　　→「民事・刑事上の責任追及やその他の訴訟等への対応を直接の目的とするこのではない」　　　　　　　　　　　　　　　　　　　　　　　　　　　　　　　　**指針3-1-(1)**

○ 調査委員会の設置に際しても、指針では、「原因究明及び再発防止のための取組について検討するためのものであって, 責任追及や処罰等を目的としたものではない」としています。　　　　　　　　　　　　　　　　　　　　　　　　　　　　　　　　**指針3-1-(2)**

参考 裁判を前提とした責任追及型調査に対して

文科省の「学校事故対応に関する調査・研究」有識者会議（2016年2月9日）に対する全国学校事故・事件を語る会「学校事故・事件の事後対応のあり方について（要望）」（2015年9月15日付）参照。そこでは「社会的信頼の確保」や「被害者・遺族の知る権利を保障」するためには・・・・・「責任追及や賠償責任を果たしたり、被害者や遺族の『事実を知りたい』との願いに応えたりすることができないレベルの事実調査では、再発防止策を作ることは到底できないのである。」（「事実調査」9～10ページ）として、「教職員への支援」として「処分の受入れ」を、また「社会的信頼の確保」として「関係者の処分等の決定」（「事後対応の指針」8ページ）などを求めている。

指針ガイド ❸　調査の主体　＜学校ではなく学校設置者＞

＊ 調査の主体＝調査委員会を立ち上げ、その事務を担う

○ 公立学校及び国立学校における調査の主体は, 特別の事情がない限り,「学校ではなく、学校の設置者とする」（私立学校及び株立学校における調査主体は, 学校設置者のほか、重大事故について都道府県担当課が行うことができる）　　　　　　　　指針3-4-(1)

参考　学校設置者＝教育委員会も調査対象となる場合

調査委員会の設置条件の一つである「教育活動自体が事故の要因と考えられる場合」として、学校設置者＝教育委員会も調査対象となる場合（たとえば、足利市中学生就労死亡事故など）も想定しなければならない。その場合には、首長部局や議会なども「調査の主体」となりうる。

指針ガイド ❹　調査委員会の専門性、公平性、中立性

○ 死亡事故等の詳細調査は,「外部の委員で構成する調査委員会を設置」して行う、とし、「事故に至る過程や原因を調査するための高い専門性が求められるため, 中立的な立場の外部専門家が参画し, 調査の公平性・中立性を確保すること」　　　指針3-4-(2)

参考　調査委員会の独立性

喜多明人『子どもの権利―次世代につなぐ』エイデル研究所、2015年

指針ガイド ❺　調査委員会の組織構成と選考方法

○ 調査委員会の構成については, 学識経験者や医師, 弁護士, 学校事故対応の専門家等の専門的知識及び経験を有する者であって, 調査対象となる事案の関係者と直接の人間関係

又は特別の利害関係を有しない者 (第三者) について, 職能団体や大学, 学会からの推薦等により参加を図ることにより, 当該調査の公平性・中立性を確保することが求められる。

指針3-4-(2)

参考 関係団体の推薦方式
そこでは、大津市の第三者調査委員会などでみられた委員選考への遺族等の推せん方式をとりいれる自治体も増えている。

参考 既存の相談救済機関 (たとえば子どもオンブズ) がある場合
その機関が有する調査権の行使を代替する第三者調査委員会を立ち上げることもありえる (長野県「子ども支援条例」)。

参考 報酬を伴う委員の設置
判例上は条例化することが妥当とされていることから、議会による選考などもありえる。

○ 検証委員会の構成については, 弁護士や学識経験者, 学校事故対応の専門家等の専門的知識及び経験を有する者であって, 調査対象となる事案の関係者と直接の人間関係又は特別の利害関係を有しない者(第三者)について, 職能団体や大学, 学会からの推薦等により参加を図ることにより, 当該調査の公平性・中立性を確保することが求められる。 **指針案3-4-(2)**

○「事故に至る過程や原因を調査するための高い専門性が求められるため」そのような専門性を有する弁護士参加の意義が強調されて良い。その意味では、指針案では筆頭にあった「弁護士」が後退した位置にあることが気になるところである。

○ 委員名の公表
委員の氏名については、「特別な事情がない限り公表することが望ましい。」

○ 第三者調査委員会の「専門調査員」を制度化
「例えば, 聴き取り調査等を行い, 事実関係を整理するための補助者を, 調査委員会の構成員とは別に置いておくなどが考えられる。」

指針3-4-(2)

指針ガイド ⑥ **調査の計画と実施**—遺族等への説明責任、プライバシー保護

○ 調査委員会において、「詳細調査の計画と見通し」を立てた上で、「調査の趣旨等の確認と, 調査方法や期間, 被害児童生徒等の保護者への説明時期 (経過説明を含む), 調査後の児童生徒等・保護者などへの説明の見通し等を検討する」

○「プライバシー保護の観点から, 委員会は非公開とすることができる。」
非公開とした際には、「調査委員会の内容については, 報告を受けた学校の設置者が被害児童生徒等の保護者に適切に情報共有を行う」

指針3-4-(3)

指針ガイド 7 調査委員会の情報収集の手順と方法

○ 以下のように手順を定めた
　① 基本調査の確認
　② 学校以外の関係機関への聴き取り
　③ 状況に応じ，事故が発生した場所等における実地調査 (安全点検)
　④ 被害児童生徒等の保護者からの聴き取り　　　　　　　　　　　　　指針3-4-(3)
＜記録、テープ録音＞
○ 調査の事前説明として「できるだけ正確に話の内容を記録するため，録音することもある
　が，録音データは，調査報告としての記録作成のみに使用すること。」　　　指針3-2-(3)

　　参考　文科省の指針案 (3月2日公表) 段階では、記録やメモをとる必要性は強調され
　　　　　ているが、テープ録音には触れていない。一歩前進とみるべきであろう。

指針ガイド 8 事故原因の分析評価と再発防止の提言

○ 事故に至る過程や原因の調査 (分析評価) は，目的と目標に基づいて客観的に行われるこ
　とが必要であり，調査委員会の構成員は常に中立的な視点を保つことが必要である。
○ 事故が起きた後の時間の経過等に伴う制約の下で，可能な限り，偏りのない資料や情報
　を多く収集，整理し，それらの信頼性の吟味を含めて，客観的に，特定の資料や情報にの
　み依拠することなく総合的に分析評価を行うよう努める。
○ 基本的にはある程度委員間で一致した見解を取りまとめる方向での調整が必要だが，そ
　れぞれの委員の専門性の違いなどがある場合には，複数の視点からの分析評価を取りま
　とめることも想定しうる。
○ 事故に至る過程や原因の調査で，複雑な要因が様々に重なったことが明らかになる場合
　もあると思われるが，それぞれの要因ごとに，児童生徒等の事故を防げなかったことの
　考察などを踏まえて課題を見つけ出すとともに，児童生徒等を直接対象とする安全教育
　の実施を含め，当該地域・学校における児童生徒等の事故の再発防止・事故予防のため
　に何が必要かという視点から，今後の改善策を，可能な範囲でまとめる。　　指針3-4-(5)

指針ガイド 9 学校・学校設置者による提言の実施と点検・評価

○ 学校又は学校の設置者は，報告書の提言を受けて，当該校の教職員や同地域の学校の教
　職員間等で報告書の内容について共通理解を図るなどし，速やかに具体的な措置を講ず
　るとともに，講じた措置及びその実施状況について，適時適切に点検・評価する。その際，
　その求めに応じて，都道府県教育委員会は域内の市区町村教育委員会に対して，都道府
　県等担当課は所轄の学校に対して必要な支援・助言を行う。　　　　　　　　指針4-(1)

参考 報告書提出後のモニタリングシステムの不在の問題

＊ 提言の実施について学校・学校設置者の自己評価だけでよいのか？

＊ 提言の形骸化の歯止めを求めて

事例：実効性を担保するための足利市第三者調査委員会報告書を読む会の設立

参考文献：読む会編『検証　足利:中学生の就労死亡事件―第三者調査委員会がめざしたもの』2015年9月発行・エイデル研究所編集製作）

参考 保育施設等の重大事故対応におけるモニタリングシステム

＊ 2015年12月21日、厚労省・文科省の教育・保育施設等における重大事故の再発防止策に関する検討会「最終取りまとめ」参照。

提言の実効性を確保していくシステムとして、「a 検証委員会は、検証結果とともに、再発防止のための提言をまとめ、都道府県又は市町村に報告する。b 都道府県又は市町村は、プライバシー保護及び保護者の意向に十分配慮した上で、検証組織の提言を公表することを原則とするとともに、提言を踏まえた措置の内容及び当該措置の実施状況について、検証委員会に報告する。c 検証委員会は、提言に対する都道府県又は市町村の取組状況の報告を基に評価を行い、都道府県又は市町村に報告する。d 都道府県又は市町村は、検証委員会の報告を踏まえ、必要に応じ、関係機関、関係者に対し指導を行う。e 都道府県又は市町村においては、検証結果について、国に報告する。」とした。

指針ガイド⑩ 報告書の調査資料の保存・管理

○ 調査結果の報告を受けた学校の設置者又は都道府県等担当課は，報告書に係る調査資料を，学校の設置者等の文書管理規定に基づき適切に管理する。

指針3-4-(6)

参考 裁判所、警察等の文書提出命令に対して、保存管理する役所は拒否できない。

国レベルの＜調査委員会の調査文書管理・保存法＞の必要性

その他の基本的な指針（2つの指針）

指針ガイド ❶ **国による重大事故の調査結果事例の情報集約と普及（努力義務）**
―日本スポーツ振興センター「学校事故事例検索データベース」の
学校活用

■ 国による学校事故対応の指針として
○ 学校や学校設置者が事故事例を共有していくために、日本スポーツ振興センター（JSC）が「学校事故事例検索データベース」を整備し、広報、刊行物なども活用できるようにすること、検証委員会の報告書の収集と広報がうたわれています。　　**指針1-(5)**

○ 「国においては，・・・・・事故情報を蓄積し，教訓とすべき点を整理した上で学校、学校の設置者及び都道府県等担当課に周知することにより、類似の事故の発生防止に役立てる。」とあります。　　**指針4-(1)**
→ 日本教育法学会学校事故研「学校安全法要綱案」（2004年）
全国レベルで既存の調査機能を有する日本スポーツ振興センター（学校安全部門）を発展改組し、独自の調査権と勧告権を有する独立行政法人「日本学校安全センター」（仮称）制度の設立を提案

指針ガイド ❷ **被害者家族・保護者の多様な意向・ニーズへの対応 =**
複数被害、調査拒否等

■ 複数の児童生徒等に被害が生じている場合（追加項目）
（被害児童生徒等が複数の場合）
○ 複数の児童生徒等に被害が生じている場合は、当該学校で重大な事故が発生している可能性が高い。事故の報告を受けた学校の設置者等は，当該学校に対し，必要な人員の派遣や助言等の支援を行う。なお，学校が行う被害児童生徒等の保護者に対する支援もサポートする。

○ それぞれの被害児童生徒等の保護者に担当者を決め，被害児童生徒等の保護者一人一人に丁寧な支援を行うとともに，担当者同士が連携して情報を共有し，被害児童生徒等の保護者間の対応に差が生じないようにする。

○ 学校や学校の設置者に対する被害児童生徒等の保護者の要望が異なる場合は，それぞれの被害児童生徒等の保護者の意向を十分に踏まえながら、コーディネーター等を活用し，調整を図るよう努める。

○ 被害児童生徒等の保護者同士が連携し、家族会等の団体を立ち上げている場合は，団体の代表者を窓口にする等，団体の意向も確認しつつ必要な支援を行う。　　**指針5-(1)**

■ 被災者家族・遺族対応と再発防止（子どもの最善の利益）との調整の問題

○「被害児童生徒等の保護者」が調査を望まない場合

  →《指針案→指針》削除項目から

  =「被害児童生徒等の保護者」が調査を望まない場合

○ 遺族等が，これ以上の調査を望まない場合でも，詳細調査の必要性が高い場合には，詳細調査の実施について改めて遺族等に提案することも考えられる。

○ 遺族等の意向により詳細調査の実施を見送る場合でも，上記「ア）教育活動が背景に疑われる場合」に該当する場合や，「ウ）その他必要な場合」には，遺族等に対する聴き取り調査は難しいとしても，基本調査で得た資料を，守秘義務を担保した外部専門家等の助言を得ながら，学校の設置者が，得られた情報の範囲内での検証や再発防止策を検討することも考えられる。

指針案3-3-(2)

資料8

韓国・光州広域市　学校自治に関する条例

2019年1月1日制定、2019年3月1日施行

第1条（目的）

　　　　この条例は、児童生徒、保護者、教職員が学校運営に参加する権利を保障し民主的な学校コミュニティを実現し、意思の疎通や学びと成長のある学校文化をつくることを目的とする。

第2条（用語の定義）

　　　　この条例で用いられている用語の意味は、以下の通りである。

1　「学校」とは、「初中等教育法」第2条および「幼児教育法」第2条第2号により光州広域市に所在する学校や幼稚園をいう。

2　「児童生徒」とは、学校に通っている学習者をいう。

3　「保護者」とは、親や保護者、または他の法令の規定に基づき保護・監督等の地位から児童生徒に対して実質的な教育の責任を負っている者をいう。

4　「教員」とは、「初中等教育法」第19条第1項および「幼児教育法」第20条第1項の規定による教員をいう。

5　「教師」とは、第4号の規定による教員の中、校長と教頭、院長と副園長を除く、主任教師や教師をいう。

6　「職員」とは、「初中等教育法」第19条第2項および「幼児教育法」第20条第2項の規定による職員と、「光州広域市教育庁教育公務職員の採用および管理条例」第2条第3号による教育公務職員をいう。

7　「教職員」とは、第4号および第6号の規定による教員と職員をいう。

第3条（学校運営の原則）

①　光州広域市教育監（以下「教育監」という）と光州広域市教育庁管内の学校の校長と院長（以下「学校長」という）は、「教育基本法」第9条第3項に規定している学校教育の方法と目標を遵守し、学校を運営しなければならない。

②　教育監と学校長は、「教育基本法」第12条から第14条までの規定に基き、学校の運営過程において以下の各号を遵守しなければならない。

1　教育監と学校長は、法令の範囲内で教師が判断し決定した教育の内容、方法、および評価等に関する事項を尊重しなければならない。

2　教育監と学校長は、児童生徒、保護者、教師および職員が学校の意思決定プロセスに参加することを保障しなければならず、性別、宗教、年齢、身体条件、経済的条件、学業成績などの理由で差別してはならない。

3　教育監と学校長は、児童生徒と教師の教授学習活動を支援しなければならず、そのために教授学習活動のための予算を配分しなければならない。

4　児童生徒は、学校運営全般に関して学校に意見を表明することができ、教育監と学校長は、その意見を尊重しなければならない。

   5 保護者は、児童生徒の教育に関して学校に意見を表明することができ、教育監と学校長は、その意見を尊重しなければならない。

 ③ 児童生徒、保護者、教職員が学校運営に参加する際には、民主的な学校コミュニティの実現のために、互いに信頼し、尊重しなければならない。

第4条（自治機構の構成など）

 ① 学校は、自治機構として児童生徒会、保護者会、教職員会を置く。ただし、幼稚園は児童会を置かない。

 ② 教育監と学校長は、自治機構の自治権が毀損されないように努めなければならない。

 ③ 教育監と学校長は、児童生徒の自治活動が教職員と保護者の不当な干渉を受けないように措置しなければならない。

 ④ 各自治機構の提案と意見などの調整のために、学校自治会議の構成・運営する。

第5条（児童生徒会）

 ① 学校は、全児童生徒で構成する児童生徒会を置く。

 ② 児童生徒会には、学年別・学科別・クラス別の児童生徒会と各児童生徒会の代表で組織される代議員会などを置くことができる。

 ③ 児童生徒会は、以下の事項を協議する。

   1 児童生徒人権と福祉、自治活動など児童生徒の学校生活に関する諸事項

   2 児童生徒会の会則の制定・改正に関する事項

   3 児童生徒の学校生活と直接・間接的に関連する学校の規則の制定・改正等、学校運営委員会に提出する案件に関する事項

   4 児童生徒会の予算編成、執行および決算に関する事項

   5 その他、学校長または学校自治会議に附議する事項

 ④ 児童生徒会の運営に関する事項は、会則で定める。

 ⑤ 児童生徒会は、決定事項を遅滞なく全体の児童生徒に告知しなければならない。

 ⑥ 児童生徒会の役員は、民主的な手続きに基づいて構成する。

 ⑦ 教職員と保護者は、児童生徒会の意思決定に影響を与える不適切な行為をしてはならない。

 ⑧ 児童生徒会は、全校児童生徒会を開催することができ、必要に応じて学校長との懇談会を持つことができる。

第6条（保護者会）

 ① 学校は、保護者で構成する保護者会を置く。

 ② 保護者会の構成および運営に関する事項は、「光州広域市教育庁学校保護者会設置・運営に関する条例」に基づく。

第7条（教職員会）

 ① 学校は、教職員で構成する教職員会を置く。

 ② 教職員会には、教員で構成する教員会、職員で構成する職員会、学年別・教科別・職員統合の協議会などを置くことができる。

 ③ 教職員会は、以下の各号の事項を協議する。

   1 教員福祉や自治活動と関連した諸事項

2　教職員令の会則の制定・改正に関する事項

3　教職員の自主研修活動に関する事項

4　学校運営委員会に提出する学校の規則の制定・改正、教育課程運営計画、学校会計予算・決算などの主な案件に関する事項

5　その他、学校自治会議の附議する事項

④　教職員会の運営に関する事項は、会則で定める。

⑤　教職員会は、決定事項を遅滞なく全教職員に告知しなければならない。

⑥　教職員会議の役員は、民主的な手続きに基づいて構成する。

第8条（学校自治会会議）

①　第4条第4項の規定により、学校自治会議は、生徒会・保護者会・教職員会の各自治機構の役員2人と学校長で構成し運営する。

②　学校自治会議は、以下の各号の事項を協議、調整する。

1　第4条の自治機構間の意見の総合に関する事項

2　第4条の自治機構間の紛争の調整に関する事項

③　学校自治会議は、学校長が民主的な手順に従って運営する。

④　学校自治会議は、学校長または第4条の自治機構の代表が要請した際、招集する。

第9条（保護者の教育選択権の尊重）

学校は、正規の教育課程以外の学習過程に対して保護者の教育選択権を尊重しなければならない。

第10条（予算支援など）

教育監と学校長は、第4条の自治機関の運営および事業に必要な予算を支援することができる。

第11条（委任規定）

この条例において規定されてない学校自治に関する事項は、必要に応じて学校の規定で定める。

付則

第1条（施行日）

この条例は、2019年3月1日から施行する。

第2条（経過規定）

この条例の施行の当時に構成された生徒会、保護者会、教職員会は、この条例に基づいて構成されたものとみなす。

あとがき

　本書は、早稲田大学大学院文学研究科の教育学コースで喜多のもとで共同研究してきた若手研究者たちとの共同著作物である。大学院教員としては大学院後期にあたる人たちとの共同研究を中心にまとめた。

　私の大学院前期の共同研究については、喜多明人編『現代学校改革と子どもの参加の権利―子ども参加型学校共同体の確立をめざして』学文社、2004年、がある。

　この前期の本の作成には、私の大学院初期のゼミ生である片桐義晴さん（新宿区障害者福祉協会）、出川聖尚子さん（熊本学園大学）、内田塔子さん（東洋大学）のほか、角拓哉さん（朝日新聞）、安部芳絵さん（工学院大学）、金ヒョンウクさん（ソウル広域市人権擁護官）、呉屋ちさとさん（小学校教員）、陳亭如さん（台湾・日本語学校経営者）、村山大介さん（人事院）、米村潤史さん（都立日比谷高校教員）、堀井雅道さん（国士舘大学）、大日方真史さん（三重大学）らが参加した（同僚の山西優二さん、沖清豪さんにもお世話になった）。

　この大学院前期は、子どもの権利条約総合研究所の設立期とも重なっており、私が子どもの権利条約研究者として「子どもの参加の権利」研究に精力的に取り組んでいた時期であり、上記の若手研究者のほか、同書の研究協力者の荒牧重人さん、松倉聡史さんらとともに、北海道幕別町の札内北小学校の調査など子ども参加型の学校改革の研究を進めてきた。

　ところが、その後は、基礎学力問題などから学習指導要領の改訂が行われて、ゆとり教育の見直し、学力重視の中で、子どもの自由な参加活動がしにくい学校環境に変質し、学校から生気が奪われていった。

　今回は、大学院の後期、竹内麻子さん、南雲勇多さん、安ウンギョン

さん、高石啓人さん、中川友生さんらとの共同著作物となった（台湾の王美玲さん＝淡江大学、勝野有美さん＝東京シューレ・埼玉医科大学等にも協力いただいた）。

　日本の学校が変質し、疲弊し、実践的にも閉塞状況下にあるなかで、学校改革の流れを学校内だけにとどめず、学校外の多様な学びの場まで広げて、子ども参加型の教育改革研究を進めてきた。すでに、韓国、台湾など近隣諸国では、学校外のオルタナティブ教育が公教育改革、学校改革の一翼を担いつつある。そのなかで、国内外の教育改革を「学校外の多様な学び」に求めて、共同研究を進めてきた。

　また、貧困、格差などの社会状況の中で、学校や家庭など子どもの現場の疲弊状況は来るところまで来た感があり、親、教師など身近な関係の中で生じてきた「子どもへの暴力」（体罰、虐待、暴言、セクハラ等）は非常事態と言ってよい状況にある。

　本書では、早稲田大学大学院の共同研究チームで実施した、子どもの視点からの体罰の実態・意識調査（2019年1月）をふまえて、子どもへの暴力防止に向けた課題を探り、子どもが安心して相談できる環境のあり方を学校内外からアプローチした。

　なお、本書はさいごに、前書の学校改革の流れで、「学校の限界」をふまえての学校の改革の展望を「学校の行く末」（終章）として提言してみた。お役に立てば幸いである。

　　　　　　　　2020年1月　最終講義（2月1日）を前にして
　　　　　　　　　　　　　　　　　　喜多明人

執筆者紹介

● 編著者

喜多明人（きた　あきと）：第1部 第1章、終章

　立正大学教授を経て、現在、早稲田大学文学学術院（文化構想学部社会構築論系）教授、子ども支援とまちづくりゼミナール担当。文学博士（1987年早稲田大学）。子どもの権利条約総合研究所前代表（2015年5月総会以降、顧問）。多様な学び保障法を実現する会共同代表。子どもの権利条約ネットワーク代表。チャイルドライン東京ネットワーク代表。めぐろチャイルドライン代表。めぐろ子ども支援ネットワーク代表。子どもの権利条例東京市民フォーラム代表。学校安全全国ネットワーク代表。

● 執筆者

南雲勇多（なぐも　ゆうた）：第1部 第2章

東日本国際大学特任講師。早稲田大学大学院文学研究科教育学コース博士後期課程単位取得退学。認定NPO法人国際子ども権利センター（シーライツ）理事、子どもの権利条約ネットワーク運営委員、早稲田大学ジャーナリズム研究所招聘研究員など。

安瑢鏡（アン　ウンギョン）：第1部 第3章

東洋大学生活支援学科子ども支援学専攻助教、早稲田大学・工学院大学・帝京大学で非常勤講師、子どもの権利条約総合研究所運営委員、豊島区子ども権利委員会委員。早稲田大学大学院文学研究科教育学コース博士後期課程単位取得退学。

中川友生（なかがわ　ともお）：第2部 第1章

神戸市立総合療育センター職員・理学療法士。早稲田大学大学院文学研究科博士後期課程在籍。早稲田大学里親研究会元代表。専門は、児童福祉（里親制度・子どもの権利擁護）、障害児リハビリテーション。

竹内麻子（たけうち　あさこ）：第2部 第2章

世田谷区子どもの人権擁護機関「せたがやホッと子どもサポート」相談・調査専門員。東京成徳大学非常勤講師。公認心理士。早稲田大学文学学術院博士後期課程単位取得退学。

高石啓人（たかいし　あきと）：第2部 第3章

早稲田大学非常勤講師等。早稲田大学人間科学部卒業。同大学院人間科学研究科修士課程、同大学院文学研究科博士後期課程単位取得退学。町田市スクールソーシャルワーカー、早稲田大学助手等を経て現職。

子どもの学ぶ権利と
多様な学び
誰もが安心して学べる社会へ

2020年2月1日　初刷発行

編著者　喜多明人

発行者　大塚孝喜
発行所　株式会社エイデル研究所
　　　　〒102-0073
　　　　東京都千代田区九段北4-1-9
　　　　TEL. 03-3234-4641
　　　　FAX.03-3234-4644

ブックデザイン
　　　　株式会社デザインコンビビア（大友淳史）

表紙写真　東京シューレ 大田
撮影　　　ホリバトシタカ

印刷・製本　中央精版印刷株式会社

落丁・乱丁本はお取替えいたします。